本书系国家社会科学基金项目"新型城镇化进程中农业转移人口市民化协同推进机制研究"（14BGL124）的研究成果。

国家社科基金丛书
GUOJIA SHEKE JIJIN CONGSHU

新型城镇化进程中农业转移人口市民化协同推进机制研究

Cooperative Promotion Mechanism of Citizenization of Agricultural Transfer Population in the Process of New Urbanization

王丽丽 卢小君 著

人民出版社

责任编辑:陈寒节

封面设计:石笑梦

版式设计:胡欣欣

图书在版编目(CIP)数据

新型城镇化进程中农业转移人口市民化协同推进机制研究/王丽丽,

　卢小君著 . —北京:人民出版社,2021. 10

ISBN 978-7-01-023681-0

Ⅰ.①新…　Ⅱ.①王…　②卢…　Ⅲ.①农业人口-城市化-研究-中国

Ⅳ.①C924.24

中国版本图书馆 CIP 数据核字(2021)第 174138 号

新型城镇化进程中农业转移人口市民化协同推进机制研究
XINXING CHENGZHENHUA JINCHENGZHONG NONGYE
ZHUANYI RENKOU SHIMINHUA XIETONG TUIJIN JIZHI YANJIU

王丽丽　卢小君　著

人 民 出 版 社 出版发行

(100706　北京市东城区隆福寺街 99 号)

北京盛通印刷股份有限公司印刷　新华书店经销

2021 年 10 月第 1 版　2021 年 10 月北京第 1 次印刷

开本:710 毫米×1000 毫米 1/16　印张:17　字数:266 千字

ISBN 978-7-01-023681-0　定价:68.00 元

邮购地址:100706　北京市东城区隆福寺街 99 号

人民东方图书销售中心　电话:(010)65250042　65289539

前　言

进入 21 世纪以来，我国加快了城镇化的发展步伐。2012 年国家统计局通报发布的我国城镇化率是 52.57%（城镇常住人口占全部人口的比重），至 2019 年末我国城镇化率已经上升为 60.60%。但是，在常住人口中的农业转移人口由于受到城乡二元体制和自身市民化能力的制约，绝大多数无法转化为市民，城镇化的质和量远未统一。

面对农业转移人口难以融入城市对中国城镇化进程造成的障碍，党的十八大结合中国实际提出了新型城镇化战略，其核心是促进以人为核心的城镇化，解决农业转移人口不能完全融入城市而导致的"半城镇化""伪城镇化"问题。2014 年国家颁布《国家新型城镇化规划（2014—2020 年）》，明确提出要"合理引导人口流动，有序推进农业转移人口市民化"，"促进人的全面发展和社会公平正义，使全体居民共享现代化建设成果"。2015 年 4 月习近平总书记在中共中央政治局第二十二次集体学习时提出："要加快推进户籍制度改革，完善城乡劳动者平等就业制度，逐步让农业转移人口在城镇进得来、住得下、融得进、能就业、可创业，维护好农民工合法权益，保障城乡劳动者平等就业权利"。党的十九大报告中明确提出，"以城市群为主体构建大中小城市和小城镇协调发展的城镇格局，加快农业转移人口市民化"。实现农业转移人口市民化已经成为新型城镇化的首要任务，农业转移人口市民化难题亟待破解。

本书主要针对新型城镇化进程中农业转移人口市民化的协同推进机制开展研究，围绕农业转移人口市民化过程的"农业退出、城镇进入、社会融合"三个阶段，系统分析了影响农业转移人口市民化的各种因素，并进行了代际差异、区域差异、流动类型差异、迁移类型差异的探讨，目的是破解制度难题，设计合理路径，促使政策落地，有序推进农业转移人口市民化的进程。主要内容结构如下：

绪论。这一章主要阐明了研究背景、研究的目的与意义。

第一章，农业转移人口市民化研究回顾。这一章分别对国外和国内学者对于农业转移人口市民化中的系列研究进行回顾和评论。重点回顾了农业人口向城镇转移的原因、农业人口向城镇转移的模式与意愿、农业转移人口城市融入状况、农业人口向城镇转移的障碍等方面的研究。在对国内外文献进行分析评论的基础上，提炼出本书重点关注的问题。

第二章，农业转移人口市民化研究框架构建。这一章中首先对农业转移人口市民化内涵及其过程进行解析，把农业转移人口市民化过程划分为农业退出、城镇进入、社会融合三个阶段。其次，基于推—拉理论、预期收入差异理论、迁移成本—效益理论、二元经济结构理论、新经济迁移理论、库兹涅茨人口再分布理论、蒂伯特模型等的分析，明确了农业转移人口市民化过程中推力和拉力的作用，系统分析了各个阶段的主要影响因素，构建了研究的理论框架。

第三章，农业转移人口的农业退出。这一章中针对农业转移人口市民化的第一个阶段——农业退出，重点针对三个关键问题开展研究。一是探索了农民使用土地置换城镇户籍意愿的影响因素，二是对就地城镇化中农村集体资产产权制度改革进行了案例研究；三是对在政府主导下非自愿改变原有生活与就业方式，以出让土地、房屋等资源为代价的农村被动移民的可持续生计问题进行了案例研究。

第四章，农业转移人口的城镇进入。这一章中着重对农业转移人口在城镇进入过程中的生活现状以及市民化意愿开展了多个角度的调查。探讨了农业转移人口城镇进入之后的就业与职业发展、居住与住房保障问题，挖掘了影响农业转移人口选择不同类型（大、中、小）城市落户意愿的影响因素，从代际差异（新、老）视角和迁移地域差异（本地、异地）视角分别对农业转移人口市民化意愿的影响因素进行了深入研究，并且对农业转移人口就近市民化影响因素的区域差异进行了全面探索。

第五章，农业转移人口的社会融合。社会融合是农业转移人口市民化的最终目标。这一章中分别从身份认同和城市生活适应性两个层面考察了农业转移人口的社会融合问题。在身份认同中，着重研究了农业转移人口的市民身份认同的影响因素及其代际差异，探讨了组织参与对农业转移人口身份认同的影响，并且针对本地城镇化开展了"村改居"人口市民身份认同的分析。在城市生活适应性层面考察了不同流动类型（个体、家庭）下农业转移人口城市生活适应性的影响因素及其差异。

第六章，农业转移人口市民化协同推进的政策与实践基础。这一章中首先分析了我国户籍制度的变迁以及有序推进农业转移人口市民化政策的路径演化。其次跟踪国内各地在农业转移人口市民化实践方面的先进经验，对国内8个地区的先进典型经验进行调研和总结。

第七章，农业转移人口市民化协同推进的对策建议。这一章结合对影响因素的系统分析和实证研究的结论，遵循"三阶段协同推进"的理念，从深化户籍制度改革、加快土地制度改革、改善城镇综合承载能力、健全农业转移人口的就业体系和就业质量、完善社会保险及住房制度、加大教育和职业培训力度、重视医疗卫生服务均等化、促进城市适应和社会融合等多个角度提出了系统化的对策建议。

本书的研究在以下方面有所创新和建树：

第一，从"市民化过程三个阶段协同"的角度构建研究框架。首先科学研究了农业转移人口市民化的过程。借鉴已有研究，把农业转移人口市民化过程划分为农业退出、城镇进入、社会融合三个阶段，并对三个阶段进行了详细解析。进一步完善前人将农业转移人口市民化分为农村退出、城市进入和城市融合三个环节的观点。新型城镇化强调"以人口城镇化"为核心；主导方向是农业转移人口在中小城市城镇化和就地城镇化，因此，本书认为把农村退出改为农业退出、城市进入改为城镇进入、城市融合改为社会融合更能体现新型城镇化的要义，更为准确和妥当。同时，本书将三个阶段系统考虑，充分体现"三个阶段协同推进"理念，避免了当前研究和实践存在的或将三个阶段不做区分、或将三个阶段割离的极端倾向，形成了系统的研究思路和比较完整的研究框架。

第二，从中观和微观结合的角度，对农业转移人口市民化过程中的影响因素进行了比较系统和全面的实证研究。抓住农业退出、城镇进入和社会融合三个阶段中的关键环节和问题，如土地置换城市户籍、落户城市选择、就近迁移、城市生活适应性和市民身份认同等问题开展深入研究，从个人特征因素、经济因素、社会生活因素以及社会心理因素等多个方面考察其影响因素，并且从制度层面和非制度层面着手，对影响农业转移人口市民化的因素进行立体的、系统的识别和分析，提出了协同推进农业转移人口市民化的对策建议。

第三，揭示了新型城镇化中农业转移人口市民化影响机理的时空演变规律。突破已有研究的局限，具体进行了代际（新、老）差异、流动类型（个体、家庭）差异、迁移地域（本地、异地）差异、区域差异等约束条件下影响因素的作用规律，进行了差异比较研究，从而比较全面和系统的理解农业转移人口市民化的影响因素及作用机理。

本书在写作过程中参阅了大量国内外文献，从中得到诸多启迪与借鉴，在此谨对相关作者深致谢忱。本书采用的大部分数据来源课题组成员的实地调查。大连理工大学人文与社会科学学部的博士生梁丹妮、杨洋参与了资料收集、整理和数据分析工作；大连理工大学人文与社会科学学部的部分本科学生、行政管理专业硕士生、MPA 研究生参与了实地调研和问卷调查。在此，向学生们的辛勤工作表示感谢。人民出版社领导和编辑为本书出版提供了大力支持，付出了辛勤劳动，在此深表谢意。

由于本书作者学识水平有限，书中难免有不当之处，恳请专家、学者批评指正！

王丽丽　卢小君

2020 年 11 月

目　　录

绪　　论

经过改革开放 40 年的增长，我国已经完成了由农业经济大国向工业经济大国的转型。2019 年，国内生产总值达到 990865 亿元，人均 GDP 约为 70892 元；第一产业的增加值占 GDP 的比重从 1978 年的 27.9%下降到 7.1%，第二、三产业增加值比重已经高达 92.9%①。我国总体已经进入工业化中后期，"城乡二元结构"转换也进入了刘易斯模型的拐点区间，传统的人口红利和全球化红利呈现衰退趋势，经济增速由两位数的高速增长逐渐转变为追求更高发展质量的中高速增长。期间，农业人口不断向非农产业转移、农村人口向城镇聚集，成为贯穿这一历史转换进程的重要要素，也成为支撑我经济稳速增长的重要动力因素。据国家统计局数据显示，我国农民工总量一直呈现持续增长态势（如图 0-1）。截至 2019 年，农民工总量为 29077 万人，其中就地就近就业的本地农民工 11652 万人，外出农民工 17425 万人②。

农业剩余劳动力的转移，不仅为我国工业化发展提供了大量劳动力，同时也导致了原有社会结构的转变，并产生了新的社会群体——以"农民工"

---

① 国家统计局：《中华人民共和国 2019 年国民经济和社会发展统计公报》，2020 年 2 月 28 日，见 http：//www. stats. gov. cn/tjsj/zxfb/202002/620200228_ 1728913. html。

② 国家统计局： 《2019 年农民工监测调查报告》，2020 年 4 月 30 日，见 http：//www. stats. gov. cn/tjsj/zxfb/202004/+2020043_ 1745724. html。

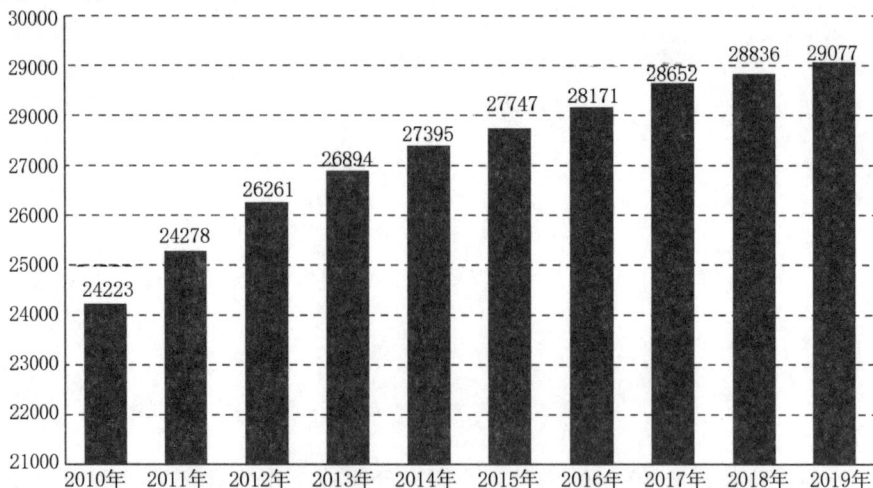

数据来源：国家统计局历年农民工监测调查报告。

图 0-1　我国农民工数量变动趋势图（2010—2019 年）

为代表的庞大的农业转移人口。随着大量农业转移人口涌入城市，我国城镇化的质量却没有同步提升。由图 0-2 可见，自 2011 年我国常住人口城镇化率突破 50%，我国城镇化率一直呈现增长态势，2019 年全国常住人口城镇化率已经达到 60.60%，但是户籍人口城镇化率仅为 44.38%，这不仅远低于发达国家 80%的平均水平，也低于人均收入与我国相近的发展中国家 60%的平均水平①。

在常住人口城镇化快于户籍人口城镇化的同时，还存在着土地城镇化快于人口城镇化、城镇化滞后于工业化、城镇空间布局和规模结构失衡、人口"不完全城市化"等诸多问题。由此导致在过去长期形成的城乡二元结构未得到根本消除的情况下，又形成了以"农民—市民—农业转移人口"为主体

---

①　中共中央国务院：《国家新型城镇化规划（2014—2020 年）》，2014 年 3 月 16 日，见 http：//www.gov.cn/gongbao/content/2014/content_ 2644805.htm。

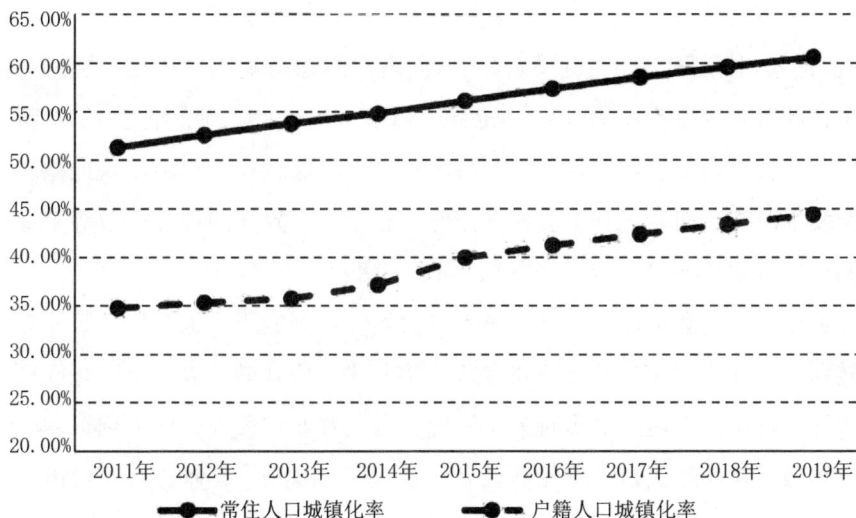

数据来源：国家统计局历年国民经济和社会发展统计公报。

图 0-2　我国城镇化率变动趋势图（2011—2019 年）

的三元社会结构①，换言之，在城市内部产生了以城镇户籍居民和农业转移人口为主体的城市"新二元结构"②。城镇内的农业转移人口陷入"被城镇化"或"半城镇化"的尴尬境地，他们游离于城市体制之外，在就业、子女教育、住房、社会保障等方面未享受到公平的待遇，与城市居民的社会距离在逐渐拉大，没有实现身份上的转变，更难以真正融入城市。这些问题的实质就是农业转移人口市民化进程的严重滞后。如果不及时化解农业转移人口市民化进程中出现的一系列经济与社会问题，这一群体的市民化进程将失去持续发展的动力，势必会制约我国城镇化质量提高和社会和谐发展。

2013 年 12 月，中央城镇化工作会议提出推行以"人的城镇化"为核心

---

① 吴琦、肖皓、赖明勇：《农民工市民化的红利效应与中国经济增长的可持续性——基于动态 CGE 的模拟分析》，《财经研究》2015 年第 4 期，第 18—30 页。
② 魏后凯、苏红键：《中国农业转移人口市民化进程研究》，《中国人口科学》2013 年第 5 期，第 21—29 页。

的新型城镇化建设。实现农业转移人口市民化是新型城镇化的首要任务，"解决进入到城镇工作的农业转移人口的落户问题是我国城镇化发展的必然要求，同时要注重不断提高农业转移人口融入城镇的素质和能力。"[①] 新型城镇化的实质在于农业转移人口的市民化，即农业转移人口不仅从地域和职业上发生改变，而且要真正实现其身份、心理及所附加的社会权益等更深层次向市民转化。突出"以人为本"，强调"人"的核心地位。

新型城镇化必然促使现有农业人口大量转移到城镇，也必将导致原有农业转移人口（农民工）产生新的流动。多年来，农业转移人口市民化问题颇受关注，理论研究提出诸多对策，但现实是，农业转移人口已出现近40年，绝大多数农业转移人口仍然无法转化为市民[②]。因此，农业转移人口市民化难题亟待破解。

已有研究表明，市民化是城镇化的本质、核心和关键[③][④]。户籍及其衍生制度、土地制度等制度因素严重制约了农业转移人口市民化[⑤]，破除二元户籍制度以及在此基础上形成的城乡区别的土地制度、劳动力就业制度和社会保障制度、公共服务体制等是推进农业转移人口市民化的新制度、新途径[⑥][⑦]。但是，即使建立了城乡统一的户籍制度，实现了与城镇人口相同的

[①] 新华社：《中央城镇化工作会议举行 习近平、李克强作重要讲话》，2013 年 12 月 14 日，见 http://www.gov.cn/ldhd/2013-12/14/content_ 2547880. htm.

[②] 黄锟：《城乡二元制度对农民工市民化影响的实证分析》，《中国人口·资源与环境》2011 年第 21 卷第 3 期，第 76—81 页。

[③] 王国刚：《城镇化：中国经济发展方式转变的重心所在》，《经济研究》2010 年第 12 期，第 70—81 页，148 页。

[④] 李强、陈宇琳、刘精明：《中国城镇化"推进模式"研究》，《中国社会科学》2012 年第 7 期，第 82—100 页，24 页。

[⑤] 徐建玲、刘传江：《中间选民理论在农民工市民化政策制定中的运用——基于武汉市 436 位农民工的实证研究》，《管理世界》2007 年第 4 期，第 40—45 页，67 页。

[⑥] 刘爱玉：《城市化过程中的农民工市民化问题》，《中国行政管理》2012 第 1 期，第 112—118 页。

[⑦] 韩俊：《城镇化关键：农民工市民化》，《中国经济报告》2013 年第 1 期，第 14—19 页。

社会保障制度和社会福利制度，并不表示农业转移人口已经完成了市民化的过程①。农业转移人口市民化过程包括农村退出、城市进入和城市融合三个环节，实现市民化需要协同推进②。目前的实践和研究存在两种极端倾向，或将三个环节不做区分，或将三个环节割离，没有充分体现出"协同推进"。为弥补这一不足，本书从三个阶段的影响因素分析入手，找出主要的影响因素，并针对主要影响因素，从"三个阶段协同推进"的角度提出相应的对策建议。

虽然已有研究为形成宏观的整体制度框架提供了依据，但随着新型城镇化方案的不断出台，对新型城镇化的进程以及农业转移人口市民化的内涵需要不断加深理解，进入具体操作层面的措施还需要不断完善，因此，按照农业转移人口市民化过程进行系统化的、分类分层的中观和微观相结合的研究和专题跟踪调查研究十分必要。本书就是针对实践和研究中仍存在的主要矛盾和问题，在全面理解"市民化"本质内涵的基础上，以市民化过程为主线，全面审视制度因素和非制度因素对市民化三个阶段的影响，并对影响机理进行差异化分类研究，有针对性地提出协同推进农业转移人口市民化的具体对策建议，为解决农业转移人口市民化的具体问题提供理论借鉴和实践参考。

①　黎智洪：《农业转移人口市民化：制度困局与策略选择》，《人民论坛》2013 年第 20 期，第 49—51 页。
②　刘传江：《迁徙条件、生存状态与农民工市民化的现实进路》，《改革》2013 第 4 期，第 83—90 页。

第一章 农业转移人口市民化研究回顾

第一节 关于农业转移人口及其市民化的含义

农业转移人口是在我国城乡二元户籍制度背景下形成的特有人群,起初通常使用进城务工人员、农民工等称谓来表征由农村向城镇转移的农民群体。"农业转移人口"一词则是随着新型城镇化进程的推进逐渐产生的,其使用最开始出现在 2009 年 12 月召开的中央经济工作会议上,会议提出,"要把解决符合条件的农业转移人口逐步在城镇就业和落户作为推进城镇化的重要任务"。2012 年党的十八大报告中指出要"加快改革户籍制度,有序推进农业转移人口市民化"。这是首次以"农业转移人口"概念替代过去惯用的"农民工"概念,将他们看作与城镇原住民一样的城镇"常住人口",并要求城镇基本公共服务覆盖全体城镇居民,反映了中央决策层对中国发展趋势的深刻把握①。

《中国城市发展报告》分别从广义和狭义两个方面探讨了农业转移人口的具体含义。从广义来看,农业转移人口既指从农村转移到城镇的人口,如进城务工人员、随迁家属、失地农民等,也指农业转移到非农业的人口,包

---

① 程业炳、张德化:《农业转移人口市民化的制度障碍与路径选择》,《现社会科学家》2016 年第 7 期,第 42—46 页。

括进入城镇就业和在农村从事非农生产的人；从狭义来看，农业转移人口的概念等同于进城务工人员①。

农业转移人口市民化具有经济和社会的双重含义。一方面，是指农业转移人口在城市拥有稳定工作和持久收入，能够负担得起城市生活各方面支出。另一方面，是指农业转移人口在经历城乡迁移和职业转变后，取得城市户口成为市民，平等享有城市基本公共服务、社会福利以及参与政治的权利，并且被城市社会广泛认可进而完全地融入城市。②

第二节　关于农业人口向城镇转移的原因、模式与意愿

一、关于农业人口向城镇转移的原因

受两次工业革命的影响，西方发达国家的农村剩余劳动力在城乡间迁移和流动的时间较早，许多西方国家的学者在当时的社会环境和条件下，针对当时农村剩余劳动力在城乡间的迁移和流动情况展开了一系列学术研究，逐步形成人口迁移理论体系，为以后各国关于流动人口问题研究的展开提供了宝贵的理论基础和借鉴。

19世纪末，英国学者莱文斯坦（Rauenstein）针对人口流动和迁移问题开展了一项具有开创性的研究，对人口迁移规律进行了总结和归纳，为后来的研究提供了极具价值的理论依据和研究借鉴。他于1885年出版了《人口转移规律》一书，提出了"人口迁移法则"③。他指出，由于城市能吸纳剩

---

① 潘家华、宋迎昌：《中国城市发展报告 No.6》，北京：社会科学文献出版社 2013 年版，第 1—3 页。

② 齐红倩、席旭文：《分类市民化：破解农业转移人口市民化困境的关键》，《经济学家》2016 年第 6 期，第 66—75 页。

③ Ravenstein E. G., *The Laws of Migration*, Journal of the Statistical Society of London, Vol. 48, No. 2 (1885), pp. 167-235.

余的农村劳动力，迁移的人口主要是由农村向城市迁移。人们之所以迁移，一方面是由于恶劣的自然条件和气候不佳等自然原因，另一方面则是受到压迫、歧视性政策、沉重的负担、生活条件窘困等社会原因，其中经济因素最为重要。

此后，越来越多的学者针对人口迁移的影响因素和机制展开研究。赫伯尔（Herberle，1938）提出的"推拉"理论认为，人口迁移是由迁出地的推力和迁入地的拉力共同作用形成的[①]。后来，唐纳德·博格（D. J. Bogue，1959）在此基础上提出了具体的"推拉"理论模型（push and pull theory）。该理论认为，在迁出地和迁入地都存在"推动"和"拉动"人口流动的因素，劳动力由农村向城市流动，是受到"推力"和"拉力"共同作用的结果。迁出地可能会有经济水平低下、自然资源匮乏、生活成本增加、人口过度增长、灾害频发等推力因素；在迁入地则有完善的公共设施、充足的生存资源、适宜的生活环境、和谐的社会氛围、较多的就业机会、良好的经济收入和高质量的教育环境等拉力因素，与此同时，迁出地也不完全是推力，迁入地也不完全是拉力[②]。1966年，美国学者李（Lee）在以上学者研究的基础上，总结了推拉理论，他将影响人口迁移行为的因素概括在4个方面：与迁出地有关的各种因素，与迁入地有关的各种因素，迁出地和迁入地之间的各种障碍因素以及个人因素。上述影响因素的综合，最终促成了劳动力迁移行为的发生[③]。在整个农业转移人口市民化的系统中，推力和拉力是共同存在的，我国的农业人口正是在推力和拉力以及各个要素的协同作用下发生了向城镇迁移的行为。

在新型城镇化进程中，我国农业人口合理向城镇迁移意义重大。首先，

---

① Herberle R., *The Causes of Rural-urban Migration: A Survey of German Theories*, American Journal of Sociology, Vol. 43, No. 6（1938），pp. 932–950.

② Bogue D. J., Internal Migration, in Hauser, Duncan（ed.），*The Study of Population: An Inventory and Appraisal*, Chicago: University of Chicago Press, 1959, pp. 64–72.

③ Lee E. S., *A Theory of Migration*, Demography, Vol. 3, No. 1（1966），pp. 47–57.

是解决农村剩余劳动力的需要。由于农业生产技术的提高和机械化作业的普及，越来越多的农村劳动力从土地中解放出来，为了解决人多地少的矛盾、安置农村剩余劳动力，需要合理有序的引导农村富余劳动力向城镇转移，减少农业人口。其次，是提高农业生产效率的需要①。我国传统的小农意识导致目前很多农村土地都采取小规模操作和经营，为了提高农业生产效率，扩大农村土地的生产规模，需要将部分农业人口从土地中解放出来，促进农村土地向规模化和集约化发展。再次，是提高农业人口收入的需要②。近年来，我国城乡人口的收入差距越来越大，除了农产品价格低、技术落后等客观原因之外，农业生产效率低下也是重要原因之一。因此，促进农业剩余劳动力向城镇转移可以提高农业人口的收入，缩小城乡差距。最后，是城镇化发展建设的需要③。城镇化是衡量一个国家经济社会发展状况的重要指标，而增加城镇人口比例是实现城镇化的必要过程，如果农业人口比例一直居高不下，将势必影响我国城镇化建设的健康发展。但是，单一的新古典模型不能完全解释中国巨大的人口迁移现象和随之产生的很多问题，中国政府需要努力消除制度和政策中存在的一系列障碍，以促进中国农村剩余劳动力的迁移④。

二、　关于我国农业人口向城镇转移的模式与意愿

目前，我国农业人口向城镇转移分为本地转移和异地转移两种模式。据《2018 年全国农民工监测调查报告》显示目前我国的农业人口仍以异地转移

---

① 徐世江：《农业转移人口市民化的多重矛盾及其破解思路》，《辽宁大学学报（哲学社会科学版）》2014 年第 42 卷第 3 期，第 25—32 页。

② 许保利：《提高农民收入关键在于转移农村剩余劳动力》，《财经问题研究》2002 年第 10 期，第 48—52 页。

③ 蒋建森：《农业转移人口市民化的制度创新及其现实途径》，《中共浙江省委党校学报》2013 年第 29 卷第 5 期，第 23—28 页。

④ Seeborg M. C., Jin Z., Zhu Y. The new Rural-urban Labor Mobility in China: Causes and Implications, Journal of Socio-Economics, Vol. 29, No. 1 (2000), pp. 39–56.

为主，但是就地转移的比例在不断提高。在农业人口异地转移方式占主导的趋势下，当前学者们还是更多的关注农业人口的异地转移模式研究，大多数学者或者将本地转移的农业人口剔除研究范围，或者将本地转移与异地转移农业人口合并到一起进行整体研究，缺乏对本地转移模式的分类研究和本地转移与异地转移两者的比较研究。

在"农民工市民化"的研究视角下，大多数学者更关注农民工在主观上是否愿意向市民转化，针对农民工的个体特征①②③（性别、年龄、居住时间和方式、文化程度、婚姻状况）、经济因素（月收入、从事行业、劳动合同）、社会和心理因素（参与活动、未来设想）④⑤等变量进行了研究，分析农民工市民化的影响因素。大部分农民工都表明愿意进行市民化，其中，户籍状况、住房满意度、工作满意度、参加社保情况、文化程度、举家迁移、留城时间这七个变量对农民工市民化意愿的影响最为显著⑥。有的学者还探究了人力资本、社会资本和心理资本三个维度的因素对农民工市民化意愿的影响⑦。人力资本维度所关注的是"你知道什么"，包括受教育程度、技能培训、打工时间、技术等级等；社会资本维度所关注的是"你认识谁"，包括主要交往对象、亲戚朋友、同学、参与的社会活动等；心理资本维度所

---

① 张龙：《农民工市民化意愿的影响因素研究》，《调研世界》2014 年第 9 期，第 40—43 页。

② 张春辉、李诗雨、吴家钰：《新生代农民工市民化意愿影响因素分析——以江苏省丹阳市为例》，《安徽农业科学》2014 年第 42 卷第 14 期，第 4516—4520 页。

③ 宋周、黄敏、李正彪：《农业转移人口市民化意愿及影响因素——以成都市为例的分析》，《四川师范大学学报（社会科学版）》2014 年第 41 卷第 5 期，第 66—71 页。

④ 乔冠名、赵琦、刘睿：《农业转移人口市民化意愿影响因素研究——基于江苏省南京市 500 个调研数据的 Logistic 分析》，《新经济》2018 年第 5 期，第 60—67 页。

⑤ 韩灵梅、王碧琳、楚晚春等：《社会保障视角下农民工市民化意愿实证分析——以河南省户籍农民工 820 份调研数据为例》，《河南科技大学学报（社会科学版）》2018 年第 36 卷第 4 期，第 81—87 页。

⑥ 陈前虎、杨萍萍：《农民工市民化意愿影响因素的实证研究——以浙江省为例》，《浙江工业大学学报（社会科学版）》2012 年第 9 期，第 315—319 页，第 341 页。

⑦ 张洪霞：《人力资本、社会资本对新生代农民工市民化的影响——基于 797 位农民工的实证调查》，《江苏农业科学》2014 年第 42 卷第 2 期，第 372—375 页。

关注的是"你是谁?"、"你想成为什么",包括生活满意度、发展的预期、本人对自己的态度、是否喜欢所在城市、对城市同龄人的看法等。研究表明人力资本中的技能培训、社会资本中的主要交往对象和参与社会活动、心理资本中的城市归属感、对城市同龄人的看法的影响最为显著[1]。另外,市民化意愿在老一代和新一代农民工之间存在一定程度的差异[2],两代农民工个体特征、家庭特征、地域特征的差异导致了他们意愿和行为上的差异[3]。新生代农民工的成长环境、处事风格、思想意识等方面与老一代农民工不同,对农村生产和生活的诸多方面缺乏了解,也缺乏浓厚感情[4],他们更渴望融入城市、与城里人一起生活工作,这使得新生代农民工的市民化意愿与老一代农民工相比更加强烈。同时,文化程度、宅基地的处置方式、社保参与情况、子女是否在务工城市就学、务工城市基础设施建设情况、身份认同等因素对新生代农民工市民化意愿影响较大[5]。

第三节 关于我国农业转移人口城市融入状况

农业转移人口群体数量庞大,为城市建设做出了很大贡献,农业转移人口城市融入是新型城镇化建设的重点内容。农业转移人口城市融入是指农业转移人口从户籍所在地进入城市工作和生活,通过职业、生活方式以及文化认知等方面的调整与适应,逐渐被城市社会和城市人所接纳和认同,最终建

---

① 陈延秋、金晓彤:《新生代农民工市民化意愿影响因素的实证研究——基于人力资本、社会资本和心理资本的考察》,《西北人口》2014年第35卷第4期,第105—111页。

② 袁旺兴、胡雯、严静娴等:《代际视角下农民工转户意愿及影响因素分析》,《商业经济研究》2015年第24期,第56—58页。

③ 刘传江、程建林:《我国农民工的代际差异与市民化》,《经济纵横》2007年第4期,第18—21页。

④ 赵阳:《公共文化服务均等化视角下新生代农民工市民化研究》,硕士学位论文,山东师范大学,2017年,第10页。

⑤ 张斐:《新生代农民工市民化现状及影响因素分析》,《人口研究》2011年第35卷第6期,第100—109页。

立起对自身市民化身份的认可，并且能够享受平等、公平的市民化待遇的现实结果的动态过程①。农业转移人口城市融入是一个动态的、复杂的、结果导向的过程，包含经济融入、社会参与、文化适应、身份认同等多个维度。有研究表明，近年来农业转移人口的城市融入状况有明显改善的趋势。在经济融入方面，农业转移人口就业愈来愈多样化，家庭生活水平提高；在社会融入方面，愈来愈多的农业转移人口加入社保体系；在文化融入方面，很多农业转移人口开始接纳城市的生活方式、价值观念；在身份融入方面，愈来愈多农业转移人口希望成为非农户口②。但是农业转移人口的城市融入依然存在诸多问题和障碍，包括在城镇找到正式工作岗位的难度增加，家庭收入水平与城镇居民家庭还有较大差距，城镇提供的社会保障仍难于支撑其市民化的需要等③。

两代农业转移人口在城市融入方面存在显著差异，新生代农业转移人口的城市融入程度高于老一代农业转移人口。收入水平、社会资本和文化程度是影响两代农业转移人口城市融入的主要因素。文化程度、月收入、外出务工目的、生活地区以及职业地位是影响第一代农业转移人口城市融入的重要因素④，其中，文化程度的影响最大。有学者从经济融入、制度融入、文化心理融入、社会融入四个维度建构了对新生代农业转移人口城市融入问题研究的分析框架⑤，结果表明，影响新生代农业转移人口融入城市的主要指标

---

① 梅亦、龙立荣：《中国农民工城市融入的问题研究》，《江西财经大学学报》2013年第5期，第101—106页。

② 钱泽森、朱嘉晔：《农民工的城市融入：现状、变化趋势与影响因素——基于2011—2015年29省农民工家庭调查数据的研究》，《农业经济问题》2018年第6期，第74—86页。

③ 钱泽森、朱嘉晔：《民工的城市融入：现状、变化趋势与影响因素——基于2011—2015年29省农民工家庭调查数据的研究》，《农业经济问题》2018年第6期，第74—86页。

④ 何军：《江苏省农民工城市融入程度的代际差异研究》，《农业经济问题》2012年第1期，第52—59页。

⑤ 王佃利、刘保军、楼苏萍：《新生代农民工的城市融入——框架建构与调研分析》，《中国行政管理》2011年第2期，第111—115页。

是经济整合、行为适应和心理认同三个方面[1][2]，同时，性别、年龄、文化程度、月收入、在城市居住时间、就业能力、外出务工目的、社会资本以及所处的区域也是影响新生代农业转移人口城市融入的重要因素[3][4]，其中，社会资本的影响最大。还有学者从经济机会、制度规范、社会交往与文化融入等四个方面分析了新型城镇化进程中新生代农业转移人口的融入状况，并且指出这四个融入维度是逐渐递进的关系，其中，经济公平是融入基础，制度公平是长久保障，社会成果分享是难点，文化心理认同是融入目标[5]。

第四节　关于影响农业人口向城镇转移的障碍

影响农业人口向城镇转移的障碍大致可分为制度性障碍和非制度性障碍两大类。具体包括以下障碍：

第一，制度障碍。城乡二元制度是农业人口融入城市的基础性制度障碍。在城市化过程中，农业人口实现了职业的非农化，但是在身份认同等方面并没有实现市民化。在户籍制度的影响下，农业人口无法享受同城镇居民平等的待遇和政策，他们在就业、住房、子女教育、社会保障等方面存在很多问题[6]。比如，农业人口不能与城市居民平等求职、同工不能同酬；住房

---

①　张蕾、王燕：《新生代农民工城市融入水平及类型分析——以杭州市为例》，《农业经济问题》2013 年第 4 期，第 23—28 页。

②　韩俊强：《农民工城市融合影响因素研究——以武汉市为例》，博士学位论文，武汉大学，2014 年，第 77 页。

③　何军：《江苏省农民工城市融入程度的代际差异研究》，《农业经济问题》2012 年第 1 期，第 52—59 页。

④　岳磊：《农业转移人口城市融入影响因素及对策研究——基于 Z 市农业转移人口的调研》，硕士学位论文，河南大学，2017 年，第 37—39 页。

⑤　虞新胜、朱佰颖：《新生代农民工城市融入影响因素分析——基于 2013 年中国社会调查问卷分析》，《东华理工大学学报（社会科学版）》2018 年第 2 期，第 139—144 页。

⑥　孙蚌珠、王乾宇：《在全面改革中推进农业转移人口市民化》，《山东社会科学》2014 年第 1 期，第 15—19 页。

条件及居住环境相对较差；农民工及其子女在城市还没有享受完全平等的教育和继续发展权利；农业人口的医疗、养老问题还受到一定程度的限制等①。

第二，能力障碍。相对而言，农业人口自身文化素质偏低，缺少职业技术技能，在激烈的城市社会竞争中处于劣势地位，他们只能从事一些低技能和低收入的工作，这不仅影响他们在城镇的生活质量，也影响了他们在城镇继续生活的意愿②。

第三，思想文化障碍。有学者认为农业人口仍然保留着浓重的小农意识，思想观念陈旧，与发达的现代城市脱节，不利于融入城市③。由于我国城乡居民的生活方式、行为习惯、价值观念等存在较大差异，许多农业人口无法适应城镇生活，融入城镇居民中去，他们会不同程度地受到城镇居民的歧视，缺乏对城镇生活的适应性和认同感、归属感，在心理上同城镇居民产生隔阂甚至造成误会，产生文化障碍。

第四，成本障碍。农业人口市民化的成本主要包括公共成本、企业成本、个人成本三类④，而各级地方政府之间的博弈、输入地与输出地之间的博弈以及用工单位与个人之间的博弈使得公共成本、企业成本与个人成本增加⑤，各相关利益主体权责不明，边界不清，对构建农业转移人口市民化成本分担机制提出了挑战。

第五，歧视性障碍。主要是由于二元户籍政策引发的政策性歧视，使得

---

① 李伟：《农民工城市融入问题研究综述》，《经济研究参考》2014 年第 30 期，第 38—49 页。

② 赵阳：《公共文化服务均等化视角下新生代农民工市民化研究》，硕士学位论文，山东师范大学，2017 年，第 20 页。

③ 卢昇：《农业转移人口市民化问题研究》，硕士学位论文，山东大学，2016 年，第 13 页。

④ 张逸冰：《农民工市民化的成本分类及分担机制探究》，《农业经济》2019 年第 8 期，第 87—88 页。

⑤ 傅帅雄、吴磊、韩一朋：《新型城镇化下农民工市民化成本分担机制研究》，《河北学刊》2019 年第 39 卷第 3 期，第 135—142 页。

农业人口不能和城市户籍劳动力享受同等的待遇或达到同等的待遇水平①。另外，一些企业为了降低人力成本，也存在内部歧视，如只给企业内部的一些"重要员工"缴纳社会保险。

第六，城镇承载力障碍。由于基础设施、资源配置、生活环境以及经济收入等方面的差异，很多农业人口都源源不断地向大城市和中心城市涌入，导致这些城市人口急剧膨胀，出现了交通拥堵、环境污染、资源短缺等问题②；而中小型城市及城镇由于相对落后的基础设施和产业支撑，只能吸引少部分的农业人口，导致城镇发展不足。城镇承载力的不足也成为影响农业人口向城镇转移的重要障碍。

综上，影响农业人口向城镇转移的因素可分为制度性因素和非制度性因素。制度性因素包括城乡二元制度以及在此基础上产生的就业制度、社会保障制度、子女教育制度、住房制度和现行的土地制度等。非制度性因素又可分为主观因素和客观因素。主观因素是指由于农业人口自身原因产生的障碍，包括农业人口自身能力素质较低、自身思想文化意识与现代城市生活脱节、自身经济水平的限制而不能融入城市生活；客观因素是指由于社会客观现状而对农民工产生的障碍，包括基础资源稀缺、公共服务不完善、城镇承载力不足、社会上对农业人口群体的歧视等。

总之，城乡二元户籍制度是阻碍市民化的重大障碍，二元户籍制度的存

---

① 叶建亮：《歧视性公共产品分配政策与城市人口控制——对户籍制度的一个新政治经济学分析》，见《2006年中国制度经济学年会论文集（二）》2006版，第167—177页。

② 黄文秀、杨卫忠：《我国农业转移人口就地城镇化的理论、实践与政策研究》，经济科学出版社2018年版，第1页。

在使农业人口不能跟城市户籍的市民一样享受城市所提供的公共服务和资源①②③④。同时，学者们围绕城乡二元户籍制度，以及在其基础上形成的城乡区别的城乡土地制度、劳动力就业制度和社会保障制度以及创新公共服务体制和城市化制度等方面进行研究，探索推进农业人口城市融入的新制度新途径。提出改革城乡二元户籍制度，加快建立城乡统一户籍制度的速度，简化户籍制度功能，逐渐将城乡二元社会保障制度、就业制度、子女就学等制度与户籍制度剥离开来⑤；要通过户籍制度改革不断深化、相关法律体系不断健全、社会保障机制不断完善、基本公共服务均等化不断推进、社会资本存量增加、土地权益保障加强、农业人口能力素质提升等系统化的工作来促进农业人口的市民化进程⑥。

第五节　研究总结与前瞻

通过相关文献可以发现，国外对于劳动力转移的研究偏多。由于我国农业转移人口市民化具有特殊性，我国学者多是在借鉴国外研究理论的基础上来观察和研究国内城市发展中出现的一些社会问题。通过对以上国内外学者关于农业劳动力转移理论、意愿和影响因素的梳理，可以得出目前学者对于

①　刘传江、程建林：《第二代农民工市民化：现状分析与进程测度》，《人口研究》2008年第32卷第5期，第48—57页。

②　杨云善：《制度供求失衡：农民工市民化进程中的重要障碍及破解思路》，《求实》2012年第3期，第48—50页。

③　冯晓青：《新生代农民工城市融入的障碍及对策研究》，《理论观察》2018年第4期，第62—64页。

④　杨沐：《农业转移人口市民化研究：现实困境、福利效应以及路径选择》，博士学位论文，东北财经大学，2017年，第118页。

⑤　程浩晨：《我国农业转移人口市民化研究》，硕士学位论文，东北财经大学，2017年，第27—28页。

⑥　张翼：《农民工"进城落户"意愿与中国近期城镇化道路的选择》，《中国人口科学》2011年第2期，第14—26页。

农业劳动力转移问题的研究呈以下特点：第一，研究主体多元化，研究逻辑和范式多样且有交叉，在社会学、人口学、经济学等学科方面的研究视角和框架中都渗透着管理学的思想和方法。第二，研究对象的笼统性和特定性并存。笼统性主要体现在对农业转移人口群体缺少多元化的分类，特定性主要表现在关于农业转移人口问题的研究以某地为例。第三，在研究内容方面，主要体现在农业转移人口的现状、对城市生活的适应性、为什么要进行市民化、市民化的障碍因素有哪些以及如何实现市民化等方面。

同时，通过学者们的理论研究和实证研究，也得出较为一致的结论：第一，农业转移人口市民化是城镇化的本质、核心、关键。第二，农民向城镇流动的动机主要是增加收入、谋求职业发展、使子女接受更好的教育、享受公共基础设施和改善社会地位等。第三，以户籍制度为根源的城乡二元分割体系严重制约了农业转移人口市民化，同时农业转移人口自身能力和素质的限制也是影响其市民化的重要因素。第四，影响农业转移人口市民化的主要因素可以概括为来自农业转移人口本身的个体因素、来自城乡二元结构的经济因素、来自城乡社会和居民的社会因素、文化因素和社会心理因素等。第五，破除二元户籍制度以及在此基础上形成的城乡区别的土地制度、劳动力就业制度、社会保障制度和公共服务体制等，推动城乡一体化发展是推进农业转移人口市民化的新制度新途径。

通过详细分析，可以发现目前关于我国农业人口转移问题的研究和实践仍存在以下几个问题需要进一步深入探讨：

1. 大部分学者对于农业转移人口市民化影响因素的理论研究，都是在"推—拉"理论的基础上，进行农业转移人口市民化的农村"推力"和城镇"拉力"影响因素分析，但却忽视了农村"拉力"和城镇"推力"对其市民化的影响。农业转移人口是在综合分析并且比较农村和城镇各种作用力的基础上，才做出迁移到城镇并进行市民化的决定。因此，对于农村与城镇的"推力"和"拉力"分析尚且需要继续深入探讨。

2. 对农业转移人口从农村进入城镇的过程的研究有待细分。目前研究主要关注农民工"是否愿意将户口迁移到城镇"、"是否愿意在城镇定居",而缺少对农业转移人口在地域转移过程中的分类研究,即"愿意选择在哪种地域转移方式下进行市民化"。以往学者对于农业转移人口市民化问题的研究对象主要是指狭义概念上的农民工,即特指前往异地打工的农民工。当前学者们较多地关注异地转移模式,而对本地转移模式的研究较少,更缺乏对两种迁移模式的比较研究。新型城镇化将推动本地市民化,这一研究缺憾急需填补。因此,以农业转移人口不同地域转移方式为调节变量,分析各因素对农业转移人口本、异地市民化意愿的影响值得进一步研究。

3. 农业转移人口市民化过程包括农村退出、城市进入和城市融合三个环节,实现市民化需要协同推进①。但是,目前的实践和研究存在两种极端倾向,或将三个环节不做区分,或将三个环节割离,没有充分体现出"协同"。所以,现实中农业转移人口虽然已经转移到城市,但大部分仍不愿意在上交承包地的基础上转变为非农户口②。农业转移人口市民化是一个系统而艰巨的工程,市民化过程应包括地域转移(本地与异地)、身份与职业转换、社会角色转型、社会关系重构等主要方面,最终具体表现为农业转移人口从事非农产业、具备市民化能力、享受与市民同等的公共服务和社会保障、融入城市社会文明等。因此,本书认为,根据我国新型城镇化的现状和发展趋势,构建农业转移人口市民化协同推进机制需要对"农业退出—城镇进入—社会融合"的市民化三个阶段的影响因素进行系统分析,找出主要的影响因素,进而提出相应的对策。

4. 在揭示新型城镇化进程中农业转移人口市民化的时空演变规律方面,目前学者主要关注农业转移人口市民化的代际差异比较和区域差异比较,关于流动类型(个体、家庭)差异、迁移模式(本地、异地)差异等的研究

---

① 刘传江:《迁徙条件、生存状态与农民工市民化的现实进路》,《改革》2013 年第 4 期,第 83—90 页。

② 张翼:《农民工"进城落户"意愿与中国近期城镇化道路的选择》,《中国人口科学》2011 年第 2 期,第 14—26 页。

成果较少。

5. 从微观层面看，目前国内学者对于农业转移人口发展问题关注还不足。学者们的研究大多集中在宏观制度层面和中观的社会层面，对于微观层面的问题比如农业转移人口的居住问题、职业发展问题、医疗问题，农村被动移民的可持续生计问题等具体问题的研究偏少，此外，现有研究偏重于制度性因素，对影响机理的解释不够深入。构建市民化协同推进机制要把宏观层面、中观层面、微观层面，制度性和非制度性层面因素有机结合起来。

第二章　农业转移人口市民化
研究框架构建

第一节　农业转移人口市民化内涵与过程分析

《国家新型城镇化规划（2014—2020 年）》指出，城镇化是解决农业农村农民问题的重要途径①。新型城镇化与传统城镇化相比，更加强调以人为核心，重点关注了与人相关的基本公共服务的供给，将产业作为依托，以政策创新为亮点，更加注重从体制上解决问题。本书立足于新型城镇化的视角，重新理解农业转移人口市民化的内涵、要素，识别异地和本地两种地域转移选择下的市民化过程和特征，统筹考虑本地市民化和异地市民化两种情况，从"农业退出""城镇进入"和"社会融合"三个环节深入理解农业转移人口市民化过程，全面构建农业转移人口市民化的协同推进机制。

一、农业转移人口市民化内涵

市民，也就是我们通常所说的城市居民，通常是指拥有城市有效户籍身

---

① 《中共中央 国务院印发 国家新型城镇化规划（2014—2020 年）》，2014 年 3 月 16 日，见 http：//www. gov. cn/gongbao/content/2014/content_ 2644805. htm。

份的合法公民。市民化是一个由农民向市民转化的动态过程，农业转移人口市民化亦是如此。国内学者针对"农民工"市民化的内涵问题已经展开了不同探讨。"农民工"市民化是农民在户口、地域、职业、文化等方面由农民身份向市民身份彻底转化的过程①，同时也是获得与城市居民相同的身份角色和权利权益，进而实现思想观念、生活习惯、文化内涵等各方面向城市市民转化的过程，核心是"农民工"获得与城市居民相同的公共服务②，其内涵包括身份角色、从事职业、素质能力以及意识行为四个层面的转变，不仅如此，"农民工"市民化还是自身的制度体系市民化、就业经济市民化以及文化心理市民化的过程③。

　　本书所界定的农业转移人口是指离开农业生产，转向二、三产业生产的人口。农业转移人口市民化包括本地市民化（"村改居"）和异地市民化（乡城转移）。因此，综合以上学者的观点，我们认为，农业转移人口市民化是指农村剩余劳动力离开农村进入城镇（就地转换城镇居民身份），从事农业产业以外的工作，实现从地域、身份、职业、社会心理、价值观念、自身素质、工作生活、行为习惯等方面逐渐向市民转变，并且获得同城镇居民同样的公民权利，享受城镇公共服务，参与城镇社会活动，最终实现自我心理身份认同的一个动态过程。农村人口从农村进入到城市并不是城镇化的目的，这只是一种外在表现，城镇化的实质在于不仅实现由农村户口转变为城市户口的地域和职业的转变，而且同市民一样具备在城市生活的能力，享有和市民同样的待遇和权利。农业转移人口市民化是一个由农民向市民转化的动态过程，其包含的内容非常广泛，这个过程包括农业转移人口身份地位的转变、职业技能的转型、生活习惯的改变以及价值观念的转化等多方面深层

① 赵立新：《城市农民工市民化问题研究》，《人口学刊》2006 年第 4 期，第 40—45 页。

② 申兵：《我国农民工市民化的内涵、难点及对策》，《中国软科学》2011 年第 2 期，第1—7 页，第 15 页。

③ 胡杰成：《农民工市民化问题研究》，《兰州学刊》2010 年 203 卷第 8 期，第 91—95 页。

次内涵。

1. 身份地位层面

农业转移人口的身份将经历由"农民"过渡到"进城务工人员",再到"准市民",最后成为"市民"的转变,他们将享受和城镇居民同等的权利义务和权益保障,从城镇的"边缘人"变为城镇的主人,不再遭受因身份、地位差异而出现的各种歧视。

2. 职业技能层面

农业转移人口将由从事农业产业劳动转为从事非农业产业劳动,从较低层次、非正规职业向较高层次、正规职业转化。同时,职业的变化也要求农业转移人口掌握相关专业技能,以提高他们的工作适应性和工作效率。

3. 生活习惯层面

农业转移人口由于受到城镇经济社会环境的影响,他们将逐渐改变传统的以地缘和血缘关系为基础的生产方式、生活水平和生活方式,形成城镇型的生活方式、生活习惯、生活目标以及生活意识。

4. 价值观念层面

农业转移人口在城镇生活的过程中,其价值观念、思维意识、行为态度等社会心理方面逐渐向市民转变。价值观念方面的变化虽然是一种抽象的无形的市民化,但却是判断农业转移人口是否真正转化为市民的重要依据之一。实现农业转移人口市民化,不仅需要农业转移人口自身做出改变,努力向城镇融入,同时也需要消除政府和城镇居民对这一群体的身份歧视,提高农业转移人口的社会地位,保障各项权益,促使农业转移人口形成对所在城镇的认同感和归属感[1],最终实现农业转移人口对自我市民身份的心理认同。

在分类方面,根据农业转移人口迁移地的不同,可以将农业人口转移的方式划分为本地转移和异地转移,与之对应的农业转移人口市民化也有相应

---

[1] 周小刚:《中部地区城镇化进程中农民工市民化问题研究——以江西为例》,博士学位论文,南昌大学,2010年,第68页。

的两种模式，即农业转移人口的本地市民化和异地市民化。本地市民化是指在本县区域内从事农业产业以外工作的农业转移人口向市民转化的过程，异地市民化是指在本县区域以外的城镇从事农业产业以外工作的农业转移人口向市民转化的过程；目前，异地市民化仍然是农业转移人口市民化的主要方式，但从每年的增速来看，本地市民化的增长速度快于异地市民化的增速①。

二、 市民化过程解析

国内学者对"农民工"市民化过程也开展了相关研究。"农民工"市民化是进城务工的农民在身份地位、价值观念、工作环境、工作方式、生活习惯等方面向城市市民转化的一个社会过程②。更为具体地说，"农民工"市民化应该实现职业、社会身份、素质能力和意识这四个方面的转变③，这是空间转移、角色转变、职业转型、阶层转变的多重变化过程④，也是"农民工"不断拓展融入城市的能力，通过学习并运用该能力，适应城市，实现自身在生活方式、思维方式、生存方式和身份认同等方面转变的过程⑤，而市民化程度是已经实现市民化的阶段数量占所有进程中的比重⑥。其中，"农民工"市民化的过程包括农村退出、城市进入和城市融合三个环节，这三个

---

①　国家卫生和计划生育委员会流动人口司：《中国流动人口发展报告 2017》，中国人口出版社 2017 年版，第 3—4 页。

②　吕柯：《浅议"农民工"市民化存在的主要障碍》，《中共成都市委党校》2000 年第 2 期，第 41 页。

③　杨云善：《农民工市民化能力不足及其提升对策》，《河南社会科学》2012 年第 20 卷第 5 期，第 58—60 页。

④　文军：《论我国城市劳动力新移民的系统构成及其行为选择》，《社会学研究》2005 年第 1 期，第 54—58 页。

⑤　郑杭生：《农民市民化：当代中国社会学的重要研究主题》，《甘肃社会科学》2005 年第 8 期，第 4—8 页。

⑥　刘传江：《迁徙条件、生存状态与农民工市民化的现实进路》，《改革》2013 年第 4 期，第 83—90 页。

环节体现了"农民工"市民化的趋势①。可见,"农民工"市民化的过程是一个复杂的循序渐进的社会活动。"农民工"从农村退出进入城市,很多人只是实现了身份的转变,心理上缺乏对于城市的认同感,只有从职业、身份等方面实现转化而且从心理上真正认可自身的市民身份与地位,才能够使其真正融入城市,实现市民化。

从市民化过程来看,本书所指的农业转移人口是广义的农民工概念,既包括"乡城迁移"的,也包括本地市民化(如"村改居",或者仅在区县的范围流动)的由农业转为非农业工作为主的农业人口。综上所述,我们认为农业转移人口市民化进程包括农业转移人口从农业退出进入城镇,再到融入城镇的过程,整个过程可以划分为农业退出、城镇进入和社会融合三个环节。

农业退出:在新型城镇化进程中,我国农业转移人口合理有序地向城镇居民转化的第一步就是农业退出,包括乡城异地迁移进城务工和就地转换身份和职业,因此,不仅是农村退出,而是农业退出更为确切。

城镇进入:我国农业人口向城镇转移分为本地转移和异地转移两种模式。目前农业人口以异地转移为主。而从可持续城镇化的视角看,应该合理有序地引导农业转移人口的流向,由集中地向大城市、中心城市迁移转向分散地向中小城市和本地城镇转移或者就地城镇化。因此,这一阶段农业转移人口不再局限于进入城市,更被鼓励进入城镇。基于此,本书将这一阶段界定为城镇进入。

社会融合:新型城镇化强调以包容性发展理念为基础,注重以人为本。农业转移人口市民化的第三个环节是实现社会关系重构及社会融合。随着农业人口进入城镇,地域与身份发生转变,其生活习惯、行为方式及思想观念等也随之不断向市民转变。随着随迁子女教育问题的解决与改善,社会活动

---

① 刘传江、徐建玲:《第二代农民工及其市民化研究》,《中国人口:资源与环境》2007年第1期,第6—10页。

的增加，维权意识的提升等，农业人口的社会关系也不再是以老乡为主体的社会关系结构网，实现了邻里之间、同事之间、朋友之间社会关系的重构。农业转移人口从进入城镇到真正地融入城镇，生活习惯、价值观念逐渐向当地城镇居民靠拢，完成生活的市民化转变，城镇归属感提高，生活满意度增加，从心理上认为自己已经是"市民"，所以，社会融合阶段又可称为"有市民认同"阶段。

农业转移人口市民化是一个长期的复杂的过程，受到多重因素的影响，三个环节是环环相扣、循序渐进的，应该系统分析三个环节的影响因素，抓住主要因素，提出针对性的协同推进对策。

第二节　农业转移人口市民化过程的影响因素分析

国外经典的人口迁移和流动理论一直是学者们研究劳动力流动和农业人口迁移问题的理论基础，并在运用中不断改进。本书将在中国情境下，主要基于推—拉理论，乡—城人口迁移模型、新劳动力迁移经济学、库兹涅茨人口再分布、蒂伯特模型等进行市民化动力和障碍等影响因素的理论分析，为构建研究的理论框架奠定基础。

一、　基于相关理论的分析

（一）基于推拉理论的分析

推拉理论最早可追溯到 19 世纪莱文斯坦（Ravenstein）进行的相关研究，他通过对欧洲多个国家人口迁移数据的分析，从迁移动机、模式和空间特征等方面总结了人口迁移的七条规律：第一，人口迁移会受到距离因素的影响，人们通常意愿选择短距离的迁移，距离越近，迁移人口的数量越多；第二，人口迁移具有阶梯性特点，大的工商业中心城市会吸引附近的小城镇人口，由此出现的迁出城镇的人口空缺会由更远的农村人口来补充，进而形成人口从城镇向中心城市迁移、从较远的农村向附近的小城镇迁移的递进式迁移；第三，每一个迁移流都会有一个与之对应的补偿性逆迁移流，迁移流与流向相反且规模较小的逆迁移流同时存在；第四，乡村人口更倾向于向城市迁移，而城市人口的流动率则比乡村要低得多；第五，人口迁移存在性别上的差异，女性人口倾向于短距离迁移的比例普遍高于男性；第六，人口迁移地数量随着工商业的发展和交通工具的更新而不断增加；第七，引发人口迁移的原因有很多种，但其中主要的迁移动机是来自经济因素，即人们寻求更好的物质生活条件和更多的经济利益①②。莱文斯坦提出的上述七条规律为推拉理论的研究奠定了基础。

1938 年，赫博尔（Herberle）发表了《乡村—城市迁移的原因》，其中首次提出了"推力"和"拉力"的概念，他指出，人口迁移行为的产生是由迁入地的拉力因素和迁出地的推力因素两者共同作用的结果③。由于迁出地生活环境恶劣、基础设施条件差、收入低等原因产生推动人口离开现居地的推力和由于迁入地的生活环境好、生活质量高、福利待遇好等原因产生吸引人口迁入的拉力，二者相互作用导致了人口的迁移。随后，唐纳德·博格（Bogue）进一步对"推拉理论"进行完善，他指出流出地和流入地都存在推动和拉动人口流动的因素，迁出地不完全是推力因素，迁入地也不完全是拉力因素。也就是说，人口流出地不仅存在推动人口向外流动的推力因素，例如收入高、生活条件好等，也存在向内的拉力因素，例如熟悉的生活环境、家庭的温馨等；人口流入地不仅存在基础设施完善、就业机会多等诸多

---

① Ravenstein E. G., The Laws of Migration, Journal of the Statistical Society of London, No. 2 (1885), pp. 167-235.

② Ravenstein E. G., The Laws of Migration, Journal of the Royal Statistical Society, No. 2 (1889), pp. 241-305.

③ Herberle R., The Causes of Rural-Urban Migration: A Survey of German Theories, American Journal of Sociology, Vol. 43, No. 6 (1938), pp. 932-950.

拉力因素，还存在高昂的房价、激烈的竞争等诸多推力因素①。1966 年，美国学者李（Lee）在前人研究的基础上进一步对人口迁移理论进行了补充和完善，提出了系统的人口迁移理论——"推拉理论"。他将影响人口迁移的因素归纳为四种，分别为迁出地的影响因素、迁入地的影响因素、迁移者的个人因素和中间障碍因素，这四个因素相互作用促成了人口的流动②。在农村剩余劳动力流动和迁移的过程中，除了迁出地和迁入地的"推力"和"拉力"影响之外，还会受到中间障碍因素和个人因素的影响。其中，中间障碍因素指迁移过程中存在的困难或阻碍，包括迁出地与迁入地之间的距离、法律因素等；个人因素包括迁移人口的人力资本、家庭状况等。根据"推拉理论"的内容，农业转移人口在选择本地或异地市民化的过程中，可能会有以下几种表现：第一，农业转移人口在选择留在本地或异地的过程中呈现的是一种理性的、非盲目的选择。第二，农业转移人口会在做出决定之前充分的了解和把握本地和异地的各种信息与情况，然后综合比较各种因素的利弊大小，做出选择。第三，在影响农业转移人口选择留在本地或外出的诸多因素中，不仅只有本地的"推力"和异地的"拉力"因素，本地的"拉力"和异地的"推力"因素同样存在很强的作用力，农业转移人口在综合考虑两地"推力"与"拉力"共同作用的结果后，才会做出最终的选择。

该理论对于目前我国农业转移人口大量进城务工，从农村进入城市谋求发展的现实状况，具有极强的解释力。农村的推力包括：农村经济水平低下、自然资源匮乏、人口过度增长、灾害频发等因素，城市的拉力包括城市拥有完善的公共设施、充足的生存资源、适宜的生活环境、和谐的社会氛围、较多的就业机会、较高的经济收入以及良好的教育环境等要素③。农村

---

①　Bogue D. J., Internal Migration, in Hauser, Duncan（ed.）, The Study of Population: An Inventory and Appraisal, Chicago: University of Chicago Press, 1959, pp. 64–72.

②　Lee E. S., A Theory of Migration, Demography, Vol. 3, No. 1（1966）, pp. 47–57.

③　许林：《湖北新生代农民工市民化的政策与体制研究》，中国地质大学出版社 2011 年版，第 37—41 页。

的回拉力主要有环境和人际熟悉、生活成本较低等，城市的推力则主要有环境和人际陌生、生活水平高等因素。由于农村的推力和城市的拉力是引导农业人口迈向更高质量生活的，而农村的回拉力和城市的推力因素是迫使农业人口固守低质量生活的，因此，农业转移人口权衡各个力量的作用之后，做出向城镇迁移的决定。将这些因素归类发现，经济、社会、文化以及环境方面的因素成为农业人口市民化的主要影响因素。然而文化娱乐等因素也不可忽略，城市生活的快节奏、高效率以及文化娱乐活动的丰富多彩，虽然在农业转移人口市民化的过程中不占据主导因素，但是却对新一代农业转移人口产生了极大的吸引力。可见，农村的推力与城市的拉力相结合，是促成我国农业转移人口流动的主要原因。

（二）基于预期收入差异理论的分析

托达罗（Todaro）于 20 世纪 60 年代末提出"预期收入差异"理论。当时，许多发展中国家普遍存在严重的失业问题，大批劳动力在城市中找不到工作，而越来越多的农民却选择离开农村向城市迁移，人口流动越发成为经济发展的阻碍。在这样的现实背景下，托达罗提出了传统人口流动模式所无法解释的新理论，即"预期收入差异"理论。该理论认为，真正决定劳动力流动的是以实际收入水平乘以就业概率的预期收入水平而不是实际收入差异。农村剩余劳动力在做出迁移决策之前，通常会对城乡间的收入差异进行预估计，只有当他们认为他们在城市工作的预期收益收入高于他们在农村的经济收入时，才会做出迁移行为，否则将不会发生迁移。同时，托达罗认为当城市的就业概率越大，城乡间收入差距越大时，迁移行为越容易发生[①]。我国农业转移人口在本地迁移和异地迁移的选择过程中，会表现出该理论所反映的现象。在进行预期收入差异比较时，农业转移人口会首先考虑城市类

---

① Todaro M. P., A Model for Labor Migration and Urban Unemployment in Less Developed Countries, American Economic Review, Vol. 59, No. 1 (1969), pp. 138–148.

型因素，因为这直接关系到收入水平的高低。农业转移人口会将本地和异地间的收入差异目标进行最大化估计，他们会将异地迁移可能带来的收益与留在本地可能带来的收益的差值和迁移成本值进行综合比较，当农业转移人口异地收益的心理预期较大时，他们会更倾向于选择异地迁移，反之，则会留在本地。

农村剩余劳动力的迁移行为与我国城乡二元体制密切相关，正因二元体制机制的存在使得城乡差距不断拉大。根据预期收入差异理论，农业转移人口会对流出地和流入地的收入差距进行考量，从而做出是否迁移的决定。在城镇化初期，中小城镇的公共服务承载量无法满足大量农业人口转移的涌入，大城市成为承接农业转移人口的主要阵地。随着大城市生活成本的逐渐升高，就业难度不断增加，落户门槛不断提升，转移收益锐减，相反，中小城市基本公共服务供给满足需求，相关产业飞速发展，人均收入不断增加等，这些提升了中小城市对农业转移人口的吸引力，使中小城市能够很大程度分担大城市所面临的人口迁移压力。因此，就近城镇化成为现阶段农业人口转移市民化的主要方向，小城镇也成为分散农业转移人口迁移压力的重要载体。

然而，预期收入差异理论只考虑了预期收入对于农村劳动力迁移的影响，而社会因素、心理因素等在农业转移人口进行迁移决策的过程中也发挥着重要的作用，因此该理论具有一定的片面性，只能在一定程度上解释农村剩余劳动力发生迁移行为的原因。

（三）基于迁移成本——效益理论的分析

"迁移成本——效益"理论是由美国芝加哥学派经济学家西奥多·舒尔茨（Schultz）于 20 世纪 60 年代初期提出。该理论认为，人口迁移是为了追求更大的经济收益，在迁移者做出迁移决定之前，会对迁移后的成本与收益进行预期判断，当迁移后的收益大于迁移成本时，才可能发生迁移行为①。迁移成本主要包括经济成本和非经济成本，经济成本指迁移过程中因交通、住宅和食物支出增加所产生的迁移费用以及因迁移而失业所减少的收入，非经济成本指时间成本、体力支出、精力消耗等，还有与家人朋友分离、对迁入地的疏离所产生的心理成本。而迁移收益同样包括经济收益和非经济收益，经济收益指收入的增加，非经济收益指社会关系的完善、个人价值的实现以及社会包容等。然而，该理论的核心内容同样是迁移者的心理预期决定迁移行为，具有一定的主观性。

现阶段，我国城市与农村之间的收入仍有较大差距。由于城镇收入在满足基本生活需求后还有盈余，促使农村剩余劳动力不断向城市涌入。农业转移人口向城市迁移的过程离不开对于成本与效益的考虑，为了降低迁移成本，实现迁移效益的最大化，许多农业转移人口选择以家庭为单位进行迁移，家庭化迁移已经越来越成为农业转移人口迁移流动的新特点和新趋势。此外，农业转移人口所拥有的宅基地和房屋是他们决定迁移前的资产，当他们进入城市之后，放弃对于宅基地和房屋等原有生产资料的占有以及进入城市之后对于新的生产生活资料的占有能否达到预期等都将是他们的考虑重点。

（四）基于二元经济结构理论的分析

随着对人口迁移研究的不断深入，社会学家的研究方向逐渐从理论研究转向实证研究，其中最著名的是刘易斯（Lewis）提出的"二元经济结构模型"。刘易斯揭示了农业部门和工业部门共同构成了社会经济发展的"二元经济"。在传统的农业部门中，存在大量剩余劳动力，但是资本和资源有限，生产率水平较低，这就决定了农村的低收入，而城市工业部门具有大量的生

---

① Schultz T. W., Investment in Human Capital, The American Economic Review, Vol. 51, No. 1（1961），pp. 1–17.

产资料和资金，劳动生产率较高，工资水平也略高。于是，工业部门和农业部门之间的收入差距，使得农村人口从农村向城市流动，直到农村迁移人口被城市工业部门完全吸收为止①。他指出，由于农村大批劳动力向城市转移，使得农村剩余劳动力减少，农业部门现代化水平提高，劳动生产率提高，进而工资水平提高，城乡差距逐渐缩小，直到整个系统达到平衡，逐渐实现了"二元经济"向"一元经济"发展。刘易斯二元经济模型为发展中国家劳动力的转移提供了重要的借鉴意义。但是他过于强调工业部门对农业部门的影响，而忽视了农业在促进工业增长中的作用，这也是该模型的缺陷之一。随后，费景汉（John Fei）和拉尼斯（Rains）在刘易斯"二元经济结构理论"的基础上，进一步对农村劳动力转移模型进行了修正和补充。他们从动态的角度出发，指出农业生产率的重要性②，提高农业生产率从而产生剩余劳动力是经济发展的关键③。乔根森（Jorgenson）提出了一个新的基于刘易斯二元经济结构模型的劳动力流动模式，该模型认为发展中国家的农业部门和工业部门的工资水平将随着技术进步和资本累计率的增长而增长，农业剩余劳动力转移的前提条件是存在农业剩余，而农业剩余劳动力从农业部门向工业部门的转移规模应该与农业剩余的规模相适应。

我国二元经济结构对农业转移人口市民化意愿和农业转移人口市民化能力均产生重要影响④。一方面，城乡二元制度就是为了加快工业化进程，阻碍生产要素等各类要素在城乡之间的自由流动而建立，是二元经济结构的产物。这种城乡二元制度既是对身份的限制，也是对利益关系的限制。农业剩

---

① Lewis W. A., Economic Development with Unlimited Supply of Labor, The Manchester School, Vol. 22, No. 2 (1954), pp. 139-191.

② Fei J. C. H., Rains G., A Theory of Economic Development, The American Economic Review, Vol. 51, No. 4 (1961), pp. 533-565.

③ Zhang H, Song S, Rural-urban Migration and urbanization in China: Evidence from Time-series and Cross-section Analyses, China Economic Review, No. 4 (2011), pp. 386-400.

④ 黄锟：《城乡二元制度对农民工市民化进程的影响与制度创新》，《经济研究参考》2014年第8期，第30—41页。

余人口以农民工的身份在城市就业和生活，但是其身份转变却没有完全实现，加上大部分农业转移人口遭受职业歧视和待遇歧视，严重降低他们自身对市民化的预期收益，使他们的市民化意愿减弱甚至消失。另一方面，由于大部分农村剩余劳动力在进入城市之后只能从事一些低端工作，福利、待遇、工作条件和工作环境等方面较差，实际工资待遇水平较低，无法保障自身在城市生活的基本水平。在这种情况下，农业转移人口市民化能力的相对水平下降，制约农业转移人口市民化发展。在未来推进农业转移人口市民化的关键阶段，农业转移人口规模应当满足工业部门生产需要，农业人口数量应当与农业生产所需劳动力相适应，这将为推动城乡产业发展奠定基础，也为提高城镇化水平提供重要保障。

（五）基于新经济迁移理论的分析

20 世纪 80 年代以来，斯塔克（Stark）和布鲁姆（Bloom）、泰勒（Taylor）等合作研究提出新的理论体系——新经济迁移理论。该理论的研究对象由迁移者个人转向整个家庭，认为家庭成员的共同决策对迁移行为的选择有着重要影响。同时，他们揭示了影响农村剩余劳动力向城市迁移除了城乡间收入差距这一因素之外，农村的户与户之间的收入差异也是影响他们迁移的重要因素。这一理论强调迁移者个人与其家庭共享迁移的成本和收益，这种家庭策略实现了最小化的风险和最大化的经济利益相结合，迁移者及其家庭以此来降低迁移风险，实现家庭利益的最大化[1][2][3]。这种分析视角以家庭为单位，对中国社会中以家庭为单位的迁移模式有着较强的指导意义。梅西（Massey）认为亲戚、同乡在迁入地和迁出地之间建立的关系网络是迁

---

[1] Katz E., Stark O., Labor Migration and Risk Aversion in Less Developed Countries, Journal of Labor Economics, Vol. 4, No. 1 (1986), pp. 134-149.

[2] Stark O., Bloom. D. E., The New Economics of Labor Migration, The American Economic Review, Vol. 75, No. 2 (1985), pp. 173-178.

[3] Stark O., Taylor J. E., Relative Deprivation and International Migration, Demography, Vol. 26, No. 1 (1989), pp. 1-14.

移人口的一种社会资本①，新迁入者可以通过此关系网络获取更多的就业信息和就业机会，以增加迁移成功的可能性，降低迁移成本和风险。这种关系网络可以吸引更多的新迁移者，推动规模迁移的发生。

根据原国家卫生和计划生育委员会发布的《中国流动人口发展报告2016》②的数据显示，现阶段中国的农业转移人口大多以家庭为单位流动，家庭成员的共同决策对于迁移行为具有重要影响，以家庭为迁移主体的人口转移更容易较快适应城市生活和融入城市社会，降低迁移的成本与风险。此外，这种家庭化的迁移方式还可以增加迁移的成功率，使得农业转移人口真正实现市民化，尤其在本地迁移方面，"村改居"模式为农业人口快速城镇化提供了新的发展方向，能够在原有社会网络的基础上构建城市生活体系，对于农业人口更快适应城市生活提供了便利条件。

（六）基于库兹涅茨人口再分布理论的分析

美国当代著名经济学家西蒙·库兹涅茨（Kuznets）将人口看作是经济活动的决定性因素，经济发展与人口的区域再分布相互作用，相互影响，工业化和城市化是发达国家经济增长中的伴生过程③。库兹涅茨在《现代经济增长：速度、结构与扩展》中指出，在一个国家内部，不同地区的人口自然增长率长期存在着差别，并且各中心地带的经济机会不同，这些差异成为国家内部人口流动的动力因素。经济的发展使得年轻一代为了获得更多的资源，而打破血缘纽带，离开赖以生存的故土，向经济中心流动，形成了现代

---

① Massey D. S., Social Structure, Household Strategies, and the Cumulative Causation of Migration, Population Index, Vol. 56, No. 1 (1990), pp. 3-26.

② 国家卫生和计划生育委员会流动人口司:《中国流动人口发展报告 2016》，中国人口出版社 2016 年版，第 98 页。

③ ［美］西蒙·库兹涅茨:《各国的经济增长：总产值和生产结构》，常勋译，商务印书馆 1985 年版，第 95—121 页。

人口格局，这不仅影响了家庭结构、代际的关系，也促进了现代经济的增长①。随着我国改革开放的不断深入，经济发展使各类资源、技术以及资本集聚城市，城市基本公共服务供给能力和供给水平不断提升，城市基础设施水平和城市承载力逐渐增强，城市拥有着更广阔的发展空间，城乡之间的差异越发凸显和扩大，同时，城市对人口集聚的吸引力也逐渐增强。正是因为经济社会的发展以及城镇化进程的推进改变了原有的人口分布格局，在这种情况下，大量农村剩余劳动力向城市转移，促使人口流动与资源聚集。

在城镇进入阶段，由于受城市经济发展水平、城乡收入差距以及城市基本公共服务尤其是教育、医疗、文化等公共服务的影响，农业转移人口的流动意愿、长期居留意愿以及落户意愿也出现差异，经济发展水平越高、收入越高以及基本公共服务水平越高的城市或地区，越能够吸引人口流入。在这样的情况下，农业转移人口市民化过程整体呈现向经济发展水平好、基本公共服务能力高的城市流入的趋势。因此，为了促进城市之间、地区之间的均衡发展，提升城市吸引力，应当思考如何提升基本公共服务的水平和质量，如何积极推进基本公共服务均等化，以此吸引人口均衡流动，提升城镇化质量。同时，对于承接农业转移人口的城市来说，应当考虑如何抓紧人口流动与资源聚集的机会，优化产业结构，不断促进人口增长与产业融合的协调发展。

（七）基于蒂伯特模型的分析

1956 年，美国公共经济学家蒂伯特（Tiebout）在一篇题为《一个关于地方支出的纯理论》的经典论著中指出，人们对公共产品的消费存在"搭便车"的现象，假设地区公共产品的供给无差别，这时人们会隐藏自己的偏好，使其消费呈现均等化，这是由于公共产品在受益上具有非排他性；然

---

① ［美］西蒙·库兹涅茨：《现代经济增长：速度、结构与扩展》，戴睿、易诚译，北京经济学院出版社 1989 年版，第 52—53 页。

而，当公共产品的供给存在地区差异时，人们就有丰富而充足的社区可以进行选择，在这种情况下，公众就会采取流动迁移的方式来选择居住地，借此来表达他们的偏好，即公众会通过"用脚投票"来选择他们认为可以为其提供更优质公共产品的地区[1]。

蒂伯特模型揭示了两个方面内容：一是边际成本为零促进了地方政府在地方公共产品供给方面的竞争，二是以自由迁移为前提的"用脚投票"。每个居民从个人效用最大化的角度出发，对政府供给的公共产品带来的边际成本和效益进行衡量，当边际成本大于边际效益时，居民就会选择离开该地区，只有当其个人迁移的边际成本和边际效益相等时，才会停止迁移而定居下来。蒂伯特认为公共产品的供给数量和质量会随供给成本而变化，进而造成地区间的差异，形成人们迁移的基础。而在拥有足够多的可供选择的地区时，居民自由迁移的权力又使其可以按照自身偏好选择居住地区，就如同人们在市场上购买私人物品，要先进行"比较"而后才"购买"公共产品。因此，居民很大可能倾向流入到能提供更优越的公共服务的地理区域。

麦奎尔（McGuire）对蒂伯特模型做了进一步的补充，认为居民的迁移实际上是一种寻利行为，由于不同地区公共产品供给水平与税收之间存在差异，在做出迁移决策之前，居民会比较迁移后从公共产品增量中获得的收益与因税收增加带来的成本，当收益大于成本时，迁移则成为一种明智的选择，直到公共产品和税收达到最佳组合时，居民的迁移才会终止。基于此，基本公共服务作为地域属性较强的公共产品，其地区供给水平也存在着一定的差异，加之现代社会获取信息的成本较小，人们普遍上清楚熟知各地区公共服务供给及税收情况，这就为人口迁移提供了条件。

在城镇进入阶段，基本公共服务需求是农业转移人口在选择不同类型城市落户意愿方面的重要考虑因素，城市教育、医疗等基本公共服务的提升尤

---

① Tiebout C. M., A Pure Theory of Local Expenditures, Journal of Political Economic, No. 5 (1956), pp. 416-424.

其对于新一代农业转移人口的吸引力较大。当居住城市的经济发展水平不断提升、基本公共服务得到满足时，农业转移人口更愿意长期在城市居留或落户。而当农业转移人口自身能力提升时，对于选择迁入城市的要求也在不断提升，呈现出在大中城市落户的意愿。

二、 三阶段影响因素总结

本书所构建的农业转移人口市民化协同推进机制需要解决两个关键问题：形成市民化决策的动力和破除市民化过程中的阻碍，并且需要深入分析影响农业转移人口市民化的因素如何关联、及共同作用。

基于"推—拉"理论，拉力和推力在流出地和流入地都起到了一定作用，农村与城市都有"推力"和"拉力"的存在，"推力"主要包括来自农村的推力和来自城市的外推力，"拉力"包括来自城市的拉力和来自农村的回拉力，其中，农村的推力和城市的拉力是农业转移人口市民化的积极因素，农村的回拉力和城市的外推力则是消极因素。在这四种力量共同作用下，使得农业转移人口实现市民化的过程，既包含农村和农业方面的因素作用，也有城市和工业方面的因素作用，还包括个人因素及中间障碍等第三方面的因素作用，例如迁移距离、文化差异、价值判断等。通过内部驱动和外部拉动并举，回拉力和外推力并举，共同影响农业转移人口市民化的各类因素之间的协同作用，进而影响农业转移人口市民化进程。

农村的推力可以概括为农业生产率低下导致农业劳动力报酬低，出现大量的农业剩余劳动力；农村生活环境差，发展空间不足，年轻的农村劳动力不甘于农村生活，渴望进城寻求更广阔的发展前景；农村邻里之间的攀比心理，促使其产生在经济上相互赶超的动力等。城市的拉力主要指城市就业的高收入水平；城市工业发展对农村剩余劳动力的需求和吸引；城市的医疗、教育、公共服务等条件普遍优于农村地区；就业机会较多，个人发展前景较广阔等。而农村的回拉力主要包括农业转移人口对农村亲人的眷恋及其对农业和农村土地的依恋。城市的外推力主要包括户籍限制，城市较高的生活成本，身份排斥，就业歧视，子女教育机会不平等，缺乏平等的社会保障权益及公共服务保障等方面。

在农业退出阶段，农村的推力发挥主要作用。由于农民对农村土地的依恋程度较高，承包地、宅基地及其房屋几乎是他们所有财产，土地处置是否科学合理直接关乎农业转移人口能否在城镇安心落户，也关乎以人为本的"人的城镇化"的实现。如果农村土地产权清晰，土地流转顺畅，农业转移人口能够从承包地、宅基地以及其房屋中获得财产性收入，能够带着这些财产进入城市，那么，跨越市民化经济成本的门槛就相对容易一些。因此，产权清晰、流转顺畅的农村土地制度和集体产权制度等尤为重要。只有满足这些基本的生存需求和安全需求，才能使得进城后的农业转移人口没有后顾之忧。

在城镇进入阶段，城市的拉力作用增强，与城市的外推力之间的博弈突显。城市的高收入、较多的就业机会和广阔的个人发展前景，以及医疗、教育、公共服务等各项资源条件的吸引使得农业转移人口进入城市生活工作，经过一段时间稳定后，他们的市民化意愿会增强，希望获得城市身份，成为真正的城市市民；然而，在这一阶段，各项制度和体制限制，尤其是户籍制度以及所衍生的社会保障制度和教育制度限制等，作为城市的外推力对农业转移人口的市民化起到一定的阻碍作用，导致他们无法真正获得市民身份，出现一些人被迫返回农村的现象。虽然当前国家相继出台推动户籍制度改革的方案、政策及法规等，地方政府也纷纷根据自身发展的实际情况制定和调整具体政策和相关规定，户籍制度改革有所突破，但是依附在显性户籍制度身上的隐性制度藩篱仍然存在，造成农业转移人口在子女教育、劳动就业、社会保障及公共服务等诸多方面遭遇不公平待遇，严重削弱其市民化意愿，从一定程度上减缓了农业转移人口市民化进程。

在社会融合阶段，城市的外推力、农村的回拉力以及个体因素和中间因素很大程度上阻碍市民化。真正实现农业转移人口的市民化，意味着其获得并认同城市市民身份，并且全面融入城市社会，被城市社会所接纳。在这一阶段，城市高昂的生活成本、子女就学难度加大、劳动权益的侵犯等使得农业转移人口在城市生活工作的压力不断增大，面对陌生的城市，他们对故土的眷恋和对农村生活的怀念会越发强烈。另外，来自城市社会与市民的排斥以及对身份认同的怀疑和否定，使他们无法适应城市生活，即使获得城市户籍也可能会选择回乡；价值观念与文化传统不断受到来自城市社会的冲击，使得他们很难适应城市的意识形态以及城市的发展理念，产生文化障碍；难以挣脱地缘和血缘等传统关系网络对他们的束缚与限制，使他们与城镇居民的互动交流减少，与城市市民的隔阂加深，业余生活空虚贫乏及社会融入感弱等。加之，个体能力障碍的存在使得农业转移人口在教育水平、收入水平等方面的个体人力资本差异较大，这也是影响其市民化意愿的重要因素之一。迁移距离和转移方式也会在一定程度上影响农业转移人口的市民化意愿，相对来说，就近城镇化的农业转移人口更加容易融入城市社会，更容易减轻与城市社会之间存在的各方面阻碍，更好地实现市民化。

综合上述分析，结合对已有研究的评述，可以看出，影响农业转移人口市民化的主要因素可以概括为来自农业转移人口本身的个体因素、来自城乡二元结构的经济因素、来自城乡社会和居民的社会因素、文化因素和社会心理因素等主要方面，本书主要从"协同推进"的视角，探讨来自上述诸多方面的因素对农业转移人口市民化过程的各个阶段的影响，进而提出对市民化进程的三个阶段协同推进的对策建议。

第三节　农业转移人口市民化协同推进机制的研究框架与研究设计

一、研究框架

前面的分析已经表明，新型城镇化进程中，农业转移人口市民化可以分为"农业退出""城镇进入""社会融合"三个阶段。

在农业退出阶段，农业转移人口对既有财产的处置是他们首要考虑的问题。对于乡城迁移的农业转移人口，依然具有很深的土地情节，难以割舍他们承包的土地；对于本地市民化，如"村改居"人口来说，他们会格外关注村集体资产的处置。因此，本书在这一环节重点研究农业转移人口土地置换城市户籍的意愿及其影响因素，主要侧重于对农业退出阶段的农民使用土地置换城镇户籍意愿进行深入剖析，在总结现有研究成果的基础上，基于农村承包地置换城镇户籍的视角，分别从个人特征因素、经济因素、社会生活因素以及土地处置因素等四个方面考察其影响因素，旨在引导农业转移人口在城镇落户，通过农村土地流转，促进土地的合理化、集约化利用。与此同时，本书还对本地城镇化中农村集体资产产权制度改革进行案例研究。农村集体产权制度改革是郊区农村城镇化发展到一定历史阶段的必然产物，实现全域城镇化、破解二元结构的体制机制的突破口之一就是推进农村集体产权制度改革，本书以大连市甘井子区城镇化中农村集体产权制度改革工作为例，对其工作情况开展调查研究，剖析存在的问题及其成因，进而提出改进对策和建议。

在城镇进入阶段，农业人口转移至城镇后，职业发生了转变，生产要素不再依赖土地，而是转向更多元的职业选择，可以从事第二、三产业相关职业，实现了职业由第一产业向第二、三产业转化。但是，在农业人口异地转移方式占主导的趋势下，农业转移人口进入城镇后，由于我国户籍制度的限制和城乡二元结构壁垒，使得部分进入城市的农业人口在身份转变上受到制约，部分农业转移人口落户城镇会受到诸多因素的影响，与社区、邻里之间的社会关系还在重构阶段。此阶段农业转移人口虽然在身份、居住、职业等方面部分实现了城镇化，但是没有实现心理上的认同，所以城镇进入阶段又称为"无市民认同"阶段。

本书在这一环节重点研究城市类型差异与代际差异视角下农业转移人口落户意愿的影响因素。城市类型差异视角下，由于不同规模的城市承载能力与城市自身发展潜力的不同，使得农业转移人口选择在不同城市类型落户的意愿也不同，通过对城市类型差异下农业转移人口落户意愿的选择进行分析，有利于对农业转移人口迁移的分层化特征进行考察，同时还可以为国家相关政策的调控提供依据；代际差异视角下，随着农业转移人口代际分化日益显著，其内部异质化的特点也愈发凸显，由于出生年代不同、成长环境差异较大，两代农业转移人口市民化进程中的需求也不尽相同，因此，两代农业转移人口的城镇落户意愿也有所不同。研究代际差异视角下的农业转移人口落户意愿的影响因素，对于促进城镇有序接纳转移人口、有效引导农业转移人口市民化，进而促进城市建设和社会发展，具有十分积极的意义。同时，本书还对区域差异视角下的农业转移人口就近迁移的影响因素进行了探索，分别从经济发展水平、基本公共服务水平及城市人口饱和度三个方面识别影响农业转移人口就近迁移的因素。另外，在这一阶段本书还进行了本地、异地两种迁移模式下农业转移人口城镇落户意愿及其影响因素研究，以期为农业转移人口中小城市市民化和本地城镇市民化提供参考依据。

在社会融合阶段，"认同市民身份"和"适应城市生活"是农业转移人口社会融合的两个重要标志。在这一环节，本书重点研究代际差异视角下农业转移人口市民身份认同的影响因素，以及不同流动类型（个体、家庭）下农业转移人口城市生活适应性的影响因素；针对本地市民化，开展了"村改居"人口市民身份认同的案例研究。农业转移人口的城市融合，不仅是行为方式的融合，更是心理归属感的建立，以家庭方式迁移城市能够更快地融入城市，提升城市适应性，同时，通过完善社会保障、建立法律法规、提供基本公共服务，还权于民等方式来促进农业转移人口的城市融入，从而找到农业转移人口市民化的身份认同的推进机制。

基于上述分析，构建本书的研究框架，如图2-1所示。

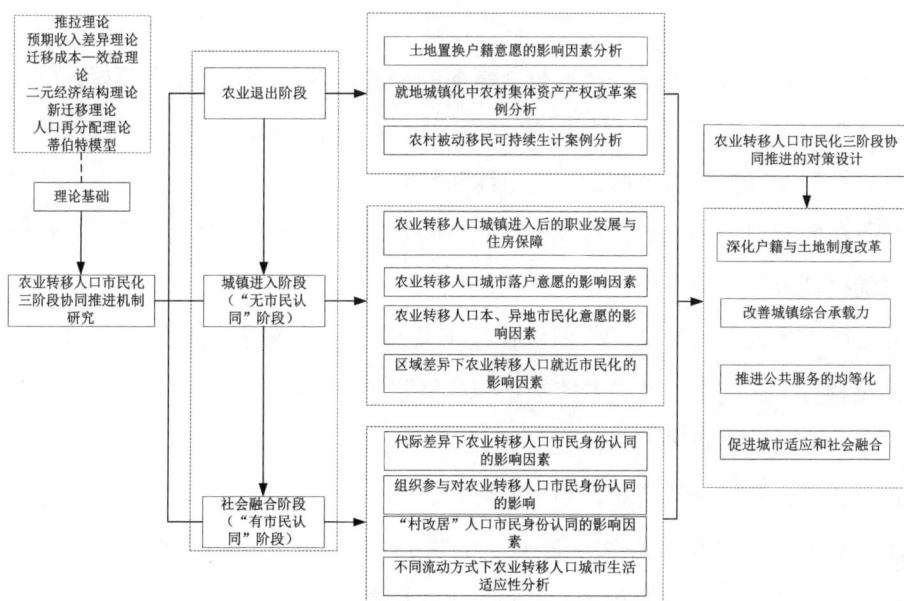

图 2-1　本书的研究框架

二、 研究设计

因为本书研究涉及一系列研究问题，研究历时较长，针对上述研究框架，课题组开展了多次调查，并采用了相关数据库的数据资源。具体如下：

调研1：对8省14市的农业转移人口市民化调查。课题组设计了《农业转移人口市民化问题调查问卷》，其中包括被调查者的基本情况、土地情况、户籍情况、就业情况、家庭生活（城镇消费）与子女教育情况、公共服务与住房情况、社会融合情况等七个部分。

由于此调查问卷的内容特点和题目设置特征，无法进行结构效度检验，因此重点进行内容效度检验。在设计调查问卷题项的过程中，在广泛阅读国内外相关文献的基础上进行严格斟酌和调整，使题项内容更加具体化。同时，为了使问卷能够准确有效的反映调查意图，使得研究结论更加具有科学性和准确性从而达到调查目的，在正式开展调查之前，邀请了领域内的相关专家、学者对问卷题项的设置与预调查内容是否符合、问卷能否较好地代表预调查的内容并引起预期反映的程度等进行分析和判断，并且提供改进意见，根据专家意见适当调整问卷长度和难度。

在问卷编制完成后，自2014年11月至12月，在辽宁省大连市6个市辖区随机抽取了7个社区，在1个所辖县和3个县级市随机抽取了5个社区，在社区工作人员的协助下，随机抽选了共90位农业转移人口进行问卷的预测试调查，测试中被调查者能够正确理解题目，流畅作答（部分高龄和文化程度较低的被调查者，由调查员对其进行一对一填答）。说明此调查问卷的内容正确，题目表述清楚，稳定性良好，内容一致性较高，调查题项全面有效，最后确定问卷共七个方面、68个题项。这七个方面具体包括：基本特征，主要内容涉及农业转移人口的个体特征和基本情况；土地情况，主要内容涉及农村承包地、宅基地情况；户籍情况，主要内容涉及城镇户籍、落户意愿等情况；就业情况，主要内容涉及就业年限、城市工作与收入等情况；家庭生活与子女教育情况，主要内容涉及城市消费压力、子女就学问题等情况；公共服务与住房状况，主要内容涉社会保险、公共服务、住房条件等情况；社会融合情况，主要内容涉及参与社会活动、朋友数量与构成、交往意愿、城市适应等情况。各个方面题项经调整、完善后确定正式的调查问卷。

2015年6—8月，与校团委合作，结合大学生暑期社会实践活动，选派50余名本科生和研究生调查员开展全国范围的问卷调查。大学生调查员分别赴辽宁省大连市、本溪市、吉林省长春市、河北省保定市等8个省份的14个城市进行了调查（大连市、本溪市、长春市、保定市、济南市、郑州市、肇东市、邢台市、哈尔滨市、邯郸市、杭州市、晋城市、南昌市、青岛市）。每个城市通过判断抽样的方式，选取了4个农业转移人口聚居社区，在社区工作人员的协助下，每个社区随机调查了25名农业转移人口。针对文化水平较低的农业转移人口，调查员采用一对一的方式进行问卷填答。共发放问卷1400份，收回有效问卷1189份，有效回收率为84.9%。调查对象的基本情况见表 2-1。

表 2-1 受调查农业转移人口样本基本情况（n=1189）

变量	选项	频数	频率（%）
年龄	30 岁以下	303	25.5
	30—39 岁	482	40.5
	40—49 岁	293	24.7
	50 岁及以上	111	9.3
性别	男	746	62.7
	女	443	37.3
婚姻	未婚	269	22.6
	已婚	853	71.8
	离婚	48	4.0
	丧偶	19	1.6
文化程度	小学及以下	81	6.8
	初中	511	43.0
	高中及中专	403	33.9
	大学专科	131	11.0
	大学本科及以上	63	5.3

该部分数据主要用于农业转移人口市民化过程的各个阶段中的影响因素分析，具体包括农业退出阶段中土地置换城镇户籍意愿的影响因素分析（参见第三章第一节），城镇进入阶段中农业转移人口城市落户意愿的影响因素分析（参见第四章第二节），社会融合阶段中代际差异下农业转移人口市民身份认同的影响因素分析（参见第五章第一节）以及社会融合阶段中流动类型差异下农业转移人口城市生活适应性的影响因素分析（参见第五章第四节）。

调研 2：以大连市为调查地点的若干专题调查。在 2014—2017 年期间，通过访谈和问卷调查，针对农业转移人口在农业退出、城镇进入和社会融合三个阶段中的关键问题在大连市开展了多次调研。一是围绕农业转移人口迁移地域选择差异问题，调查了 413 位农业转移人口（参见第四章第三节）。二是围绕"村改居"人口市民身份认同问题，调查了 428 位"村改居"人口（参见第五章第三节）。三是围绕农业转移人口在流入地城市的住房保障情况，调查了 773 位农业转移人口（参见第四章第一节）。四是围绕新生代农业转移人口的就业与职业发展问题，调查了 395 位农业转移人口和 150 个用人单位（参见第四章第一节）。

调研 3：利用全国流动人口动态监测数据的二次分析。国家卫生健康委员会流动人口司每年都会进行全国范围的流动人口动态监测数据调查。该调查是在我国 31 个省份和新疆生产建设兵团流动人口比较集中的地区抽取样本点，开展抽样调查。抽样采取的是分层、多阶段、与规模成比例的 PPS 方法。调查对象是在流入地居住一个月以上，非本区（县、市）户口的 15—59 周岁人口，调查人数共计为 20 余万人。由于每年的调查问题会有一定的差异性，因此本书在多个问题的分析中，采用了多年的全国流动人口动态监测数据。一是在国家提倡中西部农业转移人口就近市民化的政策背景下，利用国家卫生健康委员会流动人口司 2014 年的全国流动人口动态监测数据对区域差异下农业转移人口就近市民化的影响因素进行分析（参见第四章第四节）。二是针对不同类型的组织参与在促进农业转移人口身份认同方面的作用，利用国家卫生健康委员会流动人口司 2017 年的全国流动人口动态监测数据进行分析（参见第五章第二节）。

第三章 农业转移人口的农业退出

第一节 土地置换城镇户籍意愿的影响因素

新型城镇化进程中，统筹处理农民、土地和资金三者之间的关系关系到新型城镇化发展质量，也是农业转移人口实现农业退出而顺利完成市民化的重要保障。在农业退出阶段，农业转移人口市民化主要受其原有生产资料的制约，那么，创新土地流转或补偿方式，而不再是以单纯的货币征地补偿的方式处置农村土地，对于增强农业转移人口市民化意愿显得尤为重要。尽管国家和各地政府针对农村土地流转的试点中，推出了以承包地换户口、以宅基地置换城镇房产、以土地承包经营权置换社会保障等各类制度，总体都是以土地换取城市户籍所附加的各种公共福利。然而，已经转移到城市的农业人口大部分仍不愿意在上交承包地的基础上转变为非农户口[1]。根据调查显示 61.3%的农业转移人口表示不愿意放弃或置换意愿不明确[2]，而拥有落户意愿的农业转移人口中有 70%以上表示不愿意放弃老家土地[3]。农民离乡不

---

① 张翼：《农民工"进城落户"意愿与中国近期城镇化道路的选择》，《中国人口科学》2011 年第 2 期，第 14—26 页。

② 梅建明、熊珊：《基于"四个维度"的农民工市民化实证研究——对 3318 份调查问卷的分析》，《中南民族大学学报（人文社会科学版）》2013 年第 4 期，第 124—129 页。

③ 刘燕、李录堂：《农民工城市落户需求影响因素实证分析——以西安市为例》，《统计与信息论坛》2015 年第 3 期，第 95—102 页。

离土的情况普遍存在，这与各地方政府对农业转移人口进城落户的激励性政策形成了相逆的趋势，也揭示出农村土地处置已经成为影响农民工进城落户意愿的重要因素。与此同时，农民离乡不离土，造成农村大量耕地被占用及土地资源的闲置浪费①，宅基地"建新不拆旧"，农村空心化与新房扩建占地相伴而生②，成为我国农村土地制度改革、土地资源优化配置的重要障碍。在这种情况下，如何有效平衡农民工进城落户需求和农村土地利用之间的张力，是户籍改革设置配套制度时所要考虑的核心问题。

一、 相关研究回顾

国内学者针对农业转移人口落户城镇意愿开展了较多研究。如学者秦立建等利用二元 Logit 回归分析发现较高的人力资本存量、较高的工资收入、较大的城市规模均促进农民工的落户意愿，而签订劳动合同和家乡有医疗保险均降低其户籍转换意愿③。而王玉君通过对十二个城市的流动人口的调查分析发现，社会经济人口变量、社会网络与社会交往、城市经历与流动类型以及城市归属感等因素对农民工落户城市意愿产生直接影响④。唐宗力将2009 年和 2014 年两次在安徽农村的实地调研进行比较，指出农业转移人口落户城市的意愿呈减弱趋势，主要受收入、文化程度、年龄、家庭等个人因素的影响⑤。谭晓婷则利用 Probit 模型分析得到文化程度、工资收入、城市

---

① 程连生、冯文勇、蒋立宏：《太原盆地东南部农村聚落空心化机理分析》，《地理学报》2001 年第 56 卷第 4 期，第 438—446 页。

② 龙花楼：《中国农村宅基地转型的理论与证实》，《地理学报》2006 年第 61 卷第 10 期，第 1094—1098 页。

③ 秦立建、王震：《农民工城镇户籍转换意愿的影响因素分析》，《中国人口科学》2014 年第 5 期，第 99—106 页。

④ 王玉君：《农民工城市定居意愿研究——基于十二个城市问卷调查的实证分析》，《人口研究》2013 年第 4 期，第 19—32 页。

⑤ 唐宗力：《农民进城务工的新趋势与落户意愿的新变化——来自安徽农村地区的调查》，《中国人口科学》2015 年第 5 期，第 113—125 页。

生活融入程度等因素会影响农业转移人口落户城市的意愿①。但是现有研究大多只是孤立地考虑农业转移人口的城镇落户意愿，而较少从他们是否愿意用土地置换城镇户籍的角度进行研究，这在一定程度上会使得研究结论脱离现实情况。《中华人民共和国农村土地承包法》第 26 条规定：承包期内承包方全家迁入设区的市，转为非农业户口的，应将承包的耕地和草地交回发包方。也就是说，农民工如果想把户口转到大城市或中等城市，必须交回承包地。在土地资源稀缺的地区，甚至还要退出农村宅基地。然而罗明忠等研究表明，面对进城安家落户存在的制度性障碍及未来的各种不确定性，不少农民工不愿意以放弃农村承包土地及宅基地换取城市户籍及商品房②。廖柳文和刘沛林研究发现 50.63% 的农民工表示即使有相应的补偿措施他们也不愿意放弃具有保障安居、以房养老等效用的宅基地和住房③。这些结果揭示出农民工的进城落户决策表现出经济理性，他们会把迁移户口的收益与不迁移户口的收益进行比较。蔡禾和王进发现农民工愿意将户口迁入城市的主要原因集中在地域性因素和制度合法性压力上，家中有无责任田的影响并不显著④，但是这可能是由于没有把放弃土地作为前提条件考察而造成的。卢小君等人研究表明，在要求用承包地置换城镇户籍的情况下，采用现金补偿的方式处置宅基地，更加能够影响农业转移人口的置换意愿⑤。综上，本研究着重以农村承包地置换城镇户籍为研究视角，通过总结学者们的研究成果，从个人特征因素、经济因素、社会生活因素、土地处置因素四个层面考察其

① 谭晓婷、张广胜：《农业转移人口留城定居意愿影响因素分析——来自南京市农民工样本的调查》，《调研世界》2015 年第 5 期，第 36—39 页。

② 罗明忠、卢颖霞、卢泽旋：《农民工进城、土地流转及其迁移生态——基于广东省的问卷调查与分析》，《农村经济》2012 年第 2 期，第 109—113 页。

③ 廖柳文、刘沛林：《外来务工人员进城落户意愿调查分析——以湖南省长沙县为例》，《经济地理》2011 年第 12 期，第 2007—2012 页。

④ 蔡禾、王进：《"农民工"永久迁移意愿研究》，《社会学研究》2007 年第 6 期，第 86—113 页。

⑤ 卢小君、向军：《农民工进城落户意愿研究——以大连市为例》，《调研世界》2013 年第 11 期，第 41—46 页。

影响因素，以期为公共管理部门的政策制定提供更贴近现实情况的经验依据。

二、 土地置换城镇户籍意愿影响因素的选取

（一） 变量选取

基于土地置换与落户意愿之间的关系视角，将全国范围内的 1189 名农业转移人口作为研究对象，在对落户意愿现状进行描述性分析的基础上，具体从个人特征、经济、社会生活以及土地处置四个方面对农业退出阶段中的农业转移人口土地置换城镇户籍意愿的影响因素进行深入剖析，以期为推进我国市民化相关政策的制定提供参考。

采用多项 Logistic 回归分析方法，以"是否愿意用老家承包地置换城镇户籍"作为因变量并且进行赋值："愿意置换" = 1，"不愿意置换" = 2，"不确定、没想好" = 3。在自变量的选择方面，通过总结并归纳前人的研究成果，将年龄、婚姻状况、文化程度、劳动合同、职业培训、月收入、居住情况、朋友数量、参与社会活动、承包地的处置方式设定为自变量，需要说明的是，在婚姻因素中的变量"离婚"和"丧偶"所占比例很小，故将其归为"已婚"；城镇居住因素中的变量"其他"占比很小，故将其忽略不计。各自变量赋值结果见表 3-1。

表 3-1　变量定义说明

变量名称	定义
年龄	连续变量
性别	男 = 1，女 = 0
婚姻状况	已婚 = 1，未婚 = 0
文化程度	大学本科及以上 = 1，大学专科 = 2，高中及中专 = 3，初中 = 4，小学及以下 = 5

续表

变量名称	定义
是否签订劳动合同	是 = 1，否 = 0
是否参与技能职业培训	是 = 1，否 = 0
月收入	4000 元以上 = 1，3000 元至 3999 元 = 2，2000 元至 2999 元 = 3，1000 元至 1999 元 = 4，1000 元以下 = 5
居住处	自己购买 = 1，亲友、同乡提供 = 2，单位提供 = 3，自己租住 = 4，每天往返 = 5，工地现场 = 6
朋友数量	20 个以上 = 1，10 个至 19 个 = 2，5 个至 9 个 = 3，4 个以下 = 4
是否参与社会活动	是 = 1，否 = 0
承包地处置方式	有偿放弃 = 1，有偿转让 = 2，保留承包地、自家耕种 = 3

（二）实证分析框架

基于前文分析，从个人特征因素、经济因素、社会生活因素以及土地处置因素四个方面研究影响农业转移人口土地置换城镇户籍的因素，实证分析框架如图 3-1 所示。

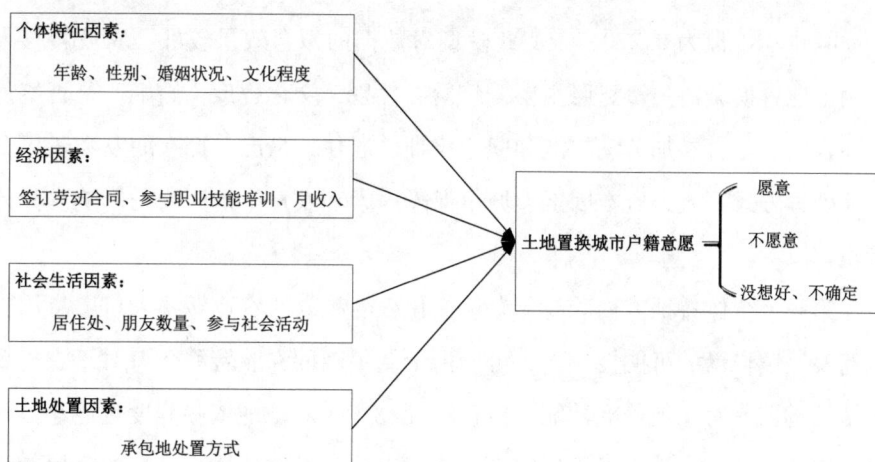

图 3-1　实证分析框架

三、 结果分析与讨论

(一) 农业转移人口用土地置换城镇户籍意愿分析

研究发现，37.2%的农业转移人口愿意放弃承包地迁入城市，用土地置换城镇户籍的意愿较为明确；23.4%不愿意放弃承包地，还有39.4%的农业转移人口表示不确定、还没有想好。这说明农业转移人口对土地置换城镇户籍持观望态度的比例较高，城市户籍吸引度、对现代城市生活的向往程度与城市户籍对其生活保障水平并不匹配，他们真正关心的是置换户籍后能带来什么，如何处理老家的承包地以及如何保证进入城市后能够享受均等化的公共服务和相应的市民权利。

(二) 农业转移人口用土地置换城镇户籍意愿的 Logistic 回归结果分析

模型检验结果如表 3 - 2 所示。χ^2 值为 281.806（Sig. = 0.000），Nagelkerke R^2 值为 0.270，说明此模型对数据的拟合效果较好。农业转移人口用土地置换城镇户籍意愿主要受年龄、性别、文化程度、婚姻、是否签订劳动合同、是否参加劳动技能和职业培训、居住处情况、拥有朋友数量以及土地处置方式等人力资本因素、城市保障因素和农村土地因素的影响。具体来说：

第一，个体特征方面。越年轻、文化程度越高的农业转移人口愿意用土地置换城镇户籍的可能性越高，可能由于越年轻的农业转移人口对于农村乡土情结越弱，对土地养老功能的重视程度越小，对土地依赖程度也越小。同时，年龄越高，表现出的不确定性越强，表明年轻群体置换户籍的意愿较为强烈。学历在一定程度上代表着人力资本程度，人力资本越高的群体越有可能具备在城市中获得更高工作机会和生活条件的能力，因此也更愿意放弃土地。此外，女性持不确定态度的可能性是男性的 1.67 倍，这可能与在重大决策中，女性遵循家庭中的男性或长辈意见有一定关系。

第二，经济因素方面。参加过劳动技能和职业培训的农业转移人口愿意用土地置换城镇户籍的可能性更高，原因可能在于越是参加过职业技能培训的群体在城市中的生存能力越强，更容易适应城市生活。此外，研究发现，劳动合同虽然不会显著的影响农业转移人口土地置换城镇户籍的意愿，但是却能够降低置换意愿的不明确性。没有签订劳动合同的群体其置换意愿表现出更高的不明确性。与以往研究不同的是，月收入水平在本调查中并没有起到显著作用，这可能与农业转移人口所在的城市规模、城市经济发展水平以及城市人均收入和消费水平有关，因此仅采用绝对收入水平难以真实反映其对置换意愿的影响。

第三，社会生活方面。居住情况是影响农业转移人口土地置换城镇户籍的重要因素，城市居住情况越好越愿意用农村土地置换城镇户籍，而居无定所则会降低置换意愿。

第四，土地处置方式层面。和不愿意置换的群体相比，有偿放弃的土地处置方式的农业转移人口置换意愿更加强烈。选择有偿放弃的群体愿意置换城镇户籍的可能性是选择保留土地的 1.609 倍，但是，选择有偿放弃和有偿流转两种土地处置方式的群体同样也表现出较高的不确定性，其不确定态度的可能性分别是选择保留土地 1.837 倍和 2.138 倍。这表明两种土地处置措施在现阶段均存在一定问题，现有的土地处置机制在所能提供的未来保障方面对农业转移人口的吸引力度并不够，很多农业转移人口对土地置换城镇户籍心存犹豫，对未来有一定的担忧。

表 3-2　农业转移人口用土地置换城镇户籍意愿的 Logistic 回归分析结果

自变量		土地置换镇户籍意愿模型 a			
		愿意置换		不确定、没想好	
		B	Exp（B）	B	Exp（B）
个人特征因素	年龄	−0.017	0.983	−0.028**	0.972
	性别（男）	−0.125	0.883	0.513**	1.670
	婚姻（已婚）	0.461*	1.586	0.241	1.272
	文化程度（小学及以下）				
	初中	0.596*	1.815	−0.219	0.803
	高中及中专	0.851**	2.341	−0.312	1.367
	大学专科	0.626**	1.870	0.030	1.030
	大学本科及以上	1.435***	4.198	0.136	1.146
经济因素	是否签订劳动合同（否）	0.222	1.248	−0.830***	0.436
	劳动技能和职业培训（否）	0.191*	1.210	−0.732	0.481
	月收入（1000 元以下）				
	1000—1999 元	0.373	1.452	0.856*	2.235
	2000—2999 元	0.322	1.380	0.424	1.528
	3000—3999 元	0.227	1.255	0.824*	2.279
	4000 元以上	0.183	1.200	0.866*	2.376
	居住处（工地现场）				
	每天往返	1.480	4.393	−0.259	0.772
	自己租住	1.656*	5.237	−0.925	0.396
	单位提供	1.572*	4.814	−0.533	0.587
	亲友、同乡提供	1.728*	5.629	−0.103	0.903
	自己购买	1.999*	7.379	−0.645	0.525
社会生活因素	朋友数量（4 个以下）				
	20 个以上	−0.560	0.571	0.330	1.391
	10—19 个	−0.648*	0.523	0.254	1.290
	5—9 个	−0.126	0.882	0.377	1.458
	参加社会活动（否）	−0.112	0.894	−0.755	0.470

自变量		土地置换城镇户籍意愿模型 a			
		愿意置换		不确定、没想好	
		B	Exp（B）	B	Exp（B）
土地处置因素	承包地的处置方式（保留承包地、自家耕种）				
	有偿流转	−0.244	0.784	0.760**	2.138
	有偿放弃	0.476***	1.609	0.608**	1.837
Chi-Square		281.806***			
Nagelkerke R^2		0.270			

注：1. *$p < 0.05$，**$p < 0.01$，***$p < 0.001$；2. 参照组：a 不愿意置换。

四、 研究结论

整体来说，农业转移人口对土地置换城镇户籍持观望态度的比例较高，其置换意愿主要受年龄、性别、文化程度、婚姻、是否签订劳动合同、是否参加劳动技能和职业培训、居住处情况、拥有朋友数量以及土地处置方式等人力资本因素、城市保障因素和农村土地因素的影响。就现阶段而言，城市户籍的吸引度，对现代城市生活的向往程度与城市户籍对其生活的保障水平并不匹配。在创新农村土地处置方式的基础上，思考如何提高城市社会对农业转移人口的接纳和包容，同时尽可能提升自身的人力资本水平，这三方面因素是同步推进，也是相互影响的，任何一个方面出现问题都无法顺利实现农业转移人口落户城镇。因此，需要协同思考提升策略，不能忽视三方面因素的内在联系。

第二节　就地城镇化中农村集体资产产权制度改革案例研究

一、研究背景

农村集体产权制度改革是郊区农村城镇化发展到一定历史阶段的必然产物，也是实现本地城镇化、破解二元体制的突破口之一。改革开放40年来，我国农村集体经济发展迅速，集体资产规模不断扩大。党的十九大报告也提出深化农村集体产权制度改革，保障农民财产权益，壮大集体经济。但是，随着新型城镇化进程的不断推进，尤其在本地城镇化的"村改居"过程中，一些地方政府在集体资产管理与处置过程中仍存在一些问题，例如运作机制不灵活、集体资产运营监管不到位等，这些已经成为制约农村集体资产发展的重要因素，从而导致农民，特别是农业转移人口的利益无法得到保障，甚至导致集体资产的流失等，阻碍改革进程。因此，亟待探索出一条适合城镇化地区农村集体产权制度改革的道路。本研究正是在此现实背景下，选择以大连市甘井子区推进"村改居"城镇化中农村集体产权制度改革为案例，具有较高的实际价值。

"十一五"以来，大连市甘井子区实施城镇化战略，以城镇化推进产业高端化、环境生态化等战略的实施，在社会经济转型道路上接连取得重大突破。至今，甘井子区已完全实行城市建制，城镇化改革基本完成，城市开发建设已经打开局面，对促进甘井子区"村改居"起到重要推动作用。近年来，甘井子区在城镇化进程中积极推动农村集体产权制度改革工作，进行了许多有益探索，取得较好成效。但从整体来看，在城镇化背景下的以城乡分割为主要特征的二元结构和矛盾并没有完全消除，甘井子区的改革工作推进仍然与群众期盼、上级要求、发展需要存在较大差距。因此，本研究结合大连市甘井子区农村集体产权制度改革工作的现状，通过实地走访、问卷调查等方式对大连市甘井子区城镇化中推进农村集体产权制度改革进程的现状、问题以及成因进行考察和剖析，进而提出改进的对策和建议。

二、 甘井子区农村集体产权制度改革工作历程

（一）耕地确权量化阶段

甘井子区的农村集体产权制度改革是在耕地确权量化工作的基础上产生的。2005 年，经市、区、街道、村共同努力，决定在个别村实施耕地权益量化试点，也得到大连市农村改革试验区的正式批准。就是在保持原有承包经营基本不变的前提下，把耕地确权量化到村集体经济组织成员，发放耕地权益证实行收益分红，这样既可以保护现经营者的收益，又满足了无地农民的要求。将集体土地由"共同共有"变为"按份共有"。由于充分发扬民主，兼顾了有地、无地两个群体的利益，兼顾了广大农民当前和未来的长远利益，实现了农村实际与国家法律的相统一，赢得了群众的拥护，使得当时矛盾最突出的两个行政大村如今转变为平安、和谐的先进村。有了两个村的成功经验后，甘井子区开始在全区有条件的村推行耕地确权量化。通过推行耕地确权量化，有效化解了人地矛盾，维护了农民利益，促进了农民增收。

（二）深化改革阶段

在耕地确权量化工作取得成功的基础上，从 2009 年开始，甘井子区积极推进农村集体产权制度改革工作。一是成立了集体经济组织成员资格认定领导小组，成立了集体经济组织清产核资工作领导小组，成员单位有农海局、发改局、人社局等 12 个相关单位。各街道也都成立了由各街道一把手任组长的街道集体经济组织成员资格认定和清产核资领导小组。二是制定了推进村集体经济组织成员资格认定与清产核资工作指导方案，制定了村集体经济组织成员资格认定和清产核资工作指导办法，对村集体经济组织成员资

格认定与清产核资工作做了具体的、分步骤的实施方案和工作办法。三是进入实施阶段。截至 2011 年底，甘井子区已有 21 个村集体经济组织完成了集体成员资格认定工作，其他各村工作正在稳步推进。

（三）先行先试阶段

2011 年 11 月，甘井子区被国家正式批准成为"全国农村改革试验区"，成为辽宁省唯一入选改革试验区。区委、区政府十分重视此项农村改革工作，2012 年 2 月份，甘井子区提出改革试验区工作要做好"两个基础，一个突破"。"两个基础"即村级集体经济组织成员资格认定工作和村级集体资产核查工作；"一个突破"是尽快给予村级股份经济合作社进行工商注册、法人登记等相关政策服务。各村立即都行动了起来，普遍开展了调查研究、清产核资、劳龄普查等基础性摸底工作，逐一分析，制定改革方案征求意见。这些宣传、组织、培训工作为全面开展村级改革工作奠定了比较扎实的基础。2017 年，甘井子区被农业农村部确定为全国 100 个农村改革试点县（市区）以来，甘井子区确定了"身份确权益、权益确份额、份额转股权、成员做股东"的改革模式，并将资源性资产和经营性资产统一纳入改革范围，改革工作取得了新进展、新成效，基本步入了快车道。

三、甘井子区农村集体产权制度改革工作的主要经验

（一）注重宣传和政策培训

甘井子区前期举办了大量的宣传和培训工作，把 11 个相关街道财审办主任、村集体经济组织成员资格认定和清产核资工作小组负责人及 52 个村的财务主任、专干共一百余人组织起来培训，还邀请了有关专家进行专题授课辅导。根据甘井子区实际情况，重点突出，使甘井子区村级干部明确了村级产权制度的目的、意义，怎么干、如何干好，做到了心中有数。

（二）严格把握和执行政策

村级改革是一项制度创新的工作，政策性强，改革难度大，目前，国家、省、市改革推进还存在政策、措施不配套的问题。甘井子区根据现行的政策法规，针对每个村实际情况，研究出新对策、新办法，因地制宜，指导改革工作顺利推进。

（三）坚持公开、公正、公平原则

任何涉及村民利益的大事小情都必须公开征求百姓的意见，然后经过村民大会或村民代表大会的表决，这是改革能顺利进行的前提。保证改制工作自始至终对集体经济组织成员是公开的，没有暗箱操作，各项规定都经过群众大家反复讨论，民主决策定下来的。透明度高是群众对改革比较满意的一个重要原因。

（四）打好群众基础

农村集体产权制度改革是对农村生产关系的再调整，让农民当上集体资产的主人，解决了制约农村发展的诸多难题，所以必须走群众路线，利用会议、简报等形式，对村民进行宣传。认真听取和采纳广大群众的意见，使改革工作成为群众的自觉行动。特别是集体经济组织成员资格认定、股份设置量化等涉及群众利益的根本问题，经过反复讨论，取得大多数群众拥护和支持。

四、 关于改革问题的调查

基于甘井子区农村集体产权制度改革工作的现实情况，进一步开展了问卷调查研究。调查问题涉及改革认知情况、改革机制建设、改革基础工作、改革人员保障、集体经济组织发展等方面。利用调查问卷取得的信息和数据，分析推进农村集体产权制度改革工作中存在的问题，探究问题成因，提出相应的意见建议。

根据甘井子区农村集体产权制度改革调查的需要，按照甘井子区行政区划和实际情况，选取街道和村的相关工作人员作为调查对象，共发放调查问卷 75 份。调查对象区域分布为：共 5 个涉农街道，分别是 Y 街道、X 街道、G 街道、H 街道、D 街道，每个街道发放问卷 5 份；共 10 个重点推进村，分别是 Y 街道 Y 村、J 村、X 村、S 村，G 街道 Q 村、A 村、Z 村，X 街道 Q 村、Y 村，D 街道 L 村，每个重点推进的村发放问卷 5 份。

在调查初期，向 5 个涉农街道办公室的工作人员解读调查目的与意义、主要内容、调查方法、数据使用以及规范管理等，打消工作人员对调查过程的顾虑，为调查工作的进行营造良好氛围。

在调查正式开始时，由 5 个涉农街道办公室的工作人员配合将调查问卷发放至相关村和街道相关部门具体工作人员手中，并对调查活动进行了详细的说明、安排。在村和部门具体工作人员中随机选择调查对象，填写调查问卷。填写调查问卷前，向填写人讲解填写要求和注意事项，但不做任何形式的引导或代填，对调查对象的疑问进行详细解答，以此提高调查问卷答案的准确性。

在调查完成后，委托街道办公室工作人员将问卷统一回收整理，标明问卷的发放和回收情况。本次调查工作从 2018 年 3 月 2 日开始，3 月 13 日起回收调查问卷，至 3 月 17 日回收问卷结束，3 月 20 日开始对调查问卷进行整理统计。经统计，此次发放调查问卷 75 份，成功回收问卷 72 份，回收率为 96%，其中有效问卷 70 份，有效率为 93.33%。样本特征见表 3-3。

表 3-3　调查对象基本情况

变量	选项	人数（人）	比例（%）
工作类别	街道工作人员	23	32.86
	村工作人员	47	67.14
性别	男	58	82.86
	女	12	17.44
年龄	30 岁以下	15	21.43
	31—45 岁	28	40.00
	46—60 岁	22	31.43
	61 岁以上	5	7.14
文化程度	高中（中专）及以下	4	5.71
	大学本科（大专）	50	71.43
	硕士研究生及以上	16	22.86

五、　问题分析与建议

（一）大连市甘井子区农村集体产权制度改革工作存在问题

第一，基层干群对改革工作心存疑虑。推进农村集体产权制度改革涉及各方利益调整，情况错综复杂。如图 3-2 所示，部分基层干部主要存在对话语权被削弱、支配农村集体经济受到制约、对社会稳定的影响以及对自身能力的担忧等方面顾虑。如图 3-3 所示，村民的担忧集中在自身权益保障、集体资产的浪费或流失、集体经济经营效益以及过程透明性和公平性等方面。

第二，改革工作规范化程度不高。调查数据显示，被调查对象中的 60% 对街道建立的工作实施方案满意，其余 40% 则表示不满意；28.57% 认为应加强农村集体产权制度改革立法工作，而 25.71% 认为应建立完善改革总体方案；24.29% 认为应建立完善改革相关配套政策文件，而 21.43% 认为应加强政策措施的可操作性。通过对调查问卷中关于改革机制建设方面问题的统

计，明显能够看出大连市甘井子区农村集体产权制度改革工作规范化程度不
高，主要表现在三个方面：一是政策措施操作性不强，二是成员资格界定界
限不清，三是有些相关规定还不够明确。

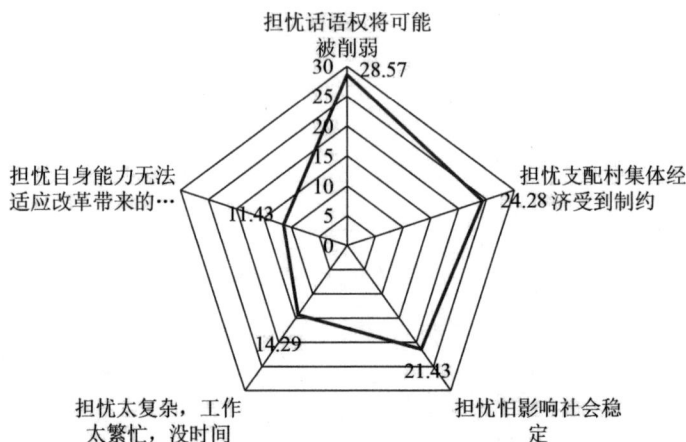

图 3-2　基层干部对改革的担忧情况

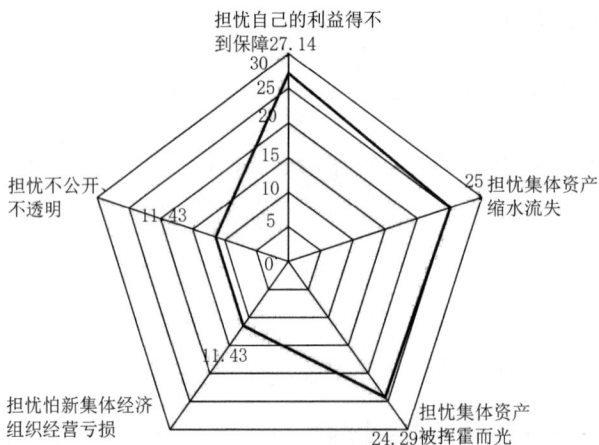

图 3-3　村民对改革的担忧情况

第三，推进改革过程中的工作效率不高。通过对调查问卷中改革基础工

作情况的统计，反映了在农村集体产权制度改革过程中，清产核资、成员界定以及资产量化、人员配备及培训等方面存在推进缓慢、效率低下的问题，调查对象满意度不高。如图 3-4 至图 3-8 所示。

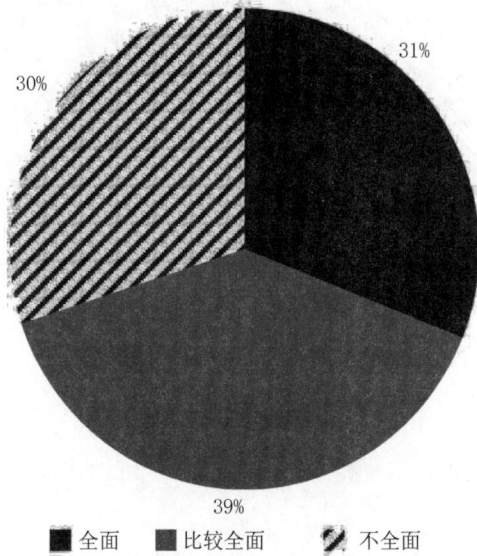

图 3-4　清产核资情况

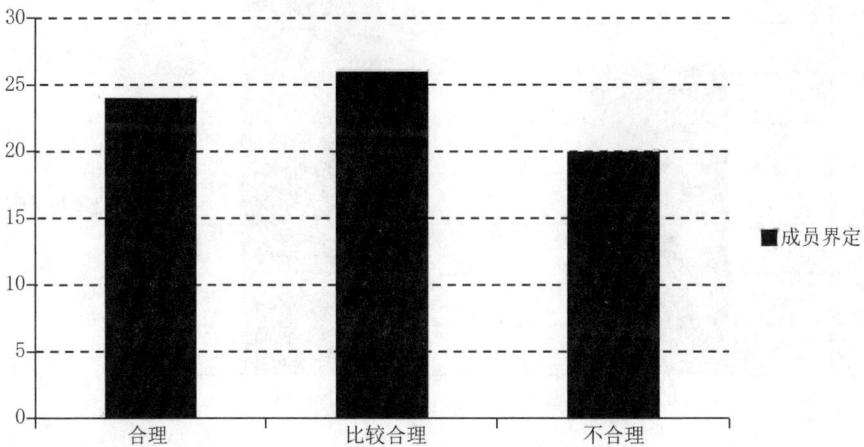

图 3-5　成员界定情况

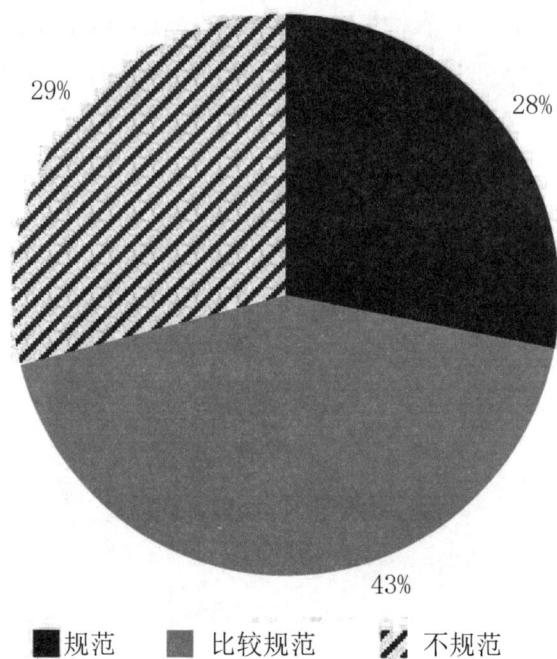

29%　28%

43%

■ 规范　■ 比较规范　▨ 不规范

图 3-6　资产量化情况

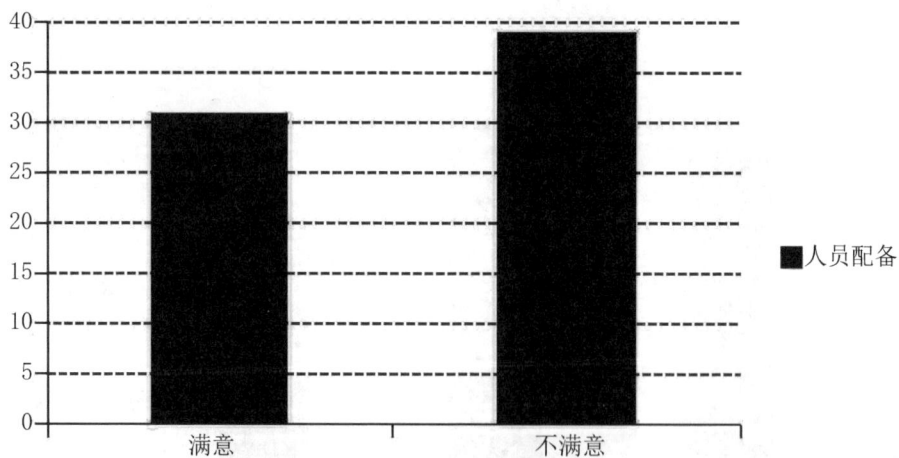

■ 人员配备

图 3-7　人员配备情况

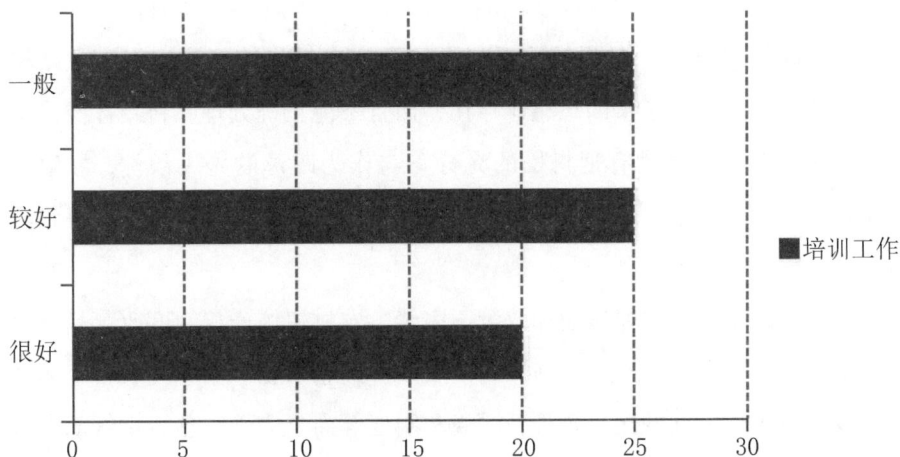

图 3-8　培训工作情况

第四，基层干部力量薄弱。随着农村集体产权制度改革进程不断加快，基层干部队伍的发展现状无法适应当前的节奏，与国家乡村振兴战略的要求还有一定差距。农村干部力量短缺严重已是不容置疑的事实。通过对调查问卷中改革人员保障情况的统计，可得出基层干部力量薄弱，主要表现在三方面：一是工作能力不足；二是干部队伍不稳定；三是面临"无人可选"局面。

第五，改革后村集体经济组织可持续发展面临挑战。农村集体产权制度改革的出发点和落脚点，是理顺集体产权归属，从制度上保障发展和壮大集体经济，使广大基层群众真正享受到改革发展带来的红利。但在实际工作中，改革后集体经济组织仍然将面临发展的难题。通过对调查问卷中关于集体经济组织发展相关问题的回答情况来看，主要表现在三个方面：一是集体经济发展面临社会公共服务负担较重；二是集体经济发展不平衡问题突出；三是村集体经济收入来源渠道仍比较单一。

（二）大连市甘井子区农村集体产权制度改革工作问题的成因

第一，部分基层干部对改革工作认识不到位。农村集体经济组织及其成员共同作为农村集体产权制度改革的主体，均应得到重视和关注。然而，在实际推进改革过程中，有些基层干部往往重视农村集体经济组织而忽略村民，形式主义和敷衍了事的思想还存在，而且不能正确处理农村集体经济组织和村民的关系，也没有把村民的充分参与作为改革的先决条件，导致了"你改你的，我干我的"的尴尬局面，农民分享改革成果的权利没有得到充分保障。

第二，改革相关法律法规和政策不完善。农村集体产权制度改革是近年来国家提出的一项重要改革措施，属于发展中的新事物。国家在农村集体产权制度改革工作方面的配套政策、法规和制度等尚未完善，各级主管部门对农村集体经济组织成员资格界定办法、社区股份合作制企业的工商登记、社区股份合作制企业的纳税等关键问题也缺乏明确规定。

第三，改革基础性工作不充分。一方面表现为清产核资工作不够规范和制度执行不够严格。一些村集体"三资"清查工作不全面不彻底，还只是停留在会计管理的层面上，制度建设、规范化建设相对滞后。另一方面则是农村集体经济组织成员资格界定情况复杂。随着城镇化的不断推进，甘井子区已经完成了人口城镇化，辖区行政管理已完全实行城市建制，城镇化改革基本完成，农民的身份也通过户籍变更转为城市居民，并逐步享受市民待遇。然而，以城乡分割为主要特征的二元结构和矛盾并没有完全消除。此外，长期以来，国家对农村集体土地审查不够严格，使得地区普遍存在少批多建、未批先建等问题，而由于时间跨度大等原因，违法占地查处比较困难。因此，集体资产量化确权矛盾纠纷多也严重阻碍了改革基础性工作的全面开展。

第四，干部培养使用引进机制不完善。一是基层干部的政治待遇差。二是缺少引进人才支撑。三是缺乏系统性业务培训，政府部门针对农村集体产权制度改革工作所开展的各种培训内容缺乏针对性，没有满足广大基层干部的需求，使得基层干部实际学到的新政策、新法规不多，基层干部能力和素质得不到较大提升。

第五，集体经济承载空间受限。一是城乡二元结构矛盾未解决，由于历史惯性，甘井子区承接其他主城区搬迁人口、外地务工人员居住等全市城市范围内中低收入人群集中居住功能的实质并未改变，以城乡分割为主要特征的二元结构和矛盾并没有完全消除，导致甘井子区村集体经济组织在公共服务和社会保障等方面的压力明显增大。二是对土地依赖性较大。改革开放以来，一些村一直紧紧依靠土地开发来促进整个村的快速发展，但到如今，无论是对经济持续健康增长、经济发展方式的转变、经济增长结构调整的不利影响，还是集体经济和金融风险都达到了前所未有的程度。三是产业发展滞后。表现为政策扶持不够精准，对村级集体经济的自身"造血"功能的激发有待增强，引进的产业项目重点不够突出，用力分散、聚焦不足，存在落地难、项目兑现率低等问题。

（三）完善大连市甘井子区农村集体产权制度改革工作的建议

根据对大连市甘井子区农村集体产权制度改革工作存在问题及其成因分析，结合国内先进地区成功经验，本研究提出应按照"夯实管理基础，稳步推进改革"的总体思路解决这些问题。第一，强化基层干群对改革工作的认识。通过建立三级联动组织领导体系，坚持因地制宜精准推进，充分尊重民意民愿。第二，搭建顶层设计制度框架。通过加强改革法律法规政策体系建设，科学制定出台改革总体方案，同时要建立完善改革相关配套政策文件。第三，抓好改革基础性工作。高效做好清产核资，细致做好成员身份确定以及全面做好资产量化。第四，加强人才队伍建设。加大培训力度，配齐配强干部以及善于借用外智。第五，扶持村集体经济发展。建立健全集体经济组织，抓好集体经济组织运营管理以及推动新型集体经济组织的产业升级等。

第三节　农村被动移民的可持续生计案例研究

随着我国城镇化进程的不断推进，产生了大量的在政府主导下非自愿改变原有生活与就业方式，以出让土地、房屋等资源为代价的被动移民群体。如果缺乏有效的政策保障和引导，这些被动移民极易成为"五失"公民，即失地、失业、失保、失权、失身份，不仅严重威胁被动移民群体的生存质量，甚至可能会影响社会和谐与稳定。因此农村被动移民的可持续生计问题是不可忽视的重要问题之一。如何妥善解决农村被动移民可持续生计问题关系到城乡协调发展与社会公正的体现，对促进我国新型城镇化的健康发展具有重要作用。

"可持续生计"这一概念最早出现在 20 世纪 80 年代末世界环境和发展委员会的报告中，随后中国社会科学院社会政策研究中心课题组在此基础上将"可持续生计"定义为"个人或家庭为改善长远的生活状况所拥有和获得的谋生能力和资本"①。而农村被动移民的可持续生计被认为是"农民被征收土地后使生活水平在原有基础上持续提高或至少不降低的生存能力，主要表现在获得补偿收入、就业安置和社会保障等几个方面"②，并且受到多方面因素的影响。针对农村被动移民可持续生计问题，学者们大多认为应从改革土地征收制度，给予农户合理的补偿费；制定若干优惠政策，鼓励农户自我创业；完善社会保障制度，促进农民可持续生计；加强教育培训，培养农村自身技能等方面提出解决思路③④。在微观方面应该安抚农民情绪，帮助农民认清局势，明确自身资源，并利用已有资源改善自身处境⑤。注重社区在增强农村被动移民生计方面的重要作用，以农民所在的社区为中心，将

---

① 陈树文、于慕尧：《我国失地农民征地补偿模式研究》，《大连理工大学学报（社会科学版）》2008 年第 29 卷第 4 期，第 52—57 页。

② 刘猛、袁斌、贾丽静等：《失地农民可持续生计研究——以大连市为例》，《城市发展研究》2009 年第 16 卷第 1 期，第 30—36 页。

③ 黎洁、李亚莉、邰秀军等：《可持续生计分析框架下西部贫困退耕山区农户生计状况分析》，《中国农村观察》2009 年第 5 期，第 29—38 页，第 96 页。

④ 杨云彦、赵锋：《可持续生计分析框架下农户生计资本的调查与分析——以南水北调（中线）工程库区为例》，《农业经济问题》2009 年第 3 期，第 58—65 页，第 111 页。

⑤ 刘家强、罗蓉、石建昌：《可持续生计视野下的失地农民社会保障制度研究——基于成都市的调查与思考》，《人口研究》2007 年第 4 期，第 27—34 页。

社区的基础资源、文化需求内化到农村被动移民的身上，从而增加其资本存量，提高自身能力，减少对政府的依赖①。可持续生计概念被广泛应用于被动移民的研究，但基于可持续生计分析框架的实证研究比较缺乏，本研究旨在运用可持续生计分析框架，通过对山西忻州市刘家塔镇被动移民的调查，分析该镇被动移民的生计资本现状，并结合农民自身状况和切身需求提出对策。

一、 可持续生计分析框架与测量指标体系构建

可持续生计法是一种鉴别个体可持续生计发展过程中存在的主要限制性因素及其相互关系，并给予多种解决方案的集成分析框架和建设性工具②，在世界各地扶贫开发和生计建设项目中得到了广泛运用。英国国际发展机构（the UK′S Department for International Development，DFID）于 2000 年建立的可持续生计分析框架——DFID 模型最为典型③。该模型将可持续生计资本分为社会资本、人力资本、自然资本、物化资本以及金融资本五类，主要描述了在政策制度、自然因素以及社会市场等造成的脆弱性背景之下，个体如何利用政策制度、财力、权力等一切可能的策略提升自身生计水平，体现个体可持续生计资本结构、生计过程以及生计目标之间的交互作用。

对于农民而言，当拥有土地时，他们会根据周遭环境的变化，主动配置其拥有的五种生计资本，并构成一个"生计五边形"。一般情况下，农民拥有的土地及附属自然环境可视为自然资本。然而，征地与被动迁移的发生，会导致自然资本不同程度的消减，出于简化模型的需要，本研究将剩余四种资本作为农村被动移民实现生计策略的可利用资本，称为"四边形生计模

① 魏顺泽：《城市建设与失地农民可持续生计路径》，《农村经济》2006 年第 8 期，第 71—73 页。

② Roberts M. G.，杨国安：《可持续发展研究方法国际进展——脆弱性分析方法与可持续生计方法比较》，《地理科学进展》2003 年第 1 期，第 11—21 页。

③ Ashley C.，Carney D.，Sustainable livelihoods：Lessons from early experience，London：Department for International Development，1999，pp1–9.

式"。其中，"物质资本"是指被动移民用于生产和生活的物资设备和基础设施；"社会资本"指被动移民为了实现其生计目标所使用的社会网络资源；"人力资本"指被动移民为了采用不同的生计策略实现生计目标而拥有的技能、知识、劳动能力和健康等；"金融资本"指被动移民可自主支配和使用的资金。据此构建的适合农村被动移民的可持续生计分析框架如图 3-9 所示。

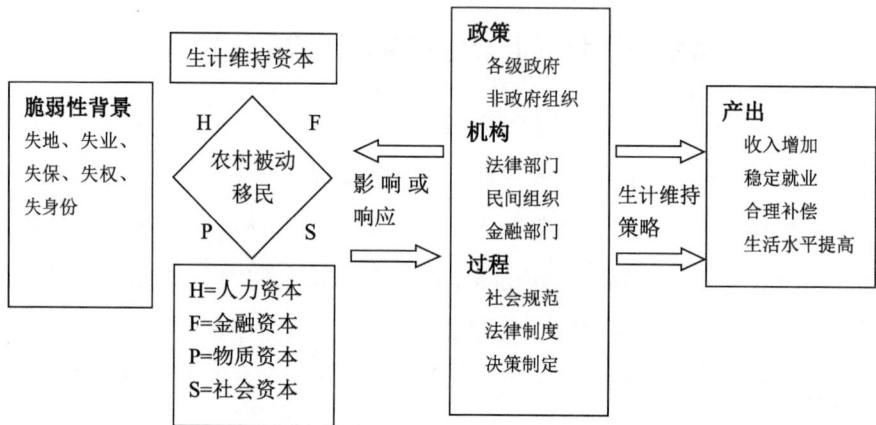

图 3-9 农村被动移民可持续生计分析框架

基于所构建的农村被动移民可持续生计分析框架，从人力资本、社会资本、物质资本以及金融资本四个方面构建农村被动移民的可持续生计测量指标体系并且赋予各个指标权重。所选指标具体解释如下：

"物质资本"是指被动移民用于生产和生活的物资设备和基础设施，采取三个指标对物质资本进行测量：①家庭人均住房面积；②固定资产状况（除住房外的物质资产）；③对公共基础设施的评价（从农村被动移民所在地区交通设施、子女接受教育条件、医疗卫生条件、信息流通状况四方面）。

"社会资本"是指被动移民为了实现其生计目标所使用的社会网络资源，采取三个指标对社会资本进行测量：①参与重大事务的决策权，表征农村被动移民在制度执行层面的宏观社会资本；②参与社会活动或组织的状况，表征农村被动移民的中观社会资本；③农村被动移民与邻里、朋友、亲戚的信任互助关系，表征农村被动移民在面临困难和风险时获得支持的存量，即微观社会资本。

"人力资本"是指被动移民为了采用不同的生计策略实现生计目标而拥有的技能、知识、劳动能力和健康等，采取三个指标对人力资本进行测量：①以身体状况为主要标志的健康存量，表征农村被动移民的劳动能力；②以非务农技能为标志的技能存量，表征失去土地后的再就业能力；③以受教育年限为标志的教育存量，表征未来职业提升潜力。

"金融资本"是指被动移民可自主支配和使用的资金，采取三个指标对金融资本进行测量：①年现金收入（通过自身劳动力赚得的资金收入）；②政府资金补贴（被迁农民的五保补贴）；③各融资渠道筹集的资金（源自正规渠道，如银行、信用社贷款筹措的资金）。

采用层次分析法对上述指标进行赋权，邀请 3 位公共管理学科专家分别对上述四类生计指标比较判断，然后对专家的判断分别进行了一致性检验和权重系数计算，最后以三位专家的平均值作为指标权重。

二、 数据来源与样本描述

本调查的数据来源于课题组在刘家塔镇开展的农村被动移民可持续生计资本调查。刘家塔镇位于山西省忻州市的西北部，拥有丰富的露天煤矿资源，2012 年入选山西省"百镇建设"计划，实现人口向县城和中心镇聚集，同时也是政府首批进行全村搬迁的镇。近年来，由于征地补偿等问题，引起部分农民的不满，引发了一些纠纷事件，因此，对该地区进行调查，对于了解农民被动迁移中的问题具有一定的典型意义和借鉴价值。

本次调查采用定额抽样的方法，以每村户数的 50% 进行抽样调查，共调查了 334 户人家的户主（户主缺席，由其配偶代替参与调查），其中刘家塔村 172 人、董家庄 80 人、郝家沟 82 人。回收有效问卷 309 份，有效回收率为 92.5%。其中男性 141 人（45.6%），女性 168 人（54.4%）；30 岁及以下 35 人（11.4%），31—40 岁 57 人（18.4%），41—50 岁 106 人（34.3%），50 岁以上 111 人（35.9%），平均年龄为 44.5 岁，平均农龄为 23 年，具有 20 年以上农龄的农民比例达到 70.2%；未上学的有 107 人（34.6%），高中及以上文化程度 89 人（28.8%）；家庭月收入在 1000 元及以下的占 27.2%，1001—2000 元之间的占 10.7%，2001—3000 元之间的占 33.3%，3000 元以上的占 28.8%，这主要由于当地被迁农民离开原有的土地之后，大多选择在当地煤矿基地就业，生活水平较之前有一定改善。

三、 结果分析与讨论

（一）农村被动移民可持续生计的基本情况

通过极差标准化的方法，对数据进行处理，并对数据进行综合比较分析，结果详见图 3-10。由图可知，刘家塔镇被动移民的可持续生计资本具有如下特点：第一，人力资本中，健康资本存量最多，而教育资本严重缺乏。一方面，调查对象的年龄偏大使他们更加注重身体健康；另一方面，由于文化程度偏低，加之被调查的地区教育基础设施落后以及师资力量、资金等严重缺失。在技能存量方面，农村人口虽拥有非务农技能，但是无法跟随现代化步伐进行进修，因此所从事的工作范围和地域范围受限。第二，社会资本中，被迁农民所拥有的更多的是以邻里朋友信任互助为特点的支持型社会资本。由于较少参与各种社会组织和活动，相对封闭的地缘网络和血缘网络使得被迁农民很难拥有较强抵御生计风险的能力。第三，物质资本中，人均住房面积存量较高。对于农村被动移民而言，其栖身之所是实施可持续生计的基础，他们会更多地将精力投入到增加人均住房面积方面。虽然拥有一些固定资产，但是较难转变为可以交换的资本来降低生计脆弱性。第四，金融资本中，现金收入存量明显多于政府补贴存量和其他融资渠道获得的资金存量。现金收入对于农村被迁农民来说是维系家庭生计资金的主要来源。被动迁移后，虽然能够获取一些政府补贴，但是其主要收入主要依靠再就业和征地补偿。农村的正规金融组织的服务严重滞后于农民的实际需求，而且大多数农民对贷款或借钱心存疑虑。

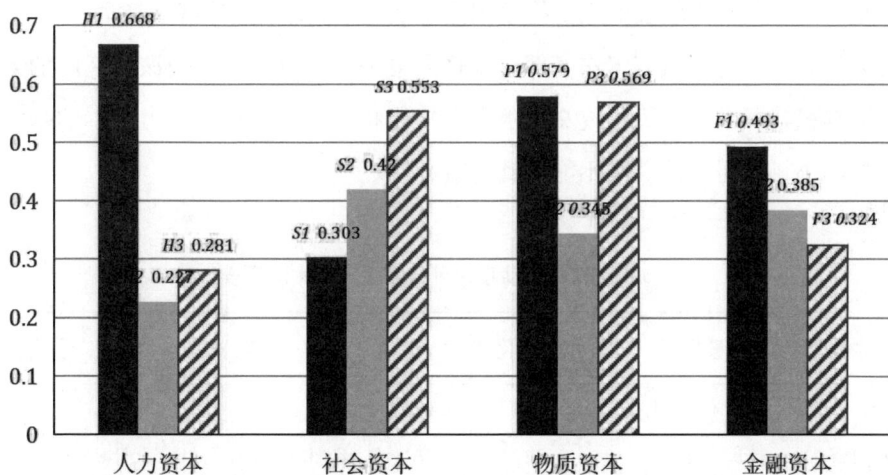

图 3-10　农村被动移民各项可持续生计资本的基本情况

（二）农村被动移民可持续生计的总体评价

根据综合指数法，分别计算出各类可持续生计资本的数值，这些数值可以形象地反映出刘家塔镇农村被动移民可持续生计资本的结构和总体状况（见表3-4）。总的来看，刘家塔镇的农村被动移民生计资本规模有限，四类资本中拥有量最多的是物质资本，物质资本能够较好地满足农村被动移民的可持续生计，并在很大程度上影响着农村被动移民的生计策略的选择，也是农村被动移民躲避外界冲击的护栏。其次是社会资本，由于农村被动移民受地理区域的局限所形成的社会网络都比较紧密，在遭遇到困难或危险的时候能够得到邻里朋友的帮助与支持，显示出农村典型的熟人社会的特征。农村被动移民的金融资本和人力资本拥有量均较少。刘家塔镇农村被动移民收入普遍较低，再就业的选择有限，一些农民从事煤炭开采的体力劳动，收入不高，且具有一定的安全风险。政府补贴虽然在一定程度上支持帮助了农民生计，但是被动移民如果要开展新的创业活动，自身拥有的资本有限，而金融机构的高门槛及服务体系的不完善，使得他们对融资渠道评价较低。人力资本是农民家庭收入增长的主要推动因素，而刘家塔镇地区拥有较高学历的人员大都离开农村到城市工作，部分年轻人也去外地打工，致使该地区内的人力资本积累薄弱，农民科技文化水平和技能状况明显偏低，人力资本的基石明显偏小，使得其他资本不能得到有效利用。

表 3-4　农村被动移民可持续生计资本测量表

资本类型	测量指标	指标标准化值	权重	计算公式	生计资本测量值
人力资本	健康存量 H_1	0.668	0.483	$0.483H_1+0.261H_2+0.256H_3$	0.454
	技能存量 H_2	0.227	0.261		
	教育存量 H_3	0.281	0.256		
社会资本	重大事务决策 S_1	0.303	0.108	$0.108S_1+0.136S_2+0.766S_3$	0.509
	参与社会活动 S_2	0.42	0.136		
	信任互助关系 S_3	0.553	0.766		
物质资本	人均住房面积 P_1	0.579	0.584	$0.584P_1+0.101P_2+0.315P_3$	0.552
	固定资产状况 P_2	0.345	0.101		
	公共基础设施 P_3	0.569	0.315		
金融资本	年现金收入 F_1	0.493	0.744	$0.744F_1+0.183F_2+0.073F_3$	0.461
	政府资金补贴 F_2	0.385	0.183		
	其他渠道集资 F_3	0.324	0.073		
可持续生计资本测量值总计				$0.454×0.248+0.509×0.171+$ $0.552×0.331+0.461×0.250$	0.498

四、　研究结论

总体来看，农村被动移民的生计资本整体脆弱，资本开发利用处于较为原始的状态。物质资本的重要性最高，能够较好地满足农村被动移民的可持续生计，并在很大程度上影响着农村被动移民的生计策略选择；其次是社会资本，由于农村被动移民所处的社会网络较为紧密，在遇到危险或困难时都是能够得到邻里朋友的帮助与支持，显示出农村典型的熟人社会特征；而金融资本和人力资本拥有量均较少，使得其他资本不能得到有效利用，整体生计资本规模有限。

针对所反映的问题，提出以下建议：第一，完善土地征收制度，依法规范土地征用程序，保证农村被动移民在征地过程中的知情权、参与权、上诉权，并且合理提高征地补偿标准，调整征地补偿费的分配结构；第二，拓宽就业渠道，大力发展二、三产业，争取就地解决一部分农村被动移民的就业问题，并且通过税收减免、补贴等优惠政策，鼓励企业招用农村被动移民；第三，完善社会保障制度，通过多种渠道筹集设立农村被动移民社会保障专项基金；最后，拓宽金融资本来源，可以通过提供小额担保贷款、免交相关税费、免费提供市场服务等方式，鼓励农村被动移民自主创业，或通过建立农户合作组织，实现融资的社会化和组织化。

第四章　农业转移人口的城镇进入

第一节　农业转移人口城镇进入后的职业发展与住房保障

拥有稳定的职业和住所是农业转移人口进入城镇之后要解决的首要问题，是农业转移人口在城市生存和发展的前提和基础，直接影响其落户意愿以及对城市的认同感与归属感。关注农业转移人口的就业和居住问题，一方面对逐步化解农业转移人口城市就业与住房困境，保障社会和谐稳定具有重要作用；另一方面对加快农业转移人口市民化和新型城镇化建设具有重要意义，也有利于促进城乡一体化发展。

一、　农业转移人口就业与职业发展

（一）研究背景与调研设计

农业转移人口作为中国城市产业工人的重要组成部分，为城市社会的发展贡献着力量，其职业发展问题也日益受到关注和重视。尤其是新生代农业转移人口，由于拥有较强的教育背景、较高的职业技能以及掌握一定的互联网等新技术，使他们更容易在城市获得工作，职业范围选择也相对广泛，但是其未来的职业发展仍受到很多制约。因此，新生代农业转移人口的职业发展之路异常尴尬，既融入不到城市生活中去，也不愿意再返回农村去，摆在

新生代农业转移人口面前的已经不仅仅是就业选择的问题，更加严峻的是如何能获得长远的职业发展，从而能够在城市中长期生活和发展。

针对新生代农业转移人口职业发展问题这一主题，在辽宁省大连市开展了专题调研。调查问卷 A 针对大连市新生代农业转移人口群体，而调查问卷 B 则针对新生代农业转移人口用人单位。本次调查于 2017 年 5 月进行，历时 28 天。A 问卷发放 400 份，回收 397 份，其中有效问卷 395 份，有效率为 98.75%；B 问卷发放 150 份，回收 150 份，有效率 100%。

（二）新生代农业转移人口职业发展存在的问题

1. 职业领域集中地位收入较低

调查发现，28.35% 的新生代农业转移人口从事服务及其他行业，批发零售业人数占 18.73%，制造业、建筑业、交通运输、仓储和邮政、住宿餐饮所占人数比例分别为 13.42%、15.70%、13.42% 和 10.38%。70.13% 的新一代农业转移人口职业为"营业员、服务员、技工等初级职位"，"店长、班长、技术员、文职、小组长等基层技术或管理职位"占 10.89%，"工艺师傅、工程师/主管等中层技术或管理职位"占 7.34%，高级管理类职位只有 1.2%，自由职业者占到 10.38%。

由于农业转移人口的特殊身份，在职业收入上和有城市户口的工作者相比仍有一定差距。尤其是企业在聘用农业转移人口时，多数采用就业服务公司，即外包公司。外包公司向农业转移人口提供工作的同时，抽取工资相应比例作为酬劳金，且现行多家劳务公司为新生代农业转移人口仅缴纳三险，即养老保险、医疗保险、工伤保险，无生育保险、失业保险、公积金。此外，多家企业为避免新生代农业转移人口流动性过大等情况发生，采用降低基础工资，增加满勤奖、绩效奖、年终奖等多种奖项，或采取试用期过后、工作一年后涨工资等形式，对新生代农业转移人口的月工资结构进行调整。调查对象的月工资水平如图 4-1 所示，新生代农业转移人口的工资水平主要

集中在 2000—3000 元，占调查总人数的 42.78%，2000 元以下人数占
21.77%，3000—5000 元工资人数占 30.63%，工资 5000 元以上的占调查人
数的 4.81%。根据辽宁省人社厅公布的数据显示，全省 2016 年月社平工资
为 4667.92 元①，而新生代农业转移人口工资水平低于 3000 元的占 64.56%，
远低于辽宁省 2016 年月平均工资水平。

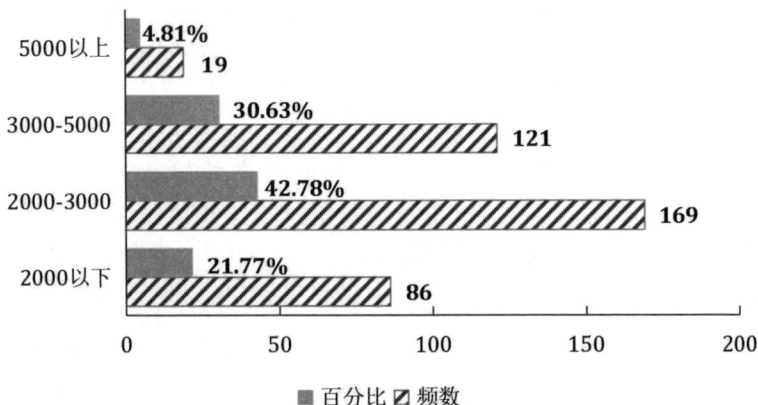

图 4-1　调查对象的月工资水平

2. 职业发展短期化

"短期化"是指农业转移人口群体尤其是新生代农业转移人口在某一岗
位上工作持续时间短，流动性高的一种现象。随着新生代农业转移人口逐渐
成为农业转移人口主力，工作"短期化"问题愈演愈烈，逐渐常态化。本调
查主要通过三个问题来了解大连市新生代农业转移人口职业发展是否存在短
期化现象，即目前岗位积累工作年限、从事行业数量、跳槽次数，调查结果
如表 4-1 所示。由表 4-1 可知，新生代农业转移人口职业流动频繁，涉猎行
业种类繁多，从事过 5 种以上行业人群占到 49.62%，有过 3 次以上跳槽经
历的新生代农业转移人口占到 72.41%。

---

① 中国青年网：《辽宁省社平工资 56016 元，增长 5.4%》，2017 年 7 月 6 日，见 http：//
news. youth. cn/jsxw/201707/t20170706_ 10233167. htm.

表 4-1　目前岗位积累工作年限、从事行业数量、跳槽次数统计

题目	选项	频数	百分比
在目前岗位累积工作年限	5 年以上	17	4.3
	3—5 年	88	22.28
	2 年	174	44.05
	1 年	116	29.37
您从事过几种行业	1 种	33	8.35
	2—3 种	85	21.52
	4—5 种	81	20.51
	5 种以上	196	49.62
您有几次跳槽经历	目前没有	19	4.81
	1—2 次	90	22.78
	3—5 次	85	21.52
	5 次以上	201	50.89

通过对新生代农业转移人口用工单位的人力资源管理相关人员调查（B卷）发现，新生代农业转移人口离职原因主要是薪资低（占 43.33%）和职业发展前景不理想（占 19.33%）两大方面因素。如图 4-2 所示。

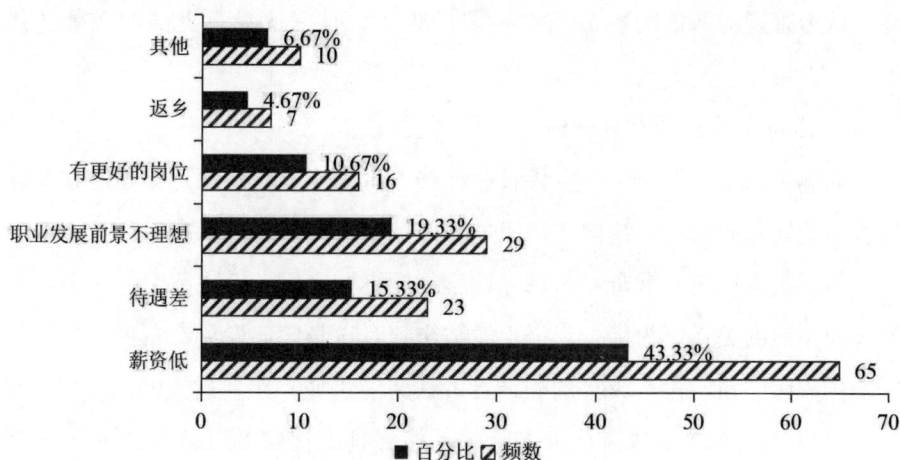

图 4-2　离职原因调查统计

3. 工作能力和技能没有较大提高

实际上，职业发展是组织对企业人力资源进行的知识、能力和技术的发展性培训、教育等活动。一般来说，不管新生代农业转移人口是否拥有职业技能或发展培训的经历，他们的基本知识储备、工作技能以及其他技能都会随着时间、工作经验的积累而不同程度的增加。然而，调查结果显示，新生代农业转移人口进城工作后工作能力和技能提高程度普遍不高，仅有8.35%的被调查者认为自己进步非常大，14.94%的被调查者认为自己能力与技能提高程度比较大，认为自我能力提高程度一般或者没提高的人数占76.71%。从数据上看，多数被调查者（进城）工作后工作能力与技能没有较大提高。仅18.73%的被访者有过职务提升，81.27%被调查者的职务从未被提升。

4. 管理沟通能力较低

在对新生代农业转移人口用工单位进行结构化访谈中发现，用工单位在回答"本单位的新生代农业转移人口职业发展上有哪些问题"时，多数表示新生代农业转移人口管理沟通能力较低。当遇到职业问题时，不能很好地表达诉求和进行有效沟通。此外，在调查问卷A中，4.81%的被调查者认为自己工作后管理沟通能力有很大程度提高，10.89%的被调查者认为有较大提高，认为管理沟通能力提高程度一般的为31.9%，认为没提高的人数比例为52.41%。

5. 人际关系扩展能力较弱

人际关系扩展能力对新生代农业转移人口职业发展有深远影响。在对新生代农业转移人口进行结构化访谈过程中，多数被访者表示在工作后，自身人际关系很难突破"父母、亲属、同学、同事"范围，在人际交往中因职业发展而拓展的关系更为稀少，很少能结交到对自身职业发展有帮助、有正向影响的人际关系。仅8.86%的被调查者认为（进城）工作后人际拓展程度非常大，14.18%的被调查者认为人际关系拓展程度比较大，53.42%被调查者认为自身人际关系拓展程度不大，23.54%的被调查者认为自身人际关系没有拓展，保持原样。

（三）问题成因分析

第一，自身能力不足。虽然相比较老一代农业转移人口，新生代农业转移人口具有一定的文化知识和技能，他们几乎均完成了九年义务教育，但新生代农业转移人口在市场竞争中仍处于弱势。所有调查者中仍有 1.52% 初中学历以下，初中/中专、高中/大专的人数比例占多数，总量达 89.37%，拥有大学本科及以上学历的人占 9.11%。由于大量新生代农业转移人口处于高中/大专学历文凭以下，所以职业选择范围相对狭窄。除新生代农业转移人口自身学历外，在职场中取得职业相关资格证书的仅有 29.62%。在有效期内的初级职业资格证书持有者占 20.67%，中级职称占 7.85%，高级职业职称仅占 1.01%。70.38% 的被调查者未持有有效的职业资格相关证书。因此可以看出，新生代农业转移人口自身学历水平及自身职业水平还很有限。

第二，职业培训效果不佳。大多数企业及社会机构所提供的培训多偏向于技能培训，培训内容仅停留在理论，与实际应用脱节，培训效果转化率不高；另一方面体现在大多数职业培训仅针对当前岗位所需技能及知识开展，对于新生代农业转移人口今后职业发展及工作经验增长作用不大，尤其在新生代农业转移人口跳槽等类似情况发生时，前期工作中的职业培训不能满足新岗位需求。

第三，职业发展缺乏规划和指导，尤其表现为缺乏职业发展心理培训及辅导。新生代农业转移人口的心理素质较差，面对未来职业发展和规划较为迷茫和无措。95.44% 的被调查者从未参与过职业发展培训。多数人表示不喜欢自己现在的职业，当下职业选择多因生活和自身条件所迫，多不受个人志趣支配，更无法通过个人喜好进行选择或更改。49.07% 的被调查者对社会培训机构不了解，其他被调查者分别通过组织推荐（7.85%）、周围人推荐（15.7%）、网络/报纸/广告等媒体（20%）、市面宣传单（9.37%）对社会培训机构有所了解；在 395 份有效调查问卷中，仅有 3 人有过职业发展心理培训或辅导，由此可见新生代农业转移人口严重缺乏职业发展心理培训及辅导。

第四，过度依赖亲友关系。中国是一个关系型社会，人际关系网络曾经与职业发展密不可分，但随着市场经济和信息化时代的到来，社会关系网络对就业、职业发展影响力逐渐减弱。但新生代农业转移人口对职业信息获取能力有限，对获取信息真实度的判断能力相对薄弱，所以亲友关系仍发挥着重要作用。在调查问卷中"您更偏向于以下哪种职业信息获得途径"一题中，"他人介绍"选项比例达到44.05%，排位第二是通过职业介绍中心，其他依次是网络、劳动力市场/招聘会、报纸/电视/广播，选项比例依次为16.46%、12.91%和7.09%。在职业发展借助哪些社会关系一题中，46.33%的被调查者职业发展借助父母或亲属，19.75%的被调查者职业发展借助朋友，14.18%的被调查者职业发展借助同学，5.82%的被调查者职业发展借助同事，仅有13.92%的被调查者职业发展为借助其他社会关系。

（四）讨论与建议

根据上述问题及原因，本研究从以下三个方面提出促进新生代农业转移人口职业发展的相关建议：第一，创立良好的职业发展环境。相关部门在努力促进城市经济发展，创造优良的经济环境基础，吸引更多的新生代农业转移人口进城就业的同时，加强政策宣传力度，充分利用政府、用人单位、培训机构、新闻媒体以及社会组织等主体，通过多元化的宣传方式与手段，保证常态化宣传效果。此外，搭建有效就业、创业平台，加强对招聘单位资质和招聘信息真实性的审核与管理，避免欺诈等现象发生。第二，加强新生代农业转移人口职业技能培训，提高职业技能培训的实效性。同时树立新生代农业转移人口职业发展的优秀榜样，吸引更多新生代农业转移人口进城落户。第三，做好新生代农业转移人口职业发展规划与指导，重点加强新生代农业转移人口的职业发展心理指导，做好新生代农业转移人口职业长期培训及发展规划。此外，还应提升农业转移人口的人际拓展能力，使其快速融入城市社会。

二、 农业转移人口居住与住房保障

（一）文献回顾

当前针对农业转移人口城市居住问题及其根源的研究已取得较多成果。根据社会排斥理论，李斌认为住房制度是农业转移人口在社会保障的体制机制内被社会排斥的根本原因，对在城市务工的农业转移人口的居住状况造成主要影响[1]。汪来杰从体制、认识和农业转移人口自身三方面，对影响农业转移人口在城市居住状况的因素进行了分析。他提出在住房商品化的过程中，农业转移人口作为城市的低收入群体无法在房屋市场上按等价交换的原则购房或租房[2]。吴靖瑶从当前我国特有的户籍制度、城市国有土地制度、城市外部环境以及农业转移人口自身素质等方面探讨了农业转移人口居住问题的影响因素[3]。胡章林也分析了影响农业转移人口居住问题的相关因素，包括户籍制度、土地制度、房地产泡沫和自身因素等，并从农业转移人口的社会关系网络角度，分析了社会关系网络对农业转移人口城市住房的影响[4]。杨肖丽等从物质环境和社会环境两个方面分析其对农业转移人口居住状况的影响因素[5]。王凯等研究揭示了城乡二元体制、城市住房保障体系的排斥、农业转移人口工资较低、房屋市场不规范和法律制度不完善是出现城市农业转移人

---

[1]　李斌：《社会排斥理论与中国城市住房改革制度》，《社会科学研究》2002 年第 3 期，第 106—110 页。

[2]　汪来杰：《构建农民工社会保障制度的思路选择》，《学习论坛》2005 年第 1 期，第 67—70 页。

[3]　吴靖瑶．：《浅析新型城镇化背景下的农民工住房问题及解决措施》，《科技创新与应用》2015 年第 10 期，第 261—262 页。

[4]　胡章林：《城市农民工住房研究》，硕士学位论文，重庆大学，2008 年，第 28—33 页。

[5]　杨肖丽、韩洪云、王秋兵：《代际视角下农民工居住环境影响因素研究——基于辽宁省的抽样调查》，《中南财经政法大学学报》2015 年第 4 期，第 22—29 页。

口居住问题的重要原因①。学者们普遍认为对农业转移人口居住条件造成影响的主要方面有劳动报酬低、社会保障不健全、城市住房制度缺失等②。

（二）调查实施与样本描述

本调查通过在辖区走访和在农业转移人口到派出所办理居住证的过程中向被试样本共发放了 800 份调查问卷，问卷的发放主要以个人为单位，且考虑到农业转移人口的文化程度，为了尽量避免废卷的产生，调查时对问卷内容向他们进行适当的解释，但不干涉其对问卷题项的选择和填写。调查结束后，成功回收问卷 789 份，回收率为 98.6%，通过对回收的问卷整理筛选，除去无效问卷 16 份，剩余有效问卷 773 份，有效回收率为 96.6%。随后，本调查选取个别农业转移人口、大连市公安局治安支队流动人口管理小组成员、大连市社保局工作人员，共 19 人进行了结构化访谈。为了确保访谈结果的精确性和稳定性，控制和减少随机误差，在访谈中，尽量保持每次提问程序的一致性，并为调查对象留有充分的思考和答题时间，确保被调查者能够准确理解问题表述，做出符合实际情况的回答。

在本次调查中，男性农业转移人口占 54.3%，在年龄结构方面，受访的农业转移人口在各年龄段的分布相对均匀，平均年龄 32 岁，总体以中青年为主，45 岁以下的农业转移人口占被调查样本的 78.7%，35 岁以下的青壮年农业转移人口的比例也超过半数，尤其是 25 岁以下的新生代农业转移人口的比例也接近三分之一。因此，外来农业转移人口如果能够纳入大连市的城市人口，那么其年轻化的年龄结构会在一定程度上降低大连市常住人口的平均年龄，从而减慢大连市人口老龄化的速度，为大连市提供更多的劳动力资源，为大连市社会经济的持续稳定发展提供有力保障。

---

① 王凯、侯爱敏、翟青：《城市农民工住房问题的研究综述》，《城市发展研究》2010 年第 1 期，第 118—122 页。
② 杨俊玲、谢嗣胜：《农民工住房现状研究》，《农业经济问题》2012 年第 1 期，第 67—72 页。

如表4-2所示，在本次调查中，农业转移人口的月平均收入为2237元，大连市大部分农业转移人口月平均收入在2000元左右，收入分布情况较为集中。在制造业中从业的农业转移人口比重最高，占24.6%；其次为批发零售业，占22.5%；以下依次为住宿餐饮业占19%、服务业占12%、建筑业占11.2%。

表4-2 样本的基本特征（N=773）

选项	类别	频数	频率（%）
月收入	1000元及以下	44	5.7
	1001—2000元	331	42.8
	2001—3000元	239	30.9
	3001元以上	159	20.6
行业	制造业	194	24.6
	批发零售业	170	22.5
	住宿餐饮业	147	19.0
	社会服务业	93	12.0
	建筑业	86	11.2
	其他	83	10.7
文化程度	大学及以上	61	7.9
	高中及中专	98	12.7
	初中	406	52.5
	小学及以下	208	26.9

本次调查受访农业转移人口在大连市平均务工时间为7.37年，其中在大连市务工时间超过3年以上的占81.9%，务工时间在5年以上的占45.9%，在大连市务工时间在3—5年的农业转移人口最多，达到36%，务工时间在11年以上的农业转移人口也有近四分之一。因此，农业转移人口已是大连市稳定的重要劳动力队伍。

在本次调查中，大连市农业转移人口在所有住房类型中以租住私人出租房屋的居住形式为主,占 63.9%(见表 4-3),这部分住房支出主要由农业转移人口自己本人承担。居住在工作场所和单位集体宿舍的农业转移人口占 22.7%,主要形式为雇主提供住宿。已购商品房的比例为 8.2%;有 2.5% 的农业转移人口借住在亲友家,其他居住类型占 2.7%。无廉租房、公租房、保障性住房。其中,已购商品房农业转移人口中,来连时间 11 年以上的占 87.6%。

表 4-3　农业转移人口住房解决方式构成表

选项	市场租赁	雇主提供	已购商品房	亲友提供	保障性住房	其他	合计
频数	494	176	64	18	0	21	773
频率(%)	63.9	22.7	8.2	2.5	0	2.7	100

(三)农业转移人口居住状况的问题分析

1. 居住质量差

第一,居住面积小。大连市受访农业转移人口人均住房面积在 30m^2 以内的占 74.9%,市区常住人口人均住房面积在 30m^2 以内的为 44%。人均住房面积在 20m^2 以下的农业转移人口占 60.5%,同一面积市区常住人口为 26%。经测算,市区常住人口人均住房面积约 27.8m^2,农业转移人口人均居住面积约为 7.5m^2,仅占市区常住人口人均住房面积的三分之一,一些集体宿舍和工地的简易工棚居住面积更为狭小。调查样本的人均居住面积如图 4-3 所示。

第二,居住密度高。居住房屋的使用面积是衡量农业转移人口居住条件的重要方面,同时居住房屋的合住情况也是需要重点关注的重要指标之一。从大连市受访农业转移人口的合住情况可知,仅有 7.4% 的农业转移人口一个人居住一个房间,45.1% 的农业转移人口 2—3 人居住一个房间,33.5% 的农业转移人口 4—6 人居住一个房间,10.4% 的农业转移人口 7—10 人居住一个房间,10 人以上居住一个房间还有 3.6%,这表明大连市农业转移人口的

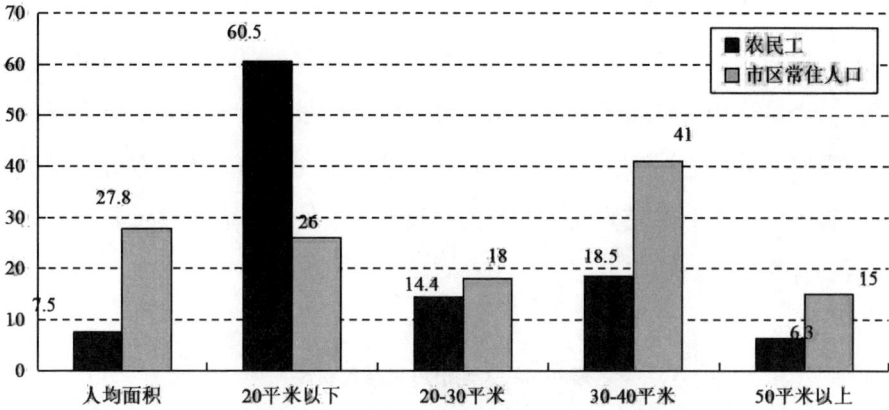

图4-3　被调查农业转移人口的人均居住面积

居住状况亟待改善。

　　第三，房屋内基本生活设施匮乏。是否拥有单独的厨房和卫生间是衡量生活质量的重要方面，也是反映农业转移人口居住状况的重要指标。既拥有单独厨房又拥有单独卫生间的农业转移人口仅占受访农业转移人口总数的18.5%，21.9%的农业转移人口仅拥有厨房而没有卫生间，13.1%的农业转移人口仅拥有卫生间而没有厨房，既没有单独厨房也没有单独卫生间的比例高达46.8%，而72.6%的农业转移人口根本没有洗浴设施，如图4-4所示。

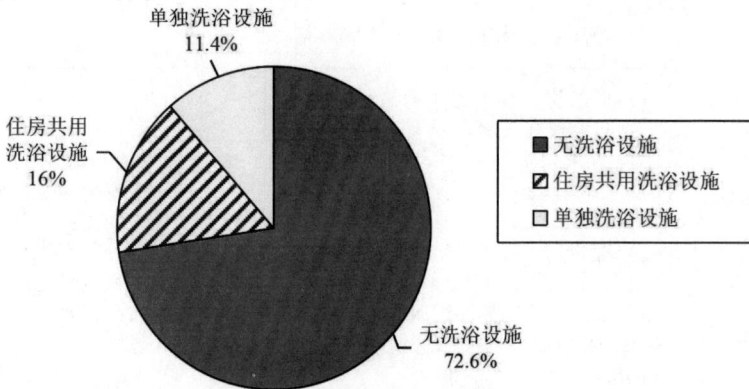

图4-4　被调查农业转移人口洗浴设施拥有率情况

2. 权益保障不够

政府对于农业转移人口居住状况的保障力度较为薄弱。虽然公租房、廉租房、经济适用房都属于政府惠民政策，但均已限制为大连市常住户口。如果想要享受这些惠民政策，只能依靠户籍准入制度。如表 4-4 所示，《大连市户籍准入规定》中落户需要符合的户籍准入条件对绝大多数农业转移人口来说仍存在诸多障碍。

表 4-4　大连市户籍准入制度

落户政策	落户要求	农业转移人口存在的现实问题
有合法稳定住所（取得《房屋所有权证》）	（1）合法稳定住所在主城区：在大连市有合法稳定职业满 5 年，参加社会保险 5 年以上； （2）合法稳定住所在新市区：在大连市有合法稳定职业满 1 年，参加社会保险 1 年以上； （3）合法稳定住所在新区：在大连市有合法稳定职业。	（1）外来农业转移人口要想有合法稳定住所只能通过购房，但是农业转移人口收入较低、大连市房价较高，农民工基本无力购买； （2）由于农业转移人口是弱势群体，维权意识薄弱，部分企业不给农业转移人口缴纳社会保险； （3）个体经商的农业转移人口对政策不了解，无法及时缴纳。
引进人才（只能落户新区）	（1）具有普通中等专业学校学历或四级国家职业资格； （2）与新区各类单位签订 1 年以上劳动（聘用）合同并参加社会保险； （3）距法定退休年龄 15 年以上。	申请经济适用房、廉租房、公租房要求之一：市内四区城镇常住户口 5 年以上。引进人才只可以落户大连市新区，因此也无法享受保障性住房。
购买房屋	（1）商品房：在大连市有合法稳定职业的个人在主城区（旅顺口区除外）购买单套住宅建筑面积达到 $70m^2$ 或单套非住宅建筑面积达到 $50m^2$； （2）存量房：在大连市有合法稳定职业的个人在主城区（旅顺口区除外）购买单套住宅建筑面积达到 $90m^2$ 或单套非住宅建筑面积达到 $70m^2$。	（1）农业转移人口收入较低、大连作为海滨城市房价较高，农业转移人口基本无力购买； （2）符合购买房屋落户的农业转移人口，房屋面积也早已超出保障性住房个人平均面积要求。

3. 居住环境不理想

第一，内部配套设施缺乏。92.7%的被调查农业转移人口的住房有自来水，45.8%的农业转移人口住房配备了煤气设施。电视机作为生活中普及的信息传媒工具，其拥有率仅为60.8%，而网络、空调在基本生活设施尚不完备的情况下，拥有率仅为34.7%和28.2%。

第二，外部配套设施不完善。由表4-5可知，被调查农业转移人口的配套居住设施状况较差，农业转移人口居住区域1公里范围内，健身、娱乐场所设施严重不足，导致农业转移人口业余文化生活匮乏。居住区域2公里范围内有综合性商场仅占26.9%，这将增加农业转移人口购买生活必需品的时间和物质成本，给其生活带来不便。居住区域2公里范围内有幼儿园、小学的仅占16.5%和27.7%，这将给工作强度大、工作时间较长的农业转移人口增加更多的时间成本和距离成本，影响其工作效率和生活质量。农业转移人口大部分住在城市的边缘地区，居住区域1公里范围内往往没有公交站点或者仅有一个公共交通线路，给其出行造成很大影响。

表4-5　被调查农业转移人口配套居住设施状况

居住环境	公园或广场（1公里内）	市民健身设施（1公里内）	综合性商场（2公里内）	幼儿园（2公里内）	小学（2公里内）
拥有率（%）	23.2	13.2	26.9	16.5	27.7

（四）农业转移人口居住存在问题的原因分析

第一，农业转移人口的低收入和高流动性导致其居住质量较差。农业转移人口人力资本和城市社会资本薄弱，在城市的就业竞争力较弱，绝大部分在城市的非正规部门工作，收入水平普遍偏低，住房负担能力也较差。针对农业转移人口权益保障的制度不够健全也会间接造成其只能租住房租低廉、居住条件和环境较差的城市边缘住房。此外，强流动性使农业转移人口的住房需求缺乏稳定性和持久性，也是其理性选择价格低廉、品质较差的住房的原因之一。

第二，户籍制度和住房保障制度的不完善导致其权益缺乏保障。户籍制度导致城乡二元保障壁垒，这是根本原因。同时，现行的住房保障制度无法全部覆盖进城的农业转移人口，也无法满足其保障性住房需求。

第三，房屋市场管理不到位导致其居住地无法达到基本居住标准。持续上涨的房价，使低收入群体无法实现购房意愿。同时，房屋租赁市场发育迟滞，房屋市场管理缺位，致使租金虚高，住房供给无法满足大量农业转移人口的居住需求。此外，集体宿舍、工棚等缺乏统一居住标准也是重要原因之一。

（五）研究结论与建议

通过对辽宁省大连市 773 名农业转移人口进行问卷调查以及 19 名相关人员进行结构化访谈发现，尽管大连市自 2009 年起相继颁布一系列解决农业转移人口住房困难、改善农业转移人口住房条件的制度及政策法规等，但是仍存在农业转移人口居住质量差、权益保障不足、居住环境不理想等问题。

针对上述居住困境及其成因，本研究提出改善大连市农业转移人口居住状况的对策建议：第一，改善农业转移人口居住状况的原则。坚持以政府为主导，保证农业转移人口稳定和较充足的收入来源。依据居住需求差异性，分类化解居住问题。在深入了解农业转移人口的切实需求、尊重其意愿的基础上，针对性改善农业转移人口的居住状况。第二，完善农业转移人口居住状况的制度构想。建立城乡统一的户口登记制度，并且逐步将农业转移人口纳入城市住房公积金保障体系和保障性住房体系。此外，可以探索完善"土地置换住房保障"措施，使农业转移人口能够享受城市发展红利。第三，创新农业转移人口的住房管理方式。加快建设农业转移人口公寓，鼓励更多企业和社会力量参与建设。培育和规范房屋租赁市场，建立并完善租房管理相关制度，充分发挥其服务功能。同时，针对不同行业设计居住保障策略，提供不同级别的住房补贴，规范农业转移人口居住标准和居住条件，加大对相关部门的监管力度，切实维护农业转移人口的合法权益。此外，还应注重加强公共基础设施建设，满足农业转移人口日常生活需求，保障其基本居住条件和环境。

第二节　农业转移人口城市落户意愿的影响因素

《国家新型城镇化规划（2014—2020 年）》中提出要合理引导人口流动，有序推进农业转移人口市民化，努力实现 1 亿左右农业转移人口和其他常住人口在城镇落户，并且针对不同规模的城市提出了相应的户籍制度改革政策。在此背景下，农业转移人口如何根据不同规模城市承载能力和自身发展潜力选择差异化的迁移，并最终落户城市，既是学术焦点所在，也是新型城镇化实践中亟待解决的现实问题。

现有关于农业转移人口落户意愿影响因素的研究主要集中在个人层面（性别、年龄、婚姻状况、文化程度）、家庭层面（家庭人口数、劳动力数量、子女数）、经济层面（月收入、住房、责任田）和社会心理层面（社会资本、身份认同、城市生活适应性）。其中，刘燕和李录堂从主观和客观两个方面选取个体、经济和社会三个层次的因素对农业转移人口落户意愿的影响因素进行了分析，发现婚姻状况、寻求更多发展机会、城市人均住房面积等 15 个变量的影响显著[1]。张笑秋和陆自容认为农业转移人口的落户意愿存在着代际差异，年龄、婚姻、受教育程度、家庭收入以及经济动机和从众心

---

① 刘燕、李录堂：《农民工城市落户需求影响因素实证分析——以西安市为例》，《统计与信息论坛》2015 年第 3 期，第 95—102 页。

理影响着新生代农业转移人口的城市定居意愿①。王二红和冯长春从个人、家庭、社会、制度和区位五个方面选择了 13 个变量对农业转移人口是否愿意留在城市进行研究，结果表明其影响因素包括年龄、职业、学历、工作年限、宅基地流转态度、婚姻状况 6 个变量②。张翼通过对全国性调查数据的统计分析发现，除了年龄、受教育程度、打工地工作时间等因素外，土地因素对农业转移人口落户意愿也有显著影响，如果要求交回承包地，只有 10% 左右的农业转移人口愿意转户③。还有学者基于不同地区的调查数据，通过实证分析的方法进行研究发现，相对于人力资本而言，经济资本和社会资本对农业转移人口的落户意愿影响更为显著④⑤⑥⑦。此外，邱鸿博和赵卫华从社会分层的视角出发，分析了不同阶层的农业转移人口落户到不同层次城市的可能性。他们认为中上层的农业转移人口落户在大中城市的意愿最强，而底层的农业转移人口更倾向于定居中小城镇⑧，表明农业转移人口在选择不同城市落户的意愿上也存在差异。

综上所述，现有关于农业转移人口落户意愿影响因素的研究已涉及诸多方面。但是已有研究大多聚焦于农业转移人口是否愿意在城市落户，相对忽

① 张笑秋、陆自容：《行为视角下新生代农民工定居城市意愿的影响因素分析——基于湖南省的调查数据》，《西北人口》2013 年第 5 期，第 108—112 页。

② 王二红、冯长春：《外来务工人员留城意愿影响因素研究——基于重庆市的实证分析》，《城市发展研究》2013 年第 1 期，第 85—90 页。

③ 张翼：《农民工"进城落户"意愿与中国近期城镇化道路的选择》，《中国人口科学》2011 年第 2 期，第 14—26 页。

④ 黄乾：《农民工定居城市意愿的影响因素——基于五城市调查的实证研究》，《山西财经大学学报》2008 年第 4 期，第 21—27 页。

⑤ 叶鹏飞：《农民工的城市定居意愿研究——基于七省（区）调查数据的实证分析》，《社会》2011 年第 2 期，第 153—169 页。

⑥ 熊波、石人炳：《农民工定居城市意愿影响因素——基于武汉市的实证分析》，《南方人口》2007 年第 2 期，第 52—57 页。

⑦ 罗遐：《农民工定居城市影响因素的实证分析——以合肥市为例》，《人口与发展》2012 年第 1 期，第 58—67 页。

⑧ 邱鸿博、赵卫华：《社会分层视角下对农民工落户城镇意愿的分析》，《南方农村》2013 年第 6 期，第 4—9 页。

视了对于城市类型和代际特征的区分，不利于对农业转移人口迁移的分层化特征进行考察，与目前国家对户籍的调控政策也不相适应。因此，本研究充分借鉴现有研究成果，深入理解农业转移人口选择不同城市落户意愿影响因素的协同作用以及农业转移人口城市落户意愿的代际差异，将外部拉动和内部驱动因素进行剖析，一方面旨在为农业转移人口市民化的相关研究提供一定的理论补充，另一方面也为相关部门制定和调整政策，合理引导农业转移人口落户城市提供参考和依据。

一、　选择不同类型城市落户意愿的影响因素分析

（一）研究设计

基于城市类型差异视角，将全国范围内的 1189 名农业转移人口作为研究对象，在对其落户意愿频率进行整体描述性分析的基础上，具体从个人特征、经济、社会心理以及制度四个层面对城镇进入阶段中的农业转移人口选择不同类型城市落户意愿的影响因素进行深入剖析，以期为相关部门调整市民化方向和制定市民化政策提供参考。

本次调查采用多项 Logistic 回归的方法分析各因素对农业转移人口选择落户不同类型城市的影响效果。将"农业转移人口的城市落户意愿"作为因变量并且进行赋值："大城市"＝1，"中小城市"＝2，"小城镇"＝3，"不愿意落户"＝4。在自变量的选择上，在借鉴诸多学者研究成果的基础上，将农业转移人口选择不同类型城市落户意愿的影响因素大致归为四个层面：个体特征层面（性别、年龄、文化程度）、经济层面（承包地、老家房产、月收入、城市住房）、社会心理层面（参加社会活动情况、城市生活适应性）及制度层面（就业合同、职业培训、社会保险）。各自变量的赋值结果见表4-6。

表 4-6　变量设置及具体赋值

	变量名称	变量赋值
个体特征层面	年龄	实际年龄值
	性别	男 = 1；女 = 0
	文化程度	小学及以下 = 5；初中 = 4；高中及中专 = 3；大专 = 2；本科及以上 = 1
经济层面	是否有承包地	是 = 1；否 = 0
	老家是否有房产	是 = 1；否 = 0
	月收入	1000 元以下 = 5；1000—1999 元 = 4；2000—2999 元 = 3；3000—3999 元 = 2；4000 元及以上 = 1
	城市居住情况	工地现场 = 6；自己租住 = 5；单位提供 = 4；亲友、同乡提供 = 3；自己购买 = 2；其他 = 1
社会心理层面	是否经常参加社会活动	是 = 1；否 = 0
	城市生活适应性	很不适应 = 4；不太适应 = 3；大体适应 = 2；完全适应 = 1
	是否认为自己是城市人	是 = 1；否 = 0
制度层面	是否签订就业合同	是 = 1；否 = 0
	参加的职业培训类型	没有参加过培训 = 4；政府部门组织的培训 = 3；单位组织的培训 = 2；自费培训 = 1
	是否参加社会保险	是 = 1；否 = 0

（二）实证分析框架

本调查将农业转移人口选择不同城市落户意愿作为因变量，并将其划分为选择大城市落户、选择中小城市落户、选择小城镇落户以及不愿意落户四个层面。基于前文分析，从个体特征因素、经济因素、社会心理因素以及制度因素四个方面研究影响农业转移人口选择不同类型城市落户的因素，因此本次调查的实证分析框架如图 4-5 所示。

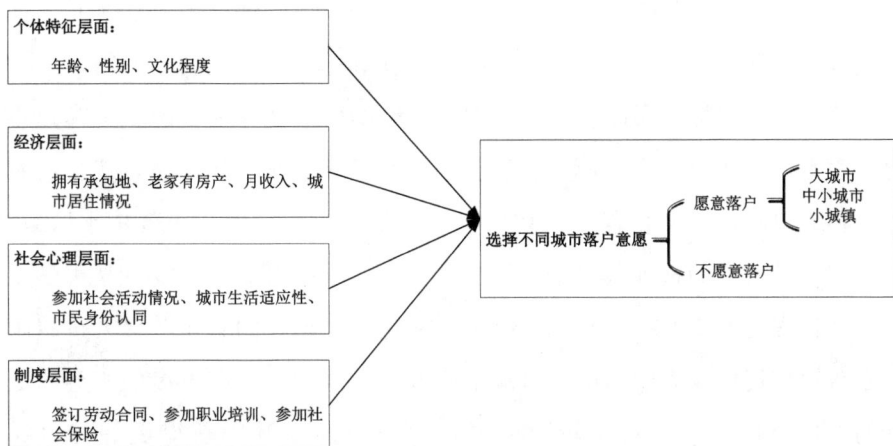

图 4-5　实证分析框架

（三）结果与分析

1. 农业转移人口城市落户意愿的描述性分析

总体而言，农业转移人口落户城市的意愿较为强烈，与以往的研究结果显示出的集中选择大城市落户的倾向相比[1][2]，半数以上的农业转移人口更愿意落户在中小城市和小城镇，这表明国家近年来对中小城市和小城镇户籍制度的改革政策能够在一定程度上吸引农业转移人口落户。同时，还有超过四分之一的农业转移人口不愿意在城市落户，他们更愿意选择回乡发展。

2. 农业转移人口城市落户意愿的 Logistic 回归分析

模型检验结果见表 4-7。从回归分析的检验结果来看，拟合优度值为0.327，似然比检验结果显示 Sig. <0.001，说明回归模型的整体拟合效果较

---

[1]　张翼：《农民工"进城落户"意愿与中国近期城镇化道路的选择》，《中国人口科学》2011 年第 2 期，第 14—26 页。

[2]　孙中伟：《农民工大城市定居偏好与新型城镇化的推进路径研究》，《人口研究》2015 年第 5 期，第 72—86 页。

好。从回归分析结果看，性别、年龄、居住情况和是否认为自己是城市人四个变量不显著，其余变量呈现显著相关。具体来说：

第一，个体特征层面。不同性别与年龄的农业转移人口的城市落户意愿并没有出现明显差异，而文化程度则具有显著影响。与不愿意落户的农业转移人口相比，文化程度是初中、高中及中专的更倾向于落户小城镇，文化程度是大专的选择落户于大城市、中小城市的可能性基本上是小学及以下文化程度的 2.645 倍和 2.338 倍。文化程度越高的农业转移人口越倾向于落户在规模较大的城市，可能由于规模大的城市拥有更多的机会和更好的发展空间，人力资本较高的人口更有可能在其中获得更好的自我发展。

表4-7　农业转移人口选择不同类型城市落户意愿影响因素的多元 Logistic 回归结果

自变量		大城市		中小城市		小城镇	
		B	Exp（B）	B	Exp（B）	B	Exp（B）
性别（女）		−0.147	0.863	−0.261	0.770	0.135	1.145
年龄		−0.062***	0.940	−0.041	0.960	−0.032	0.969
文化程度	初中	−0.090	0.914	0.336	1.399	0.168*	1.183
	高中及中专	0.873	2.394	0.932*	2.540	0.452**	1.571
	大专	0.973*	2.646	0.849**	2.337	0.398	1.489
	本科及以上	0.054**	1.055	0.674**	1.962	0.248	1.281
是否有承包地（否）		0.418*	1.519	0.077***	1.080	0.415**	1.514
老家是否有房产（否）		0.037*	1.038	0.130*	1.139	0.586***	1.797
月收入	1000—1999元	0.074*	1.077	0.553***	1.738	1.319***	3.740
	2000—2999元	0.606**	1.833	0.294***	1.342	1.468***	4.341
	3000—3999元	0.146***	1.157	0.084***	1.088	1.737***	5.680
	4000元及以上	0.742***	2.100	0.051***	1.052	1.645*	5.181

自变量		大城市		中小城市		小城镇	
		B	Exp（B）	B	Exp（B）	B	Exp（B）
居住处	自己租住	-0.143	0.867	0.008	1.008	1.766	5.847
	单位提供	1.098	2.998	0.165	1.179	0.174	1.190
	亲友、同乡提供	0.142	1.153	0.628	1.874	0.273	1.314
	自己购买	1.240*	3.456	0.070	1.073	0.454	1.575
	其他	0.582	1.790	0.058	1.060	0.600	1.822
是否经常参加社会活动（否）		-0.412*	0.662	-0.305*	0.737	-0.143*	0.867
城市生活适应性（很不适应）	不太适应	1.437	4.208	0.003	1.003	3.084**	21.846
	大体适应	2.184	8.882	0.413*	1.511	1.727**	5.624
	完全适应	2.213**	9.143	0.472	1.603	1.396	4.039
是否认为自己是城市人（否）		-0.364	0.695	-0.937**	0.392	-0.878**	0.416
是否签订就业合同（否）		0.508*	1.662	0.276*	1.318	-0.097	0.908
参加职业培训（没有参加）	政府组织培训	0.734**	2.083	1.422*	4.144	0.878	2.406
	单位组织培训	-0.496	0.609	0.045	1.046	0.790*	2.203
	自费培训	-0.734	0.480	0.492	1.636	0.730	2.075
是否参加社会保险（否）		0.085**	1.089	0.198*	1.219	-0.210	0.811
Nagelkerke R^2		0.327					
Likelihood Ratio Test		$\chi^2 = 334.988$ （Sig. = 0.000***）					

注：*$p < 0.05$，**$p < 0.01$，***$p < 0.001$。

第二，经济层面。土地因素对农业转移人口选择落户城市类型发挥重要作用，有承包地和老家有房产的农业转移人口更倾向于选择不落户，其原因在于农村土地和房产对于这部分群体来说具有重要的财产保障功能。而如果缺乏合理的土地流转或补偿机制，农业转移人口选择落户城市的可能性将会大大降低。此外，不同的收入层次均与农业转移人口落户城市的类型呈现出显著的相关关系。

第三，社会心理层面。参加社会活动会影响农业转移人口的选择不同类型城市的落户意愿，经常参加社会活动的农业转移人口更愿意在城市落户，这可能与其较强的城市融入感、较多的社会资本积累有一定关系。此外，随着农业转移人口城市适应能力的提升，选择落户的城市规模也会随之上升，即城市适应性越高，选择规模较大城市落户的可能性越大。

第四，制度层面。签订就业合同和参加社会保险的农业转移人口选择在大城市和中小城市落户的意愿均较为强烈。与不愿意落户的农业转移人口相比，愿意落户在大城市和中小城市的农业转移人口，其签订就业合同的可能性是没有签订就业合同的 1.662 倍和 1.318 倍。同样，参加过社会保险的农业转移人口也更愿意落户在大城市和中小城市。参加过政府部门组织的职业培训的农业转移人口同样更愿意在大城市和中小城市落户，其落户大城市和中小城市的可能性是没参加过职业培训人口的 2.083 倍和 4.144 倍。城市的规模越大，其所提供的保障机制相对越健全，这成为吸引农业转移人口落户的重要因素之一。

（四）研究结论

总体来看，农业转移人口的城市落户意愿较为强烈，其中更多的农业转移人口愿意在中小城市和小城镇落户。而文化程度、承包地、老家房产、月收入、是否经常参加社会活动、城市生活适应性、是否签订就业合同、参加的职业培训和是否参加社会保险是影响农业转移人口选择不同类型城市落户意愿的重要因素。具体来说，文化程度高、城市适应性强、有能力获取城市保障机制的农业转移人口更愿意落户在规模较大的城市；文化程度相对偏低、城市生活适应性较弱、获取城市保障机制能力较弱的农业转移人口更愿意选择小城镇落户；文化程度低、老家有承包地和房产、社会活动参与度低且没有享受城市保障机制的人口更倾向于返乡。

二、代际差异下城市落户意愿的影响因素分析与比较

（一）研究设计

1. 数据来源与样本特征

基于代际差异视角，将全国范围内的 1189 名农业转移人口作为研究对象，并将其划分为新一代农业转移人口（出生在 1980 年之后，年龄在 35 岁及以下具有农村户籍，在城市务工的群体）和老一代农业转移人口（出生在 1980 年以前，年龄在 36 岁以上的具有农村户籍，在城市务工的群体）两部分。在对他们的城市落户意愿进行整体描述性分析的基础上，通过建立二元 Logistic 回归模型，具体从个人特征层面、就业经济层面、社会层面以及心理层面对城镇进入阶段中的农业转移人口城市落户意愿的影响因素进行深入剖析，以期为相关部门调整市民化方向和制定市民化政策提供参考。

样本基本情况如表 4-8 所示。

表 4-8　受调查农业转移人口样本基本情况（n=1189）

变量	选项	新一代农业转移人口（635）		第一代农业转移人口（554）	
		频数	频率（%）	频数	频率（%）
性别	男	399	62.8	347	62.6
	女	236	37.2	207	37.4
婚姻	未婚	208	32.8	61	11.0
	已婚	400	63.0	453	81.8
	离婚	25	3.9	23	4.2
	丧偶	2	0.3	17	3.1
文化程度	小学及以下	23	3.6	58	10.5
	初中	228	35.9	283	51.1
	高中及中专	261	41.1	142	25.6
	大学专科	75	11.8	56	10.1
	大学本科及以上	48	7.6	15	2.7

2. 变量选取与说明

本调查采用二元 Logistic 回归分析方法，以"是否愿意在城市落户"作为农业转移人口城市落户意愿的表达，设置为因变量并且进行赋值："愿意" = 1，"不愿意" = 0。在自变量的选择上，通过借鉴诸多学者研究成果和出于本次调查的需要，分为个人层面（性别、文化程度、婚姻状况、务农经验）、就业经济层面（承包地处置方式、宅基地处置方式、月均收入、是否签订劳动合同）、社会层面（参保情况、子女在城市就学情况、城市基础设施建设情况、居住地点、社会活动参与情况）和心理层面（是否适应城市生活、对自己身份的认可）四个方面。各自变量的赋值结果见表 4-9。

表 4-9　变量设置及具体赋值

变量名称		变量赋值
个人因素	性别	男 = 1；女 = 0
	文化程度	小学及以下 = 5；初中 = 4；高中及中专 = 3；大专 = 2；本科及以上 = 1
	婚姻状况	未婚 = 4；已婚 = 3；离婚 = 2；丧偶 = 1
就业经济因素	是否有务农经验	是 = 1；否 = 0
	承包地处置方式	自家耕种 = 4；有偿流转 = 3；有偿放弃 = 2；无偿放弃 = 1
	宅基地处置方式	保留备用 = 4；有偿转让 = 3；现金补偿 = 2；置换住房 = 1
	月均收入	1000 元以下 = 5；1000—1999 元 = 4；2000—2999 元 = 3；3000—3999 元 = 2；4000 元及以上 = 1
	是否签订就业合同	是 = 1；否 = 0
	城市居住情况	工地现场 = 6；每天往返 = 5；自己租住 = 4；单位提供 = 3；亲友、同乡提供 = 2；自己购买 = 1
社会因素	是否参加社会保险	是 = 1；否 = 0
	是否经常参加社会活动	是 = 1；否 = 0
	城市设施建设	很差 = 5；不是很好 = 4；一般 = 3；比较好 = 2；很好 = 1

续表

变量名称		变量赋值
心理因素	子女是否在务工城市就学	是 = 1；否 = 0
	是否认为自己是城市人	是 = 1；否 = 0
	是否适应城市生活	是 = 1；否 = 0

3. 实证分析框架

本调查从代际差异视角探究农业转移人口城市落户意愿的影响因素，因此，研究中包括了"新一代农业转移人口是否愿意落户"和"老一代农业转移人口是否愿意落户"两大类。基于前文的分析，从个人因素、就业经济因素、社会因素及心理因素四个方面研究影响农业转移人口落户意愿的因素，并且进行因素比较分析。因此，本次调查的实证研究框架如图 4-6 所示。

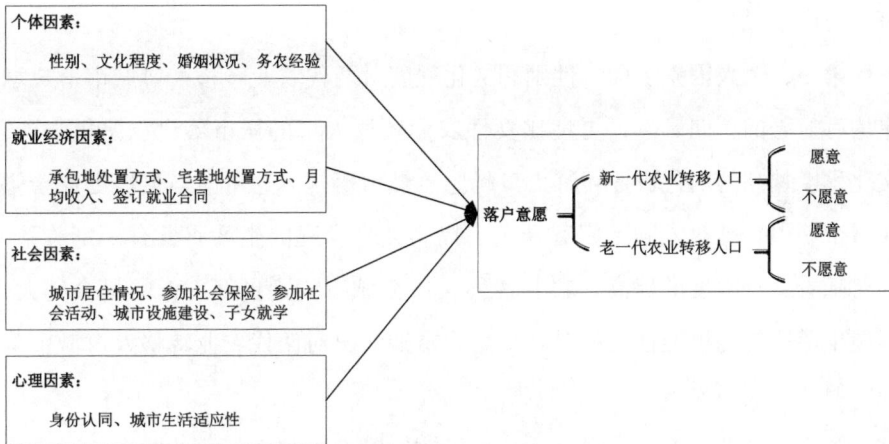

图 4-6　实证分析框架

（二）结果与分析

1. 两代农业转移人口城市落户意愿的描述性分析

现阶段，农业转移人口的整体态度倾向于落户城市，从代际划分结果发现，71.8%的老一代农业转移人口愿意在城市落户，75.4%的新一代农业转移人口愿意在城市落户，新一代的比例高于老一代。

2. 两代农业转移人口市民化意愿影响因素的回归结果分析

将已选择的各自变量纳入二元 Logistic 回归模型进行分析，新一代农业转移人口城市落户意愿影响因素的 Logistic 回归结果见表 4-10，老一代农业转移人口城市落户意愿影响因素的 Logistic 回归结果见表 4-11。研究表明：个人因素、就业经济因素、社会因素和心理因素都不同程度地影响农业转移人口城市落户意愿，但是呈现出一定的倾向性，就业经济因素对老一代农业转移人口的影响更为显著，而社会因素对新一代农业转移人口的影响更为显著。具体来说：

第一，个人因素层面。性别和文化程度对两代农业转移人口城市落户意愿均有显著的正向影响，男性比女性农业转移人口的城市落户意愿更强烈，文化程度越高的两代农业转移人口越愿意城市落户。这可能与男性更加希望在城市获得较高收入满足家庭开销，提高整个家庭的生活质量有一定关系，同时随着文化程度的提高，农业转移人口在城市找到更好工作的机会越大，提高生活质量的可能性也相对越高。而婚姻状况对两代农业转移人口城市落户意愿的影响不显著。

第二，就业与经济因素层面。承包地处置方式和宅基地处置方式对两代农业转移人口城市落户意愿均有显著影响，承包地的有偿流转或宅基地的现金补偿对两代农业转移人口城市落户意愿影响显著，这表明从土地中获得经济报酬对两代农业转移人口的选择有正向作用，获得的经济补偿越高，其落户意愿越强。而月均收入对新一代农业转移人口城市落户意愿的正向影响更加显著。劳动合同是农业转移人口的重要就业保障，签订劳动合同对新一代农业转移人口的落户意愿有正向影响。

第三，社会因素层面。子女是否在务工城市上学、务工城市基础设施建设情况和居住情况都对新一代农业转移人口城市落户意愿产生影响。子女教育是新生代农业转移人口需要面对的重要问题，城市教育的教育资源和教育质量均较高，因此子女在城市上学的农业转移人口城市落户意愿更强烈。此外，务工城市基础设施建设情况对新一代农业转移人口城市落户意愿影响显著，务工城市的基础设施条件越好，其城市落户意愿越强烈，这也从侧面反映出新一代农业转移人口在市民化的选择中更加看重社会环境和生活质量。而不同的居住地点也会影响新一代农业转移人口城市落户意愿的选择，稳定的居住场所是满足农业转移人口基本生活需求的前提基础。

第四，心理因素层面。对自己身份的认识影响着新一代农业转移人口市民化的选择，认为自己是城市人的新一代农业转移人口，其生活方式和价值观念已逐渐向城市人转变，故而城市落户意愿更为强烈。

表 4-10　老一代农业转移人口城市落户意愿影响因素的 logistic 回归分析结果

自变量		B	Wald	Sig.	Exp（B）
个人层面	性别（女）	0.312	0.895	0.021*	1.366
	文化程度（小学及以下）				
	初中	1.680	3.869	0.049*	5.366
	高中及中专	0.691	0.723	0.395	1.996
	大专	1.421	3.153	0.010**	4.141
	本科及以上	1.802	4.320	0.002***	6.062
	婚姻（未婚）				
	已婚	-1.343	0.808	0.369	0.261
	离婚	0.154	0.021	0.884	1.166
	丧偶	1.386	0.864	0.353	3.998
	务农经验（否）	0.072	0.017	0.897	1.074

续表

	自变量	B	Wald	Sig.	Exp（B）
就业经济层面	承包地处置方式（自家耕种）				
	有偿流转	0.126	0.119	0.037*	1.134
	有偿放弃	0.193	0.182	0.006**	1.213
	无偿放弃	0.975	0.033	0.566	2.651
	宅基地处置方式（保留备用）				
	有偿转让	0.053	0.022	0.022**	1.054
	现金补偿	0.500	0.713	0.002***	1.649
	置换住房	0.306	1.011	0.544	1.359
	月收入（1000元以下）				
	1000—1999元	1.065	2.906	0.088	2.900
	2000—2999元	1.716	8.057	0.005**	5.561
	3000—3999元	1.351	3.587	0.050**	3.861
	4000元及以上	0.121	0.025	0.000***	1.129
	签订就业合同（否）	0.664	2.584	0.108	1.942
社会层面	是否参保（否）	−0.838	6.516	0.123	0.433
	城市基础设施建设情况（很差）				
	很好	0.733	0.177	0.674	2.081
	比较好	0.027	0.012	0.986	1.027
	一般	−0.322	0.057	0.812	0.725
	比较差	0.967	0.475	0.491	2.630
	参加社会活动（否）	0.400	0.740	0.390	1.492
	城市居住情况（工地现场）				
	每天往返	0.085	0.005	0.943	1.089
	自己租住	−1.588	3.194	0.074	0.204
	单位提供	−1.614	2.878	0.090	0.199
	亲友、同乡提供	−0.034	0.001	0.978	0.967
	自己购买	−1.350	1.490	0.222	0.259
	子女是否在务工城市就学（否）	0.978	4.984	0.026*	2.660

续表

自变量		B	Wald	Sig.	Exp（B）
心理因素	是否认为自己是城市人（否）	0.744	2.610	0.106	2.103
	是否适应城市生活（否）	0.375	0.536	0.464	1.455
Nagelkerke R²		0.28			
Likelihood Ratio Test		χ² = 42.233（Sig. = 0.012***）			

注：*p < 0.05，**p < 0.01，***p < 0.001。

表4-11 新一代农业转移人口城市落户意愿影响因素的 logistic 回归分析结果

自变量		B	Wald	Sig.	Exp（B）
个人层面	性别（女）	0.446	2.136	0.017**	1.563
	文化程度（小学及以下）				
	初中	1.065	11.782	0.001***	2.901
	高中及中专	2.629	2.737	0.008*	13.859
	大专	2.494	6.788	0.009***	12.109
	本科及以上	2.717	9.921	0.002***	15.130
	婚姻（未婚）				
	已婚	0.071	0.003	0.954	1.074
	离婚	0.572	0.216	0.642	1.772
	丧偶	0.539	0.172	0.678	1.714
	务农经验（否）	0.610	0.469	0.493	1.840
就业经济层面	承包地处置方式（自家耕种）				
	有偿流转	0.286	0.814	0.012***	1.331
	有偿放弃	0.102	0.043	0.034**	1.107
	无偿放弃	0.602	0.459	0.877	1.826
	宅基地处置方式（保留备用）				
	有偿转让	0.589	2.356	0.024**	1.803
	现金补偿	0.006	0.000	0.002***	1.006

续表

自变量		B	Wald	Sig.	Exp（B）
就业经济层面	置换住房	0.510	0.520	0.531	1.666
	月收入（1000元以下）				
	1000—1999元	1.871	5.858	0.022*	6.494
	2000—2999元	1.400	3.585	0.014*	4.055
	3000—3999元	2.578	9.744	0.001***	13.171
	4000元及以上	1.872	6.163	0.030**	6.501
	签订就业合同（否）	2.298	3.988	0.046*	9.958
社会层面	是否参保（否）	0.070	0.052	0.820	1.072
	城市基础设施建设情况（很差）				
	很好	0.584	0.508	0.002**	1.793
	比较好	0.392	0.251	0.016*	1.480
	一般	0.312	0.139	0.031*	1.366
	比较差	0.711	0.366	0.491	2.036
	参加社会活动（否）	0.388	1.143	0.285	1.474
	城市居住情况（工地现场）				
	每天往返	2.621	6.096	0.014*	13.744
	自己租住	1.428	2.248	0.134	4.172
	单位提供	2.610	5.334	0.021*	13.596
	亲友、同乡提供	1.106	1.094	0.296	3.022
	自己购买	0.857	0.718	0.397	2.356
	子女是否在务工城市就学（否）	2.231	37.543	0.000***	9.309
心理因素	是否认为自己是城市人（否）	0.143	0.016	0.041*	1.154
	是否适应城市生活（否）	0.266	0.670	0.013*	1.305
Nagelkerke R^2		0.58			
Likelihood Ratio Test		$\chi^2 = 324.689$（Sig. = 0.001***）			

注：$*p < 0.05$，$**p < 0.01$，$***p < 0.001$。

（三）研究结论

两代农业转移人口的城市落户意愿均较高，且新一代农业转移人口城市落户意愿高于老一代农业转移人口。个人因素、就业经济因素、社会因素和心理因素均不同程度地对农业转移人口城市落户意愿产生影响，但呈现出一定的倾向性，就业经济因素对两代农业转移人口十年有重要的影响，而社会因素对新一代农业转移人口的影响更为显著。具体来说，性别、文化程度、承包地处置方式、宅基地处置方式、月均收入和子女是否在务工城市就学对老一代农业转移人口城市落户的选择有显著影响；性别、文化程度、承包地处置方式、宅基地的处置方式、月均收入、签订劳动合同、子女是否在务工城市就学、务工城市基础设施建设情况、居住地点和身份认同均显著影响新一代农业转移人口城市落户的选择。

第三节　农业转移人口本、异地市民化意愿的影响因素

在城镇进入阶段，迁移地域对农业转移人口做出市民化决策的影响颇深，地域迁移差异不容忽视。农业转移人口的迁移主要分为本地迁移与异地迁移两种方式。目前，农业转移人口以异地迁移为主，大部分农业转移人口虽然完成了地域和职业由农村向城镇的转移，但是生活习惯、行为方式及价值理念却一直无法融入城市，缺乏对城市的归属感。现有研究多是针对农业转移人口异地迁移展开，对本地迁移研究较少，并且，对制度的阻碍因素研究较多，对非制度性因素研究较少。因此，了解农业转移人口更愿意在本地市民化还是异地市民化，明确不同地域迁移方式对农业转移人口市民化意愿的影响机理，对解决农业转移人口市民化的相关问题具有重要的参考意义。

一、 农业转移人口本、 异地市民化的推力与拉力分析

目前，国内外学者在研究中指出，影响农业人口迁移的因素包括气候条件恶劣、生存环境差、资源匮乏等自然因素；生活负担重、收入低下、基础设施落后等社会经济因素，社会经济因素是影响农业人口迁移的最主要因素。农村剩余劳动力选择在本地或异地打工并向市民转化的意愿不仅是受到某一个地区"推力"或"拉力"的单方面影响，而是每个地区"推力"和"拉力"的综合影响。以往学者的研究多注重城镇的"拉力"和农村的"推力"作用，本研究将在前人研究的基础上，同时分析本地和异地的"推力"和"拉力"因素，以及两者对农村剩余劳动力的共同影响。

（一）本地的"推力"和"拉力"因素

1. 推力因素

（1）生存环境差，闭塞落后

农业转移人口户籍所在地的县域多为规模较小的地区，由于经济发展落后，资金匮乏，导致政府对当地的市政建设投入资金很少，基础设施不完善。一些污染较为严重的企业会在当地投资生产，但这往往给当地的生态环境造成极其严重的破坏，导致当地生态环境恶化，生活在当地的居民会因为环境污染而罹患多种疾病。资源的匮乏、环境的污染和交通的不便，都是造成当地经济不发达、封闭落后的重要原因，正由于此，很多农村剩余劳动力希望能够外出到其他城镇工作和生活，摆脱恶劣的生存环境，享受更好的生活水平，并能开阔视野，增长见识，远离落后和贫穷。

（2）就业机会少，没有前途

在农业转移人口户籍所在地的县域里，乡镇企业数量少，规模小，发展滞后，经济效益差，很多农村剩余劳动力无法在有限的就业岗位中找到适合自己的非农工作。狭窄的就业渠道和有限的就业机会，导致部分剩余劳动力

闲置在家中。那些农村剩余劳动力不仅面临找工作难的问题，低经济效益也导致他们经济收入微薄，不能很好地满足他们个人和家庭的生活需求。同时，由于他们在当地从事的非农工作缺少正规性和专业性，原本欠缺的工作技能并不能得到及时的培训和提升，导致工作效率、经济收益成恶性循环。长此以往，他们不仅生活拮据，同时对于他们自身发展也会产生很大限制。

2. 拉力因素

（1）熟悉的生活环境

由于农业转移人口普遍自身素质和能力相对较低，他们更倾向于在自己熟悉的环境中生存和工作，这不仅能减少他们在生活和工作中遇到的一些尴尬问题，同时，他们已经形成的行为习惯和思想观念等都能很好的和当地风俗相融合，不易出现被排斥的现象。农业转移人口户籍所在地的县域是他们最为熟悉的地方，那里的生活节奏、生活方式、处世态度、工作方法等都是他们能够快速接受和学习的，所以，熟悉的生活环境是吸引他们留在当地从事非农产业工作的一个重要因素。安土重迁的思想和"地缘"观念，也形成了本地城镇对农业转移人口的强烈拉力。

（2）方便照顾家人

一些农业转移人口家中可能会有不方便一同外出打工的家人，家中的老人和儿童都需要得到青壮年农村劳动力的照顾。部分农民从土地中解放出来，从事非农产业工作，也是为了让自己的家人享受更好的生活水平，摆脱贫困和落后。农业转移人口选择在自己户籍所在地的县域内工作，也是考虑到方便他们往返于工作和生活两地照顾家人，避免远走他乡惦念家人，也防止家中有事情不能及时赶回。

（3）农村土地收益

当前我国关于农业转移人口和其家乡土地之间的关系还没有一个明确的政策来给予说明，如果农民选择退出农村土地进入城镇落户，那么他们将要放弃土地带给他们的经济收益。绝大部分农民都不愿意在完全放弃土地的前提下进入城镇生活，所以很多农民会在农闲季节外出打工，成为季节性农业转移人口。他们一年四季往返于家中土地和城镇非农工作，如果离家乡太远，则不便于他们往返于两地之间，同时高昂的交通费用对他们来说也是巨大的经济支出。所以，他们对农村土地的牵挂和依赖性越强，选择在本地打工的意愿也就越强。

（4）生活成本低

相对于大城市高昂的房价和名目繁多的各项费用，农业转移人口户籍所在地的县域生活成本相对较低，他们在当地的经济收入能够较好地满足他们的基本生活需求，幸福指数也相对较高。同时，当地淳朴的民风和和谐的社会环境，也促使人与人之间相处融洽，互帮互助、邻里和睦。

（二）异地的"推力"和"拉力"因素

1. 推力因素

（1）迁移成本高

农业转移人口外出打工，需要承担较高的交通费用、搬迁费用以及其他相关费用，较高的迁移成本需要农业转移人口在外出打工之前权衡留在本地和去往异地的经济收益关系，当农业转移人口认为他们能够支付较高的迁移成本并能在异地打工后获得较高的经济收益和生活条件，他们则会做出到异地城镇工作的决定，反之则会选择留在本地城镇工作。

（2）居住条件差

农业转移人口异地打工极容易面临的一个问题就是举目无亲，他们来到一个完全陌生的地方最为直接的目的就是为了获取更多的经济收益，以满足家庭所需，享受更好的生活水平。然而他们外出打工所在的异地城镇可能会有较高的房价和房租，一方面，外出打工的农业转移人口很少有能力能够在异地城镇购买住房或是支付条件相对较好的租房的租金；另一方面，他们为了省下这笔资金用于家庭需要。所以，很多农业转移人口会选择在条件较差的地方租住或者是干脆住在工地现场，这些地方大多居住条件较差，安全和卫生条件都难以保障，因此，较差的居住条件也就成为异地打工农业转移人口要面临的一个最为直接和普遍的问题。

（3）容易遭受歧视

农业转移人口既有农民的身份又有工人的身份，所以他们成为城镇的"边缘人"。他们来到规模较大的城镇打工，很容易遭受到当地居民的白眼或者歧视，很多当地居民会认为他们就是"打工仔"，素质差，觉悟低，会给当地的治安和环境带来威胁。同时，农业转移人口在享受当地基础设施和参与社会活动的过程中，也很容易受到当地人的排挤，他们无法享受和当地居民平等的权利和待遇，歧视会导致农业转移人口对所在异地城镇的生活产生负面情绪[1]。

（4）缺乏相应的社会保障和工作安全保障

关于农业转移人口权益保障的相关政策和制度，国家正在抓紧制定和出台中，在现行条件下，农业转移人口的社会保障还无法和城镇居民形成无障碍对接。农业转移人口在从事非农产业工作中很少会同用工单位签订相应的权益保障合同和安全保障合同，即通常所讲的"五险一金"或"三险一金"，农业转移人口在城镇生活的基本权益不能得到有效及时的保障，他们一旦出现生病或者工伤事故，没有一个完善的机制能够对他们的医疗费用给予报销或赔偿，甚至他们因此而丧失劳动能力只能返回家乡，依靠家庭其他力量维持基本生活。

2. 拉力因素

（1）完善的基础设施

农业转移人口向往到大城镇就业和生活，享受当地的园林绿化、供水供电、交通、邮电、文化教育、卫生事业等完善的基础设施，获得更好的生活水平。他们会感受到这些基础设施带来的便利生活条件，便捷、舒适的生活环境

---

① 李晓丽：《影响农民工城市融入的推力和拉力因素分析》，《山东省农业管理干部学院学报》2006 年第 22 卷第 5 期，第 10—11 页。

让他们渴望留在规模较大的城镇，缩小他们在心理上和城镇居民的距离感。

（2）充足的就业机会和较高的经济收入

大城镇中的工作岗位包含着建筑业、制造业、交通运输业、邮政业、服务业、批发零售业等各类第二、三产业的非农工作，五花八门的行业和工作岗位需要大量劳动力投入到基本的生产和城镇建设中。农业转移人口可以在充足的工作岗位和就业机会中找到适合自己的位置，同时这些非农产业工作能带给他们更多的经济收入，满足他们异地务工对于经济收益的需求①。

（3）良好的教育水平

农业转移人口整体的素质和能力相对较差，但他们对于子女的教育问题依然重视。规模较大的城镇有更多的学校、更强的师资力量和良好的教学环境，城镇的教育水平远高于他们户籍所在地的教育水平，农业转移人口希望其子女能够享受到同城镇居民子女相同的教育权利和水平，希望他们的子女也通过知识来改变命运。所以，对于高质量教育的追求也是拉动农业转移人口到异地打工的重要因素。

（4）投奔亲友

农业转移人口异地打工不仅会受到基本的经济利益的驱使，周围的亲人和朋友的影响也是不可忽略的重要因素。农村地区更注重"血缘"和"地缘"关系，人与人之间的接触和联系较为直接和简单。很多农村剩余劳动力从土地中解放出来后，会受到周围外出打工亲友的影响，到他们打工的城镇中去工作和生活，一方面有熟人能够相互照应，另一方面也是为了改变他们的生活现状，摆脱贫困。

（5）开阔视野，增长见识

一些农村和偏远的县城封闭落后，很多农民只能面朝黄土背朝天的依靠土地来生存，他们大多思想落后，故步自封，价值观念陈旧，祖祖辈辈都没

---

① 李强：《影响中国城乡流动人口的推力与拉力因素分析》，《中国社会科学》2003 年第 1 期，第 125—136 页，第 207 页。

有机会从本地县城走出来，只能一代又一代的在土地中劳作或是留在当地城镇。一些年轻的农村剩余劳动力则希望改变这种现状，他们选择外出到异地务工，感受外面世界的繁华，享受规模较大城镇完善的基础设施和优越的生活环境，同时开拓他们的视野，增长对社会和生活的认识和见识。

（三）本地和异地"推力"与"拉力"的综合影响

1. 地区间收入差距

农业转移人口选择异地打工，首要也是最重要的原因就是受到地区间收入差距的影响。本地即农业转移人口户籍所在地的县域内，非农产业工作数量有限、经济效益差，导致农村剩余劳动力的就业机会有限、经济收入微薄，形成"推力"。异地即农业转移人口户籍所在地县域以外的城镇，非农产业工作数量多、经济效益好，外出的农业转移人口会获取更充足的就业机会和更多的经济收益，产生"拉力"。根据舒尔茨的迁移成本——效益理论，迁移者在做出迁移行为前会对迁移后的成本和收益大小进行预期判断。农村剩余劳动力在选择留在本地还是外出前会对两地的成本和收益进行心理预判断，即在综合考虑地区间的"推力"和"拉力"因素影响下的经济收益的高低，大部分农村剩余劳动力都会认为外出比留在本地会获得更多的经济收益和其他收益，所以他们会选择离开本地到外地从事非农工作。

2. 地区间生活条件差异

由于异地丰富多彩的生活环境和便捷舒适的生活条件，很多农村剩余劳动力更希望到异地去从事农业产业以外的工作，享受异地完善的医疗、教育、交通等基础设施和公共服务条件，异地高质量的生活水平对农村剩余劳动力产生不小的拉力作用。而本地匮乏的资源，闭塞的交通，医疗、教育等方面的不完善，更引发农村剩余劳动力渴望离开本地到异地生活的期盼，这对他们到异地生活是一种强有力的推动作用。

二、 本、 异地市民化意愿影响因素的选取

(一) 数据来源及样本特征

研究数据来源于 2014 年 5—6 月在辽宁省大连市展开的关于农业转移人口市民化问题调查。在大连市内 6 个辖区随机选取 8 个社区，在社区工作人员的帮助下，每个社区随机选取 20—30 位农业转移人口填答调查问卷。共发放问卷 503 份，回收有效问卷共 413 份，有效问卷率为 82.12%，样本的基本特征见表 4-12。

表 4-12　受调查农业转移人口样本基本情况　(n=413)

类型	选项	频率 (%)	类型	选项	频率 (%)
年龄	34 岁及以下	45.0	子女数量	没有	39.7
	34 岁以上	55.0		1 个	37.5
性别	男	63.4		2 个	18.6
	女	36.6		3 个及以上	4.2
在城镇工作生活时间	1—2 年	18.9	是否全家一同在本地生活	是	49.4
	3—5 年	34.9		否	50.6
	6—10 年	21.3	技能情况	没有等级	62.7
	11 年及以上	24.9		初级	25.2
婚姻状况	未婚	34.1		中级	9.9
	已婚	62.5		高级	2.2
	离婚	2.2	行业	制造业	13.6
	丧偶	1.2		建筑业	16.0
文化程度	小学及以下	13.6		居民服务业和其他服务业	18.2
	初中	45.8		住宿和餐饮业	20.5
	高中及中专	24.7		批发零售业	16.0
	大专	7.2		交通运输、仓储和邮政业	8.0
	本科及以上	10.2		其他	7.7

（二）变量选择与说明

本调查采用二元 Logistic 回归方法分析农业转移人口本、异地市民化意愿的影响因素，将以"愿意选择在哪个地方进行由农民向市民转变"作为因变量进行赋值，选择答案为二分类变量，即"在户口所在地的县域向市民转变"（本地）赋值为 1，"在户口所在地县域以外的城镇向市民转变"（异地）赋值为 0。

在自变量的选择上，根据前人的研究成果及本次调查的需要，由个体特征层面、经济层面、社会生活层面和心理层面四个方面构成，其中，第一步加入个体特征因素（模型 1），第二步加入经济因素（模型 2），第三步加入社会生活因素（模型 3），第四步加入心理因素（模型 4）。自变量及赋值情况见表 4-13。

表 4-13　变量设置及具体赋值

变量名称	变量赋值
年龄	连续变量
性别	男 = 1；女 = 0
婚姻	已婚 = 1；未婚 = 0
城镇生活时间	1—2 年 = 4；3—5 年 = 3；6—10 年 = 2；11 年以上 = 1
全家一同生活	是 = 1；否 = 0
文化程度	小学及以下 = 4；初中 = 3；高中及中专 = 2；大专及以上 = 1
技能情况	没有 = 1；有 = 0
宅基地处置方式	保留备用 = 4；有偿转让 = 3；现金补偿 = 2；置换住房 = 1
工作时间	11 小时以下 = 1；11 小时及以上 = 0

变量名称	变量赋值
月收入	1000 元以下 = 5；1000—1999 元 = 4；2000—2999 元 = 3；3000—3999 元 = 2；4000 元及以上 = 1
是否参加社会保险	是 = 1；否 = 0
月均消费	200 元及以下 = 4；201—500 元 = 3；501—999 元 = 2；1000 元及以上 = 1
城市居住情况	自己租住 = 5；单位提供 = 4；亲友、同乡提供 = 3；自己购买 = 2；工地现场 = 1
朋友数量	有很多 = 3；只有几个 = 2；一个也没有 = 1
是否参加过文娱活动	是 = 1；否 = 0
生病后选择去哪里就医	医院 = 4；私人诊所 = 3；去药店买药 = 2；硬挺扛过去 = 1
城镇满意度	不满意 = 3；无所谓 = 2；满意 = 1
认为自己的身份	农民 = 3；城里人 = 2；说不清 = 1
是否适应城市生活	是 = 1；否 = 0
转变地规模	县城及小城镇 = 3；中小型城市 = 2；大型城市 = 1

（三）实证分析框架

本调查从地域转移差异视角探究农业转移人口愿意选择本地或异地进行由农民向市民转变的影响因素及差异，因此，因变量包括"在户口所在地的县域向市民转变"（本地）和"在户口所在地县域以外的城镇向市民转变"（异地）两个方面。基于前文的分析，从个人特征层面、就业经济层面、社会生活层面及心理层面展开研究。因此，实证研究框架如图 4-7 所示。

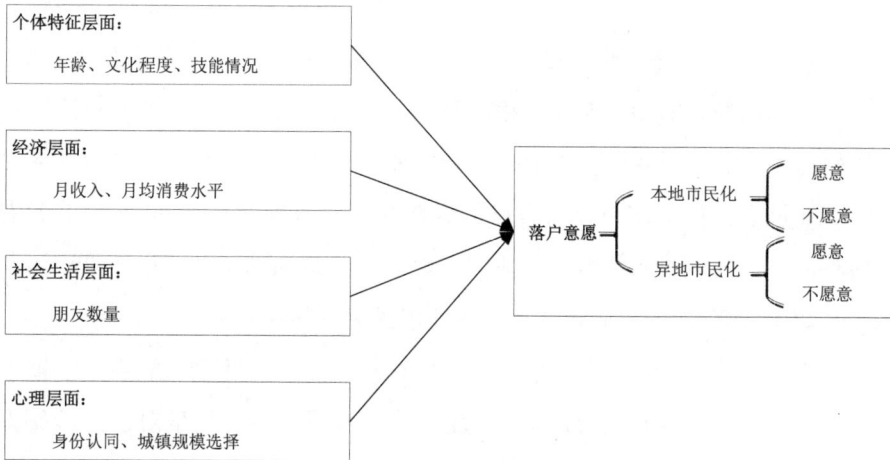

个体特征层面：
　　年龄、文化程度、技能情况

经济层面：
　　月收入、月均消费水平

社会生活层面：
　　朋友数量

心理层面：
　　身份认同、城镇规模选择

落户意愿
本地市民化──愿意／不愿意
异地市民化──愿意／不愿意

图 4-7　实证分析框架

三、　结果分析与讨论

各个模型检验结果如表 4-14 所示。从 4 个模型的 Nagelkerke R^2 和 Hosmer and Lemeshow 检验可以看出 4 个模型对数据的拟合效果较好。具体来说：

第一，只考虑个体特征因素（模型 1），年龄、文化程度和技能情况对农业转移人口本、异地市民化意愿均产生显著影响。34 岁以上的农业转移人口比 34 岁及以下的农业转移人口本地市民化意愿强烈，表明越年轻的农业转移人口越倾向于异地市民化，这与新一代农业转移人口对新事物和高品质生活的追求更强烈有一定关系。文化程度越低，本地城镇市民化意愿越强烈，而文化程度越高，异地市民化意愿越强烈，这表明文化程度越低，他们对异地城镇生活的渴望度也越低，更喜欢在自己熟悉的环境中生活。具备技能的农业转移人口倾向本地市民化，而不具备技能的则更倾向于异地市民化，这可能是由于大部分掌握技能的农业转移人口更愿意带着技能回到本地城镇工作和生活，在本地获取的相对高收入能让他们生活得更舒适。

第二，加入经济因素后（模型2），年龄、技能情况、月收入（4000元及以上）和月均消费水平均对农业转移人口本、异地市民化产生显著影响。年龄影响和模型1的结果相同，年龄越小，本地市民化意愿越弱；技能影响也和模型1中的情况相同，没有技能的农业转移人口希望到异地城镇获取更多的就业机会，在工作中提高自己的经济收入；月收入在4000元以上的农业转移人口，随着收入的增加，他们本地市民化意愿越来越低；而月均消费水平在201—500元的农业转移人口本地市民化意愿最低。

第三，加入社会生活因素后（模型3），年龄、技能情况、月收入（3000—3999元、4000元及以上）、月均消费水平和朋友数量对农业转移人口本、异地市民化意愿均产生显著影响。年龄、技能情况的基本规律和模型1、模型2结果相同；月收入水平越高，本地市民化意愿越低；月均消费基本规律和模型2一致；朋友数量对农业转移人口本、异地市民化意愿影响显著，朋友数量越少，农业转移人口的本地市民化意愿越强烈，说明朋友对于想在异地城镇向市民转化的农业转移人口非常重要，可以帮助他们减少初到异地城镇的不适。

第四，加入心理因素后（模型4），年龄、技能情况、月均消费水平、朋友数量、身份认同和城镇规模选择对农业转移人口本、异地市民化意愿均产生显著影响。年龄、技能的规律和前3个模型一致；月均消费水平和模型2、模型3规律相同；朋友数量越多，本地市民化意愿越低，规律和模型3相同；认为自己是城里人的农业转移人口相比于认为自己仍是农民者更愿意选择异地市民化，对自己身份说不清的农业转移人口相比于认为自己仍是农民者更愿意选择本地市民化，说明市民身份认同程度越高的农业转移人口异地市民化意愿越强烈，市民身份认同度高的农业转移人口认为在思想观念、行为方式、生活习惯等方面和城里人一样，他们更想到异地的城市生活而融入当地，相比之下，市民身份认同度低的农业转移人口还不能很好的接受城市社会的观念和习惯，更愿意在本地市民化；农业转移人口选择的城市规模越大，其本地城镇化意愿越低。

表 4-14 农业转移人口本、异地市民化意愿的 Logistic 回归分析结果

自变量		模型 1		模型 2		模型 3		模型 4	
		B	Exp(B)	B	Exp(B)	B	Exp(B)	B	Exp(B)
个体特征因素	年龄(34 岁以上)	-0.969**	0.380	-1.059**	0.347	-1.136**	0.321	-0.983*	0.374
	性别(女)	-0.126	0.882	0.064	1.066	0.165	1.180	0.054	1.056
	城镇生活时间(1—2 年)								
	3—5 年	0.511	1.668	0.552	1.736	0.412	1.510	0.542	1.719
	6—10 年	0.223	1.250	0.372	1.451	0.337	1.401	0.462	1.587
	11 年及以上	0.007	1.007	0.111	1.117	-0.048	0.953	0.386	1.471
	文化程度(小学及以下)								
	初中	-0.364	0.695	0.044	1.045	0.361	1.435	-0.020	0.980
	高中或中专	-0.870*	0.419	-0.379	0.685	0.079	1.082	-0.293	0.746
	大专及以上	-1.765***	0.171	-0.720	0.487	-0.107	0.899	-0.499	0.607
	婚姻(已婚)	0.529	1.697	0.500	1.649	0.465	1.592	0.481	1.618
	全家一同生活(否)	-0.203	0.817	-0.171	0.843	-0.055	0.947	-0.608	0.544
	技能(有)	-0.561*	0.571	-0.607*	0.545	-0.554*	0.575	-0.723*	0.486
就业经济因素	工作时间(11 小时及以上)			-0.122	0.885	-0.136	0.873	0.097	1.102
	月收入(1000 元以下)								
	1000—1999 元			0.097	1.102	-0.081	0.922	-0.040	0.961
	2000—2999 元			-0.679	0.507	-0.841	0.431	0.064	1.066
	3000—3999 元			-1.021	0.360	-1.240*	0.289	-0.487	0.615
	4000 元及以上			-1.347*	0.260	-1.722*	0.179	-1.303	0.272
	参保(是)	0.059	1.061	-0.068	0.934	-0.212	0.809		
	月均消费(200 元及以下)								
	201—500 元			-1.636**	0.195	-1.927***	0.146	-1.941**	0.144
	501—999 元			-1.000*	0.368	-1.280*	0.278	-1.830**	0.160
	1000 元及以上			-1.275*	0.279	-1.583**	0.205	-1.936**	0.144

续表

自变量		模型1		模型2		模型3		模型4	
		B	Exp(B)	B	Exp(B)	B	Exp(B)	B	Exp(B)
社会生活因素	居住处(自己租住)								
	单位提供					−0.529	0.589	−0.738	0.478
	亲友同乡提供					−0.603	0.547	−0.818	0.441
	自己购买					−0.496	0.609	−0.318	0.727
	工地现场和其他					−0.241	0.786	0.037	1.037
	娱活动(没参加过)			−0.106	0.899	0.091	1.096		
	朋友数量(有很多)								
	只有几个					1.130***	3.097	0.795*	2.214
	一个也没有					1.285**	3.615	1.227*	3.411
	生病就医(医院)								
	私人诊所					−0.051	0.950	0.049	1.050
	去药店买药					−0.095	0.909	−0.303	0.739
	硬挺扛过去					−0.097	0.907	−0.467	0.627
心理因素	身份(农民)								
	城里人							−1.796***	0.166
	说不清							1.196**	3.306
	城镇满意度(不满意)								
	无所谓							0.626	1.870
	满意							0.167	1.181
	城镇适应性(不适应)							0.295	1.342
	转变地规模(县城及小城镇)								
	中小型城市							−1.513***	0.220
	大型城市							−1.632***	0.196
常数		1.420		2.618		2.265		3.701	
Nagel kerke R^2		0.145		0.231		0.299		0.520	
χ^2		522.241***		491.294***		464.841***		366.092***	
Hosmer and Lemeshow		$\chi^2=8.656$ (Sig=0.372)		$\chi^2=9.648$ (Sig=0.291)		$\chi^2=12.659$ (Sig=0.124)		$\chi^2=9.758$ (Sig=0.282)	

注:$*p < 0.05$,$**p < 0.01$,$***p < 0.001$。

四、 研究结论

第一，超过半数的农业转移人口愿意在本地城镇向市民转化，主要原因在于对户口所在地的县域较为熟悉，并且距离较近能够方便照顾家人。而吸引农业转移人口进行异地市民化的最主要因素是更高的经济收入，此外，让子女接受更好的教育、享受异地城镇更加完善的基础设施等因素也发挥着积极作用。因此，加强我国小城镇的经济发展建设，逐步提高小城镇的工资水平，并辅之以完善的基础设施和良好的教育环境至关重要，有助于我国实现新型城镇化的健康发展，引导农业转移人口合理转移和流动。

第二，年龄和技能情况对农业转移人口本、异地市民化意愿有显著影响。新生代农业转移人口和老一代农业转移人口有着不同的时代生长环境，思想活跃、与时俱进，相对较高的文化程度和对新鲜事物的好奇感等促使新一代农业转移人口更愿意到异地城镇生活和发展。然而，由于缺少经验和吃苦耐劳的精神等，使得他们在异地城镇的生活和工作面临重重困难。因此，政府部门和社会各界应该提高新生代农业转移人口在城镇的权益保障水平，同时，政府部门和用人单位要加强对农业转移人口群体的技能培训，鼓励农业转移人口群体掌握更多的技能，以便于他们更好地服务于社会发展和城镇建设。

第三，经济因素和心理因素对农业转移人口本、异地市民化意愿影响显著。农业转移人口的月收入水平和个人月均消费水平对其本、异地市民化意愿具有显著影响。身份认同和市民化城镇规模的选择对于农业转移人口本、异地市民化意愿也有着重要影响。然而，社会生活因素对于农业转移人口本、异地市民化意愿的影响相对较弱，表明虽然农业转移人口在主观上对在不同地域市民化有所区别，而在客观的行为和活动中，农业转移人口在本地或异地城镇向市民转化的差别并不是很大。

第四节　区域差异下农业转移人口就近市民化的影响因素

随着农业转移人口规模的不断扩大，我国的人口空间分布格局也在逐渐发生改变，其主要表现为大量人口从落后地区迁入发达地区，从农村和小城镇迁入大城市和中心城市。大规模农村剩余劳动力的涌入在促进城市发展的同时，也一定程度上造成了区域发展的不协调。因此，合理引导农业转移人口的流动和迁移，促进区域协调发展是我国城镇化进程中的重要问题之一。近年来，我国政府部门对农业转移人口的迁移也越来越重视。2014年印发的《国家新型城镇化规划（2014—2020年）》中明确指出，要有序推进农业转移人口市民化，要引导人口有序流动，并推动人口经济布局更加合理、区域发展更加协调。2016年12月发布的《国家人口发展规划（2016—2030年）》把人口流动合理有序，人口分布与区域发展的协调度达到更高水平作为主要目标之一，明确提出要持续推进人口城镇化，到2020年要实现1亿左右农业转移人口和其他常住人口在城镇落户。

农业转移人口迁移行为的产生是多方面因素综合作用的结果，其中迁入地的"拉力"作用是影响农业转移人口进行迁入地选择的主要因素，而区域发展水平则可以在较大程度上衡量"拉力"作用的大小，通常区域发展水平越高，地区的"拉力"作用越明显，就越容易吸引农业转移人口流入。目前，我国各地区的发展水平存在较大差异，大城市尤其是东部地区的区域发展水平普遍较高，在对农业转移人口的拉力作用方面有一定的优势。国内学者的研究也表明，我国的发达城市地区和区域中心城市有极强的外来人口集聚能力，已发展成为农业转移人口的主要聚集地①②。然而，农业转移人口的过分集聚也使城市的承载能力受到考验，给城市的健康发展带来了一定的负担。《中国流动人口发展报告 2016》中指出，流动人口居留的稳定性持续加强，未来打算在现住地居住的人口的比例超过一半③。人口迁移意愿的增强加上东部发达地区有限的承载能力使就近迁移成为农业转移人口市民化的重要途径之一。2014 年 3 月，李克强总理在政府工作报告中提出，今后一个时期，着重解决好"三个 1 亿人"问题，促进约 1 亿农业转移人口落户城镇，改造约 1 亿人居住的城镇棚户区和城中村，引导约 1 亿人在中西部地区就近城镇化。可以看出，就近城镇化已成为我国新型城镇化实现的新路径。在国家优化城镇规模结构、有序推进农业转移人口市民化的政策背景下，如何引导该群体合理流动，促进其实现就近迁移和就近市民化已成为我国城镇化进程中不可忽视的问题。本研究从区域差异视角出发，将中西部农业转移人口作为具体研究对象，探究影响其就近市民化的因素，提出引导中西部农业转移人口就近市民化的对策建议，一方面对现有研究进行了补充，形成对农业转移人口就近市民化全过程的审视，同时又立足于我国经济社会发展的现实问题，为促进我国人口合理有序流动和优化空间布局提供借鉴。

一、　就近城镇化的内涵与就近市民化的实现路径

在我国的城镇化过程中，主要出现了异地城镇化、就近城镇化和就地城镇化三种模式，其内涵也有所不同。就近城镇化与异地城镇化的不同主要在于迁移的距离，其中，就近迁移是实现就近城镇化的重要途径。学者研究发现在我国东南沿海部分城镇化水平较高的地区，农民并没有大规模向异地迁

---

①　于涛方：《中国城市人口流动增长的空间类型及影响因素》，《中国人口科学》2012 年第 4 期，第 47—58 页。

②　刘妮娜、刘诚：《合理、有序推进中国人口城镇化的路径分析》，《经济学家》2014 年第 2 期，第 21—27 页。

③　国家卫生和计划生育委员会流动人口司：《中国流动人口发展报告 2016》，中国人口出版社 2016 年版，第 8 页。

移而是实现了就近和就地城镇化①。关于就近城镇化和就地城镇化，两者都是指近距离的迁移，但在地域范围上存在一定差异。就地城镇化更侧重于农民在农村、小城镇或城乡接合部的就地就业和市民化，更突出农村的就地改造②，而就近城镇化的地域范围则更广，主要界定为以省内城市和县级城镇为核心③④。

还有部分学者讨论了就近城镇化的特点。马庆斌指出，就近城镇化具体表现为三点：一是人口的聚集程度比较高；二是在生产方式上实现三次产业联动，并以第二和第三产业为主；三是居民所享有的基本公共服务已达到或接近城镇水平⑤。胡小武认为，就近城镇化的核心是要解决三个主要问题：城镇化与农村工业化同步发展、城镇化与公共服务均衡化以及城镇化提升后的城市生活方式问题，就近城镇化在本质上是实施"替代型"城市化生产与就业方式、公共服务方式、文化与生活方式优化战略⑥。

对农业转移人口就近迁移的促进机制进行研究具有时效性和紧迫性，因而需要构建包括经济、政治、社会以及文化四个方面的完善的促进机制⑦。廖永伦借鉴了国内外实践经验指出，农业转移人口就近迁移的实现需要一系列政策措施的配合，以确保就近城镇化目标的达成，为此需要做到五个"注

---

① 朱宇：《超越城乡二分法：对中国城乡人口划分的若干思考》，《中国人口科学》2002年第4期，第34—39页。

② 胡宝荣、李强：《城乡结合部与就地城镇化：推进模式与治理机制——基于北京高碑店村的分析》，《人文杂志》2014年第10期，第105—114页。

③ 李强、陈振华、张莹：《就近城镇化与就地城镇化》，《广东社会科学》2015年第1期，第186—199页。

④ 熊雯：《中西部地区就近城镇化的理论内涵、现实意义及路径选择》，《学习与实践》2016年第6期，第11—18页。

⑤ 马庆斌：《就地城镇化值得研究与推广》，《宏观经济管理》2011年第11期，第25—26页。

⑥ 胡小武：《人口就近城镇化：人口迁移新方向》，《西北人口》2011年第1期，第1—5页。

⑦ 王钰涵：《农业转移人口就近市民化的促进机制研究》，《法制与社会》2015年第26期，第169—170页。

重"，即注重规划引领，提升建设水平；注重产业支撑，更加关注民生；注重功能完善，加快城乡统筹；注重文化特色，做好结合文章；注重制度创新，保障城镇发展①。左雯通过分析指出，我国中部地区选择农业转移人口就近迁移的道路具有一定的必然性，但也面临一些难题，可以从产业支撑、城市功能提升、产城融合、改革创新等方面增强对农业转移人口的吸引力、破除制约就近迁移的体制机制障碍，以促进农业转移人口实现就近就业和就近迁移②。

还有部分学者基于实证分析的结果提出了促进农业转移人口就近市民化的实现路径。蔡洁和夏显力利用陕西省的调查数据研究发现，农业转移人口就近市民化的个体响应主要受职业、文化程度、生活满意程度、迁移受益程度和土地等因素的影响，因而要提高农业转移人口对就近迁移政策的认知度，加大技能培训以增强个体就近进入城镇谋事创业的本领，建立以家庭迁移为核心的有效环境，深化农村土地制度与金融制度的联动改革③。曾鹏和向丽对中西部地区 15 个省份进行研究，结果表明农业转移人口就近市民化的意愿较为强烈，其中城市融入对其就近市民化意愿影响显著，据此提出要构建新型职业培训模式、提升农业转移人口自身的就业能力，要落实户籍制度改革、积极推进公共服务均等化，要完善社会参与机制、强化农业转移人口这一群体的城市归属感等政策建议④。孙三百基于 2010 年我国家庭调查数据分析指出，当前促进农业转移人口的就近市民化相对而言尚缺乏收入增长的基础，同时未获取户籍的迁移者面临低收入和缺失与户籍相关的福利的

---

① 廖永伦：《就近就地城镇化：新型城镇化的现实路径选择》，《贵州社会科学》2015 年第 11 期，第 123—127 页。

② 左雯：《就近城镇化：中部地区城镇化的战略选择》，《湖北经济学院学报》2015 年第 6 期，第 19—24 页。

③ 蔡洁、夏显力：《农业转移人口就近城镇化：个体响应与政策意蕴——基于陕西省 2055 个调查样本的实证分析》，《农业技术经济》2016 年第 10 期，第 29—37 页。

④ 曾鹏、向丽：《中西部地区人口就近城镇化意愿的代际差异研究——城市融入视角》，《农业经济问题》2016 年第 2 期，第 91—99 页。

"双重困境"，因此在农业转移人口就近迁移的实现过程中要进一步采取措施缩小区域差距，并且仍需加快户籍改革以消除就近市民化的制度障碍①。

二、 区域差异下就近市民化影响因素的选取

从区域差异视角出发，以中西部农业转移人口作为研究对象，利用2014年的年鉴统计数据和流动人口监测数据，从经济发展水平、基本公共服务水平以及城市人口饱和度三个方面对我国中西部各城市的区域发展水平进行测量，在对区域发展水平现状和差异进行分析的基础上，通过建立回归模型，具体探究区域差异视角下中西部农业转移人口就近流动和长期居留意愿两个层面的就近市民化的影响因素，以期为我国农业转移人口市民化相关政策的制定提供一定的参考。

（一） 研究对象和数据来源

以中西部农业转移人口作为研究对象。我国中西部地区共包括山西、河南、安徽、湖北、江西、湖南、陕西、四川、云南、贵州、广西、甘肃、青海、宁夏、西藏、新疆、内蒙古和重庆18个省、自治区和直辖市。本研究对于这18个省份156个地级市（中部77个、西部79个）区域发展水平的测度所采用的数据来源于《中国城市统计年鉴（2015）》和《中国民政统计年鉴（2015）》。

对于农业转移人口就近迁移及其个体特征因素的分析数据均来源于国家卫生健康委员会流动人口司2014年进行的全国流动人口动态监测数据。本研究中选取18个中西部省份的156个地级市（市辖区）中具有农业户籍的流入人口作为研究对象，得到有效样本58263个。

---

① 孙三百：《城市移民的收入增长效应有多大——兼论新型城镇化与户籍制度改革》，《财贸经济》2015年第9期，第135—147页。

（二）变量选取与赋值

结合现有研究成果和相关理论，从经济发展水平、基本公共服务水平和城市人口饱和度三个方面选取测度指标作为影响农业转移人口就近市民化的区域因素。

从经济发展水平方面来看，选取经济基础、收入水平、产业结构作为一级测度指标，并选取人均 GDP、职工平均工资、第二产业占 GDP 比重和第三产业占 GDP 比重作为二级测度指标，用以表征中西部地区的经济发展水平。从基本公共服务水平方面看，选取公共教育、社会保障、医疗卫生和公共文化四方面作为一级指标，在此基础上进一步选取了 11 个二级指标构成基本公共服务水平的测度指标。在城市人口饱和度方面，选取城市化率和人口密度作为一级指标，同时用城镇常住人口占总人口比重以及每平方千米常住人口数两个二级指标来表征城市化率和人口密度。城镇常住人口占总人口的比例可以用来衡量城市人口的相对数量，而每平方千米常住人口数可以表示人口的密集程度。在此基础上，按照熵值法的步骤分别计算出经济发展水平、基本公共服务水平和城市人口饱和度各项测度指标的权重如表 4-15 所示。

表 4-15　区域发展水平的测度指标

测度领域	一级指标	二级指标	权重
经济发展水平	经济基础	人均 GDP（元/人）	0.474077
	收入水平	职工平均工资（元/人）	0.123576
	产业结构	第二产业占 GDP 的比重（%）	0.134086
		第三产业占 GDP 的比重（%）	0.268261

续表

测度领域	一级指标	二级指标	权重
基本公共服务水平	公共教育	每万人小学和普通中学学校数（个/万人）	0.041113
		每万人小学和普通中学受教育人数（人/万人）	0.018313
		小学和普通中学生师比（人/人）	0.023863
	社会保障	城镇基本养老保险参保率（%）	0.098461
		城镇基本医疗保险参保率（%）	0.074535
		城镇失业保险参保率（%）	0.129473
	医疗卫生	每万人医院和卫生院数（个/万人）	0.167882
		每万人医生数（人/万人）	0.066818
		每万人床位数（张/万人）	0.055691
	公共文化	每万人文化行业社会团体数（个/万人）	0.154360
		每万人公共图书馆藏书量（册/万人）	0.169491
城市人口饱和度	城市化率	城镇常住人口占总人口比重（%）	0.063498
	人口密度	每平方千米常住人口数（人/平方千米）	0.936502

除区域因素外，对农业转移人口就近市民化的影响因素进行研究还需要考察其自身的内生性因素。因而，在对区域因素进行选取的同时，还引入农业转移人口的个体特征作为自变量，采用性别、年龄、受教育程度、婚姻状况、就业身份以及月收入作为个体特征方面的测量指标，这些指标的选取旨在从人力资本和经济特征两个方面衡量其对农业转移人口就近市民化的影响。

为了便于研究，将农业转移人口的就近市民化划分为就近流动和长期居留两个方面，既从行为层面研究农业转移人口就近迁移的实际发生行为，又从意愿层面研究已经就近流动的农业转移人口在流入地长期居留的可能性。因此，因变量包括"是否实现了就近流动"和"已经就近流动的农业转移人口是否打算长期居留"两个变量。影响因素包括个人层面和区域层面两个水平。水平1的自变量为农业转移人口自身的个体特征，包括性别、年龄、受教育程度、婚姻状况、就业身份和月收入，水平 2 的自变量为各城市经济发展水平、基本公共服务水平和城市人口饱和度的各项二级指标，反映各城市的区域差异。变量赋值如表 4-16 所示。

表 4-16 变量赋值

变量名称		变量赋值
因变量	就近流动	是=1，否=0（参照组）
因变量	长期居留意愿	愿意=1，没想好=2，不愿意=3
水平 1 自变量	性别	男=1，女=0
	年龄	2014 年受访农业转移人口的年龄（周岁）
	受教育程度	小学及以下=1，初中=2，高中=3，大专及以上=4
	婚姻状况	已婚=1，未婚（包括离婚和丧偶）=0
	就业身份	雇员=1，雇主=2，自营劳动者=3，其他=4
	月收入	受访农业转移人口的月收入
水平 2 自变量	经济发展水平	各项二级指标的标准化值
	基本公共服务水平	
	城市人口饱和度	

注：分析时，自变量取值 0 为参照组，受教育程度和就业身份分别作虚拟变量处理。

（三）实证分析框架

本调查将农业转移人口的就近迁移划分为就近流动和长期居留意愿两个层面，因而研究中包括"农业转移人口是否实现了就近流动"和"已经就近流动的农业转移人口是否打算长期居留"两个因变量。基于前文的分析，从经济发展水平、基本公共服务水平和城市人口饱和度三个方面研究影响农业转移人口就近迁移的区域因素，同时引入个体特征变量作为个体层面影响因素的考察。通过跨层次分析考察不同层次的因素对农业转移人口就近市民化的影响。实证研究框架如图 4-8 所示。

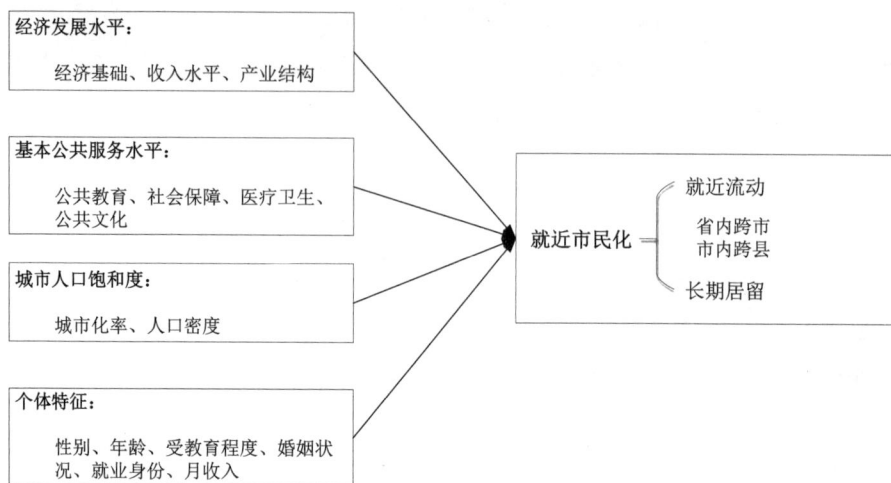

图 4-8　实证分析框架

三、　结果分析与讨论

（一）区域发展水平现状的整体分析

由表 4-17 可知，中部地区和西部地区经济发展的水平大致相同，表明近些年来国家对西部地区的经济开发和扶持政策已取得一定成效，使西部地区的经济发展水平得以提高。具体来说，中部地区在经济基础方面发展较好，在收入水平和产业结构方面则落后于西部地区。同时，中部地区的基本公共服务整体水平高于西部地区，西部地区与中部地区在医疗卫生服务和公共文化服务方面差距较小，但在公共教育服务和社会保障服务方面差距较大，因此，西部地区在经济发展取得成效的同时，也应注重区域发展质量尤其是基本公共服务供给水平的提升。另外，中部地区人口饱和度的平均水平高于西部地区，换句话说，中部地区城市化率低于西部地区，但是人口密度明显高于西部地区。

表 4-17　中西部地区区域发展平均水平

	中部	西部
经济发展水平	0.366037	0.365852
经济基础	0.139420	0.133032
收入水平	0.033056	0.038184
产业结构	0.193561	0.194637
基本公共服务水平	0.242906	0.224902
公共教育	0.032770	0.025374
社会保障	0.125228	0.118619
医疗卫生	0.053277	0.049999
公共文化	0.031631	0.030910
城市人口饱和度	0.147955	0.084622
城市化率	0.012372	0.019690
人口密度	0.135583	0.064932

（二）农业转移人口就近迁移的现状分析

本调查将就近流动的地域范围界定为省内跨市和市内跨县，基于此，中西部农业转移人口流动范围的统计结果如表 4-18 所示。总体上大多数农业转移人口实现了就近流动，占 72.4%，仅有 27.6% 的农业转移人口的流动范围是跨省流动。针对就近流动而言，省内跨市和市内跨县流动的农业转移人口数量相差不大，分别占比 38.2% 和 34.2%。

表 4-18　中西部农业转移人口流动范围频率分布表

流动范围	频数	百分比（%）
跨省流动	16072	27.6
省内跨市	22277	38.2
市内跨县	19914	34.2
合计	58263	100.0

中西部各省份农业转移人口就近流动的统计结果如图4-9所示。从省际层面来看，各省份大部分农业转移人口都实现了就近流动，所有省份就近流动占比均在70%以上。其中，就近流动比重最大的两个省份是云南和青海，其比例达到78.3%和76.6%。就近流动占比最小的是河南和广西，其比重也达到了70.3%和70.2%。在就近流动比重处于前10位的省份中，只有湖南一个属于中部地区，其余九个都位于西部地区，这一定程度上反映出总体上西部地区就近流动的比例整体上大于中部地区。

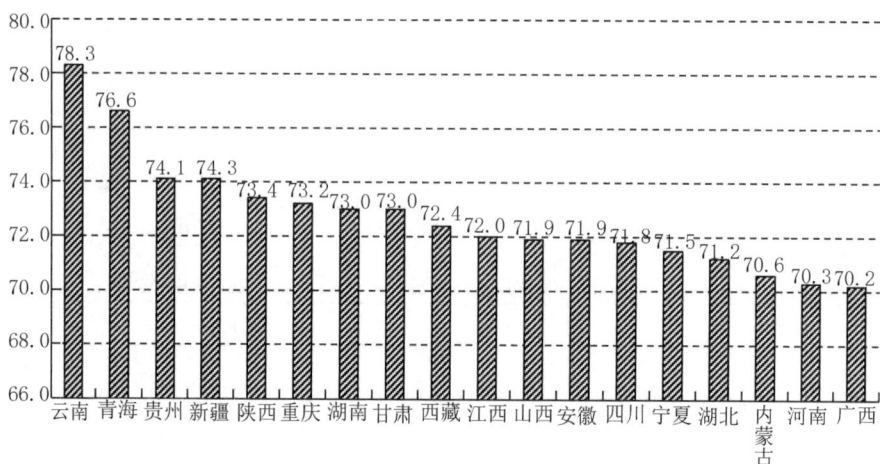

图4-9　中西部各省份农业转移人口就近流动比例（%）

（三）农业转移人口长期居留意愿的现状分析

在58263个有效样本中，实现就近流动的有42191个。针对已经实现就近流动的农业转移人口，对其是否愿意在流入地长期居留进行分析，统计结果如表4-19所示。可以看出，超过一半的农业转移人口愿意在流入地长期居留，占57.2%，有近三分之一的农业转移人口选择"没想好"，不愿意长期居留的农业转移人口占12.6%。因而，总体上中西部地区已经实现就近流动的农业转移人口在流入地长期居留的意愿比较强烈。

表 4-19　中西部农业转移人口长期居留意愿频率分布表

长期居留	频数	百分比（％）
愿意	24123	57.2
没想好	12762	30.2
不愿意	5306	12.6
合计	42191	100.0

（四）中西部农业转移人口就近流动的影响因素分析

中西部农业转移人口就近流动影响因素的回归结果如表 4-20 所示。在区域特征方面，城市的经济发展水平和基本公共服务水平会影响农业转移人口的就近流动。具体而言，从经济发展水平来看，城市职工平均工资、第二产业和第三产业占 GDP 的比重均会对农业转移人口的就近流动产生显著影响，职工平均工资高、第二产业和第三产业占 GDP 比重大的城市容易吸引其所在省内部的农业转移人口流入。近些年来，国家对中西部地区的扶持力度不断加大，尤其是中部崛起和西部开发等战略的实施使中西部地区经济发展水平和职工平均工资有了较大提高，产业结构也得到了一定程度的优化，这为农业转移人口实现就近流动提供了条件，大大提高了农业转移人口在就近流动情况下获得就业机会和更高收入的可能性。因而，出于经济收益和迁移成本两方面的考虑，城市的职工平均工资、第二产业和第三产业占 GDP 比重对农业转移人口的就近流动有正向影响。

从基本公共服务水平来看，每万人医生数、每万人床位数和每万人公共图书馆藏书量通过了模型的显著性检验，三者均会对中西部农业转移人口就近流动产生正向影响。这表明，城市医疗卫生服务水平越高，中西部农业转移人口就近流动的可能性越大，即医疗卫生水平高的城市容易吸引其所在省内部的农业转移人口流入。同时，每万人公共图书馆藏书量越多的城市对中西部农业转移人口就近流动的吸引力也越大，这主要是因为现阶段人们的基本物质生活已得到满足，更加注重对精神文化方面的诉求，因而，城市中良好的公共文化服务的供给也成为吸引中西部农业转移人口就近流动的重要因素。

在个体特征方面，农业转移人口的受教育程度、婚姻状况、就业身份和月收入会影响其就近流动。从受教育程度来看，初中、高中和大专及以上的农业转移人口更倾向于选择就近流动，反映出受教育程度高的农业转移人口更愿意就近流动。这可能是由于在近距离范围内受教育程度较高的农村劳动力相对缺乏，使得他们就近就业的个人竞争力较强，比较容易找到满意的工作，从而不会选择远距离的跨省流动①。从婚姻状况来看，已婚的农业转移人口更倾向于就近流动。已婚的农业转移人口通常会有照顾家庭的压力，近距离的流动可以为其照顾家庭提供更多便利。从就业身份来看，雇主和自营劳动者更多的实现了跨省流动，而雇员和其他身份的农业转移人口更倾向于选择就近流动。从月收入来看，农业转移人口的月收入越高，就近流动的可能性越小，越愿意选择跨省流动，表明月收入较低的农业转移人口更倾向于选择就近流动。这都反映出农业转移人口自身的经济状况会对其就近流动产生显著影响。

从各因素的影响强度来看，对中西部农业转移人口就近流动影响强度最大的是城市的产业结构，其次为农业转移人口自身的就业身份以及城市的医疗卫生服务。其中，产业结构和医疗卫生服务直接影响着农业转移人口在城市中的就业机会和医疗保障水平，就业身份则决定着农业转移人口的经济获取能力。因而，地区产业结构、医疗卫生服务水平以及个体的就业身份对中西部农业转移人口就近流动的影响更为显著。

---

① 胡枫、王其文：《农村劳动力跨省流动行为的影响因素分析》，《山西财经大学学报》2008年第1期，第20—26页。

表 4-20　就近流动影响因素的回归分析结果

变量	Coefficient	S. E.
经济发展水平		
人均 GDP	−0.185	0.128
职工平均工资	0.492 **	0.195
第二产业占 GDP 比重	0.870 **	0.370
第三产业占 GDP 比重	0.752 **	0.341
基本公共服务水平		
每万人小学和普通中学数	0.241	0.167
每万人小学和普通中学受教育人数	−0.240	0.215
小学和普通中学生师比	0.020	0.208
城镇基本养老保险参保率	0.068	0.095
城镇基本医疗保险参保率	−0.012	0.096
城镇失业保险参保率	−0.106	0.137
每万人医院和卫生院数	0.058	0.284
每万人医生数	0.575 ***	0.182
每万人床位数	0.520 ***	0.182
每万人文化行业社会团体数	0.189	0.193
每万人公共图书馆藏书量	0.362 ***	0.105
城市人口饱和度		
城镇常住人口占总人口比重	0.046	0.100
每平方千米常住人口数	−0.100	0.130
个体特征		
性别	−0.008	0.023
年龄	0.001	0.001
初中	0.232 ***	0.034
高中	0.305 ***	0.048
大专及以上	0.503 ***	0.060
婚姻状况	0.077 **	0.036
雇主	−0.604 ***	0.065
自营劳动者	−0.482 ***	0.049
其他	−0.006	0.086
月收入	−0.000 ***	0.000
随机效应	Standard Deviation	Variance Component
截距项	0.163	0.027

注：$*p < 0.1$，$**p < 0.05$，$***p < 0.01$。

（五）中西部农业转移人口居留意愿的影响因素分析

针对已经实现就近流动的 42191 名中西部农业转移人口，从城市层面和个体特征层面分析哪些因素会影响他们长期居留在流入地。回归结果如表4.21 所示。

从城市层面来看，基本公共服务水平和城市人口饱和度对已经实现就近流动的农业转移人口的长期居留意愿有显著影响。具体来讲，基本公共服务中的社会保障服务，尤其是医疗保险服务对中西部农业转移人口的长期居留意愿有积极影响。这可能是由于参加医疗保险可以使农业转移人口享有更多的医疗保障，减轻患病后的经济负担，从而一定程度上解除他们的后顾之忧。医疗卫生服务也在一定程度上对农业转移人口的长期居留意愿产生积极影响。这可能是由于农业转移人口的工作性质决定了他们对医疗卫生服务的需求较大，而城市相较于农村拥有更丰富和优质的医疗卫生资源。因此，医疗卫生水平高的城市对他们的拉力作用更显著，进而他们的长期居留意愿也更强烈。公共文化对农业转移人口的长期居留意愿具有正向影响。城市每万人文化行业社会团体数越多，农业转移人口长期定居的可能性也就越大。随着我国社会经济的发展和人们生活水平的提高，居民已不仅仅满足于物质条件的富足，对于精神文化方面的需求也越来越强，公共文化也逐渐成为吸引人口的重要因素之一。因而，农业转移人口更愿意在公共文化水平高的城市长期居留。城市人口饱和度中的城市化率会影响已经就近流动的农业转移人口的长期居留意愿，总体上城市化率对农业转移人口的长期居留意愿有正向作用。这可能是因为城市化率通常会促进城市经济发展、福利水平和居民收入等层面的提升，农业转移人口在这种拉力作用下更倾向于在流入地长期定居。

从个体特征层面来看，受教育程度、婚姻状况和就业身份会对农业转移人口的长期居留意愿产生显著影响。性别、年龄和月收入则不会对其有影响。具体而言，受教育程度为大专及以上的农业转移人口在流入地长期居留的可能性更大，他们更有可能实现就近迁移。婚姻状况对已经实现就近流动的农业转移人口的长期居留意愿有正向影响，已婚的农业转移人口更愿意选择在就近流入地长期居留。这可能是因为大多数已婚农业转移人口需要照顾家中的老人和子女，同时又无法承担举家迁移到城市的相对较高的各项开支，而就近迁移在提高家庭收入的同时也成为解决这一家庭难题的重要方式。而就业身份为雇主以及自营劳动者的农业转移人口在流入地长期居留的可能性更大，这主要是受到自身经济因素的影响，雇主和自营劳动者与雇员相比通常收入水平要高很多，他们具有相对较强的承担城市生活高成本的能力，因而在流入地长期居留的意愿也就更强烈。

从各因素的影响强度来看，城市的医疗卫生服务和公共文化服务以及农业转移人口的婚姻状况、就业身份对中西部农业转移人口长期居留意愿的影响强度更大。对于已经实现就近流动的农业转移人口而言，医疗保障水平和文化需求的满足影响着农业转移人口的福利水平和生活质量，而家庭因素和经济获取能力则直接关系着他们在城市中长期居留的基本生活和经济保障。因而，医疗卫生服务、公共文化服务以及农业转移人口婚姻状况和就业身份对其在流入地的长期居留意愿影响更为显著。

表 4-21　长期居留意愿影响因素的回归分析结果

变量	愿意		没想好	
	Coefficient	S. E	Coefficient	S. E
经济发展水平				
人均 GDP	0.241	0.136	−0.014	0.143
职工平均工资	−0.645	0.263	−0.371	0.275
第二产业占 GDP 比重	−0.223	0.473	−0.180	0.501
第三产业占 GDP 比重	−0.195	0.432	−0.117	0.458

续表

变量	愿意		没想好	
	Coefficient	S. E	Coefficient	S. E
基本公共服务水平				
每万人小学和普通中学数	−0.106	0.190	0.023	0.201
每万人小学和普通中学受教育人数	−0.150	0.257	0.257	0.272
小学和普通中学生师比	−0.198	0.206	−0.169	0.218
城镇基本养老保险参保率	−0.217	0.108	0.026	0.114
城镇基本医疗保险参保率	0.111	0.086	0.258**	0.090
城镇失业保险参保率	−0.482	0.149	−0.389	0.158
每万人医院和卫生院数	0.181	0.257	0.642**	0.260
每万人医生数	0.514*	0.191	−0.029	0.203
每万人床位数	0.318	0.183	0.417	0.193
每万人文化行业社会团体数	0.715*	0.260	0.230	0.276
每万人公共图书馆藏书量	0.076	0.149	0.136	0.156
城市人口饱和度				
城镇常住人口占总人口比重	0.609**	0.118	0.454**	0.124
每平方千米常住人口数	0.118	0.121	−0.109	0.128
个体特征				
性别	0.028	0.034	0.026	0.036
年龄	−0.000	0.002	0.001	0.002
初中	−0.115	0.055	0.013	0.059
高中	−0.007	0.061	−0.047	0.066
大专及以上	0.434***	0.077	−0.015	0.082
婚姻状况	0.937***	0.039	0.038	0.040
雇主	0.788***	0.073	0.161	0.081
自营劳动者	0.621***	0.039	0.217***	0.042
其他	0.232	0.138	0.188	0.144
月收入	0.000	0.000	−0.000	0.000
随机效应	Standard Deviation	Variance Component	Standard Deviation	Variance Component
截距项	0.394	0.155	0.311	0.097

注: $*p < 0.05$, $**p < 0.01$, $***p < 0.001$。

四、　研究结论

人力资本和经济地位是影响农业转移人口就近市民化的重要个体特征因素。丰富的人力资本提升了他们在城市中就业和发展的竞争力，使他们更倾向于就近流动且更愿意长期居留。整体上经济地位偏低的农业转移人口就近流动的可能性较大，而在已经就近流动的农业转移人口中经济地位相对较高的群体其长期居留的可能性更大。因此，提升人力资本以及由此带来的经济地位对于增强农业转移人口就近迁移的能力至关重要。

经济发展和公共服务是吸引农业转移人口实现就近流动的重要因素。经济发展水平，尤其是区域内平均收入水平和产业结构是影响农业转移人口就近流动的重要因素。而基本公共服务水平，尤其是医疗卫生和公共文化服务也对农业转移人口的就近流动有正向影响。因此，中西部需进一步加快经济发展步伐，提高基本公共服务供给的质量和水平，通过地区经济和公共服务的发展吸引更多的农业转移人口就近迁移。

城镇化水平是影响农业转移人口就近市民化的关键因素，集中体现在城市的基本公共服务供给和人口城镇化两个方面。一方面，公共服务的供给水平通常代表城市居民所能获得的社会福利水平和享受的生活质量，公共服务水平越高越有利于流动人口获得更高的生活质量、享有更多的社会福利。另一方面，人口城镇化水平一般通常意味着城市的发展程度也较高，拥有更多的就业机会，也会促进城市经济、居民收入和福利水平的提升，这也为流入城市的农业转移人口提供了长期居留的保障。对于中西部地区而言，基本公共服务水平整体不高，人口城镇化水平也有待提升，因此，要提升区域内基本公共服务的供给质量和水平，并积极推进基本公共服务均等化，以此吸引人口流入提高人口城镇化水平的同时，也会进一步促进中西部农业转移人口实现就近市民化。

第五章　农业转移人口的社会融合

第一节　代际差异下农业转移人口
身份认同的影响因素

一、相关研究回顾

身份认同是指个人与特定社会文化的认同，最初源于西方文化研究，其中最常被引用的是社会认同理论。该理论认为，自我的认同意识产生于群体之间的交往互动，即只有通过群体意识的参照才能产生对群体的评价和自我认同[①]。农业转移人口的身份认同可以理解为该群体如何回答"我是谁"的问题，是他们在与城市居民互动中产生的、对自身身份的认知及对自己感情、未来行动归属等的主观性态度[②]，关键在于明确自己到底是城市人还是农村人[③]，

---

　①　刘晓丽、郑晶：《新生代农民工身份认同及其影响因素研究》，《华南农业大学学报（社会科学版）》2013 年第 1 期，第 45—50 页。

　②　杨同卫、康兴娜、陈晓阳：《论新生代农民工身份认同的困境及应对措施》，《经济纵横》2011 年第 8 期，第 79—81 页。

　③　周芳芳：《新生代农民工的身份认同危机与社会工作介入的探讨》，《前沿》2014 年第 Z3 期，第 151—154 页。

这不仅是指该群体对自身社会地位的认识和判断，也反映了整个社会对该群体地位和价值的判断①。

身份认同是促使农业转移人口顺利市民化的重要心理基础，也是衡量其市民化水平和考察其与城市居民之间互动融合状况的关键指标之一。地域的转移和生活环境的改变给大多数农业转移人口带来的是社会文化、思维方式、生活习惯、行为习惯等的改变，他们固有的习惯和思维方式等很难被城市社会接纳，使得这一群体处于被双重边缘化的状态中，来自城市社会、生活、文化等方面的偏见与歧视，更强化了他们作为城市边缘人的心理感受，从而导致其自我身份认同的迷茫与困惑。

现有研究表明，当前农业转移人口的身份认同普遍较低，存在进退失据的现象。如周芳芳（2014）发现20%的农业转移人口依旧认为自己是农民身份，50%的人对自身身份没有清晰的界定②。李俊奎（2016）的研究表明16.6%的新生代农业转移人口认为自己是市民，而三分之一的新生代农业转移人口认为自己是边缘人③。徐延辉和邱啸（2019）的调查发现仅有32.7%的农业转移人口认为自己是城市一员④。

对农业转移人口市民身份认同的影响因素研究逐渐成为学者关注的课题，研究成果较为丰富。吴凌燕从宏观和微观两个方面选取了城市经济、个人特征、乡土记忆、城市体验及未来期望等层面的因素对农业转移人口市民身份认同的影响因素进行了分析，发现社会排斥、年龄、务农经历、房屋性质等17个变量的影响显著⑤。史学斌和熊洁从家庭视角出发，通过对重庆农

① 李东坡：《农民工身份认同问题研究》，《理论与改革》2013年第4期，第99—101页。

② 周芳芳：《新生代农民工的身份认同危机与社会工作介入的探讨》，《前沿》2014第Z3期，第151—154页。

③ 李俊奎：《新生代农民工身份认同现状调查与影响因素分析》，《西北农林科技大学学报（社会科学版）》2016年第16卷第1期，第1—6页。

④ 徐延辉、邱啸：《社会经济保障与农民工的身份认同》，《深圳大学学报（人文社会科学版）》2019年第36卷第2期，第102—111页。

⑤ 吴凌燕、秦波、张延吉：《城市中农业户籍人口的身份认同及其影响因素》，《城市问题》2016年第4期，第68—73页。

民工家庭实地调查资料的统计分析指出，性别、文化程度、迁出地、居留实践、周工作小时数、工作单位性质、月收入等个人因素和住房性质、家庭月收入、本地亲戚数量等家庭因素均是影响农民工身份认同的重要因素[1]。李荣彬和张丽艳基于我国 106 个城市的调查数据对我国流动人口身份认同的影响因素进行了分析，认为超过一半的流动人口实现了城市身份认同，而制度支持、个体特征、社会资本及城市体验这四个维度对流动人口身份认同起着不可替代的作用[2]。秦晓娟和孔祥利则通过运用 Logistic 回归分析法从个体特征、个人情感、个人市民化能力、制度性、经济性等五个方面选取了 12 个变量对农业转移人口是否认同自己是城市人进行了研究，结果表明其影响因素包括个人特征、市民化情感及能力、户口制度、就业情况、子女教育保障及收入预期等六个变量[3]。在研究过程中，学者们注意到农业转移人口的同质性结构已被打破，其内部已经出现明显分化。卢小君和孟娜认为农业转移人口的身份认同存在明显的代际差异，相当比例的新生代农民工存在着身份认同模糊、未来发展不明的边缘化倾向[4]。刘晓丽和郑晶基于对四川省 364 位新生代农民工的调查，使用最优尺度回归模型检验了新生代农民工身份认同的影响因素，认为新生代农民工对于自己的身份认同较为清晰，受教育程度、所处职位、是否了解惠农政策、是否融入城市生活和入户意愿五个因素最终影响了新生代农民工的身份认同[5]。还有学者基于社会变迁的视角，利用全国流动人口动态监测调查数据并结合访谈资料对流动人口身份认同作了

---

① 史学斌、熊洁：《家庭视角下外来农民工身份认同的影响因素研究——基于重庆的调查》，《农村经济》2015 年第 7 期，第 120—124 页。

② 李荣彬、张丽艳：《流动人口身份认同的现状及影响因素研究——基于我国 106 个城市的调查数据》，《人口与经济》2012 年第 4 期，第 78—86 页。

③ 秦晓娟、孔祥利：《农村转移劳动力市民身份认同及其影响因素——基于全国 2226 份调查问卷数据》，《湖南农业大学学报（社会科学版）》2014 第 4 期，第 61—67 页。

④ 卢小君、孟娜：《代际差异视角下的农民工社会融入研究——基于大连市的调查》，《西北农林科技大学学报（社会科学版）》2014 第 1 期，第 36—40 页，第 46 页。

⑤ 刘晓丽、郑晶：《新生代农民工身份认同及其影响因素研究》，《华南农业大学学报（社会科学版）》2013 年第 1 期，第 45—50 页。

实证研究，认为是否就业对流动人口身份认同的影响不大，相对收入和社会地位则是影响其身份认同的重要因素①。此外，李俊奎通过对南京市 1997 名新生代农民工的调查研究，认为其健康状况和他们的市民身份认同存在着非重合性，而工作经验的增加、居住环境的改善、心理压力的增大、社会排斥的减弱，使得他们更加认同自己的市民身份②。

现有研究成果中，从代际差异视角对农业转移人口市民身份认同的代际化特征及其影响因素差异进行系统而全面分析的研究少见。因此，本研究在厘清影响农业转移人口市民身份认同的关键因素的基础上，明确影响因素之间的关系，在保障农业转移人口切身利益的基础上引导城市社会增强对这一群体的包容度和接纳度，提供其城市归属感和认同感，使其真正实现市民化转变。

二、 身份认同影响因素的选取

本调查仍以 1189 名农业转移人口作为研究对象。研究通过"您内心深处觉得自己是否算是城市人"来衡量农业转移人口对自己市民身份认同的情况，以"内心深处是否认为自己算是城市人"作为因变量进行赋值，将回答分别赋值为"是"＝1，"否"＝0。在自变量的选择上，将诸多学者的已有研究成果与调查问卷的问题设置相结合，以对两代农业转移人口在个人特征、经济、社会以及心理层面的市民身份认同状况进行测量。为了筛选出对农业转移人口市民身份认同产生显著影响的因素，基于代际差异视角分别将以上四方面的因素作为解释变量，并分别对这些变量作卡方检验，以此判断哪些是进入回归模型的解释变量。经检验，以下解释变量通过卡方检验，分别是性别、婚姻状况（个人特征维度），签订劳动合同、月收入、参加社会保险（经济维度），参加社会活动、朋友数量、朋友构成（社会维度），居

---

①　李荣彬、袁城：《社会变迁视角下流动人口身份认同的实证研究——基于全国流动人口动态监测调查数据》，《人口与发展》2013 年第 6 期，第 26—35 页。

②　李俊奎：《新生代农民工身份认同与影响因素分析》，《西北农林科技大学学报（社会科学版）》2016 年第 1 期，第 1—6 页，第 162 页。

留意愿、落户意愿、交往意愿、未来构想（心理维度）。对通过卡方检验的各个解释变量的赋值结果如表5-1所示。

表5-1　变量赋值与统计描述

变量名称	变量含义	新生代农业转移人口		老一代农业转移人口	
		均值	标准差	均值	标准差
性别	男 = 1；女 = 0	0.63	0.48	0.63	0.48
婚姻状况	已婚 = 1；未婚 = 0	0.62	0.49	0.95	0.23
文化程度	小学及以下 = 5；初中 = 4；高中及中专 = 3；大专 = 2；大学本科及以上 = 1	3.27	1.07	3.73	0.90
是否签订劳动合同	是 = 1；否 = 0	0.60	0.49	0.56	0.50
月收入	1000元以下 = 5；1000—1999元 = 4；2000—2999元 = 3；3000—3999元 = 2；4000元以上 = 1	3.04	1.03	2.84	1.08
是否参加社会保险	是 = 1；否 = 0	0.48	0.50	0.56	0.50
是否参加社会活动	是 = 1；否 = 0	0.47	0.50	0.40	0.50
朋友数量	4个以下 = 4；5—9个 = 3；10—19个 = 2；20个以上 = 1	2.06	0.99	2.15	1.04
朋友构成	大部分是农村人 = 3；大部分是城市人 = 2；农村人和城市人各半 = 1	2.05	0.84	1.66	0.91
是否愿意长期居留城市	是 = 1；否 = 0	0.80	0.40	0.77	0.42
是否愿意在城市落户	是 = 1；否 = 0	0.76	0.43	0.72	0.45
是否愿意与城市人交往	是 = 1；否 = 0	0.76	0.43	0.24	0.42
未来生活设想	不清楚 = 3；留在城市 = 2；回老家 = 1	2.33	0.65	2.35	0.68
是否认为自己是城市人	是 = 1；否 = 0	0.50	0.50	0.52	0.50

从代际差异视角探究新老两代农业转移人口市民身份认同的影响因素及差异，因此研究中包括了"新一代农业转移人口是否认为自己是城市人"和"老一代农业转移人口是否认为自己是城市人"两方面内容。基于前文的分析，本调查从个人特征维度、经济维度、社会维度及心理维度展开研究，实证研究框架如图5-1所示。

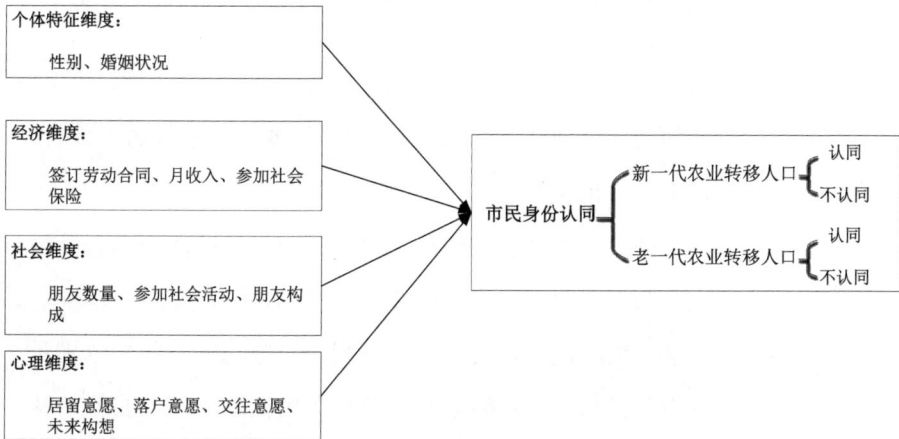

图 5-1　实证分析框架

三、　结果分析与讨论

（一）两代农业转移人口市民身份认同的描述性分析

研究发现，新生代农业转移人口中认为自己不是城市人的比例占28.2%，而老一代农业转移人口中不认同市民身份的比例高达69.3%，只有21.7%认为自己算是城市人。老一代农业转移人口的市民身份认同状况相较于新生代农业转移人口来说更加堪忧。新生代农业转移人口更加适应和熟悉城市的消费习惯、思想观念和生活方式，并且具有较强的城市生活倾向，能够较好地融入城市生活。而老一代农业转移人口进城时年龄较大，个体的社会角色和生活习惯已经定型，很难在城市生活中改变自身。2016年中央一号文件中提到推进以人为核心的城镇化，促进有能力在城市生活的农业转移人口落户定居城市，1 亿非城镇户籍人口有望圆"城市梦"，这不仅是简单的户籍和享受公共服务的权利，更需要考虑的是城市社会应以包容的胸怀和积极的态度来接纳他们，增强农业转移人口对市民身份的认同感。

（二）两代农业转移人口市民身份认同影响因素的 Logistic 回归结果分析

模型检验结果如表5-2所示，从 Nagel Kerke R^2 拟合优度检验可以看出，模型对数据的整体拟合效果较好。具体来说：

第一，个人特征因素对两代农业转移人口市民身份认同的影响。受教育水平在一定程度上对两代农业转移人口的市民身份认同均产生积极影响。具有大学本科及以上学历的两代农业转移人口认同市民身份的可能性分别是小学及以下学历的 3.107 倍和 4.184 倍。一方面，文化程度反映了农业转移人口的内在素质和潜在能力，文化程度越高，在城市谋求一份高收入工作的机会越大；另一方面，文化程度越高，说明农业转移人口越容易较好的适应城市生活的节奏并融入城市社会，进而也会更加认同市民身份。这也进一步反映在农业转移人口对市民身份认同的态度上，文化程度越高，越有利于摒弃其农民身份。

第二，经济因素对两代农业转移人口市民身份认同的影响。参加社会保险对新生代农业转移人口市民身份认同的影响要比对老一代农业转移人口的影响更为显著。参加社会保险的新生代农业转移人口认同市民身份的可能性比没有参加社会保险的高出 1.073 倍。可能的原因在于改革开放后出生的新生代农业转移人口观念较为开放，对社会保险的了解程度较深，参保意识远远强于第一代农业转移人口，同时相关机制的完善也不断推动着新生代农业转移人口参保，有利于他们进一步增强市民身份的认同感。而对于老一代农业转移人口来说，政策和制度的不完善导致其社会保险金多年欠缴，且随着年龄的增长，令其缴纳社会保险的可能性已不大，因此，老一代农业转移人口是否参加社会保险对其市民身份认同没有产生显著影响。

劳动合同的签订对新生代农业转移人口市民身份认同的影响远大于老一代农业转移人口。签订劳动合同的新生代农业转移人口更加认同市民身份，其概率是没有签订劳动合同的1.574倍。这可能是由于新生代农业转移人口的知识和技能更新速度远大于老一代农业转移人口，面对无情竞争的市场经济，他们深知劳动合同是获得稳定收入来源的重要保障。

月收入对两代农业转移人口市民身份认同产生着不同程度的影响。总体来说，新生代农业转移人口的收入越高，其对自我角色的认同更可能为"市民"。收入在4000元以上的两代农业转移人口的市民身份认同度分别是收入在1000元以下的两代农业转移人口的7.560倍和5.192倍。可见，月收入对两代农业转移人口市民身份认同均产生了显著正向影响，提高农业转移人口的收入水平能够有效地促进其市民身份认同的转变，进而加速其社会融合的实现。

第三，社会因素对两代农业转移人口市民身份认同的影响。参加社会活动对于两代农业转移人口市民身份的认同均产生正向影响。身份认同是一个相互的过程，需要农业转移人口和城市居民的共同努力。农业转移人口通过参加各种各样社会活动，包括社区组织的活动、单位组织的活动等，加强与城市居民的深入接触和交流，这将帮助他们慢慢改变原有的习惯，重新塑造适合城市生存和发展的规则和逻辑①，他们会结识更多的朋友，渐渐融入城市社会。朋友数量会对两代农业转移人口市民身份认同产生显著影响，但是对于新生代农业转移人口的影响更为强烈。拥有20个以上朋友的两代农业转移人口认同市民身份的可能性分别是朋友数量为4个以下的4.211倍和4.736倍。这说明朋友数量越多，农业转移人口构建新的社会关系网络相对

---

① 卢小君、孟娜：《代际差异视角下的农民工社会融入研究——基于大连市的调查》，《西北农林科技大学学报（社会科学版）》2014年第1期，第36—40页，第46页。

越容易，他们在城市中也会获得更多来自朋友的支持和帮助。这不仅有利于他们扎根城市，而且能够带给他们心灵的慰藉和温暖，从而增进对城市的心理认同感①。

第四，心理因素对两代农业转移人口市民身份认同的影响。积极的社会交往是促进农业转移人口市民身份认同的重要手段。研究发现，社会交往意愿对新生代农业转移人口市民身份认同会产生正向作用。愿意与市民交往的新生代农业转移人口认同市民身份的可能性是不愿意的 1.445 倍，这说明与市民融洽的互动交流有助于增强农业转移人口的市民身份认同。老一代农业转移人口的成长环境与城市市民有很大的差异，他们中的绝大部分思想传统且受教育程度较低，对新鲜事物的接受能力较差并且无法紧跟城市社会发展的脚步，而新生代农业转移人口普遍在年纪较小时便进入城市并且文化程度普遍较高，因此他们的思维方式和价值观念整体优于他们的父辈，与城市市民交流交往的渴望程度也较高，这有助于逐渐消除他们与本地市民之间的心理隔阂而认同市民身份。

表 5-2　两代农业转移人口市民身份认同影响因素的 Logistic 回归结果

变量名称		新生代农业转移人口市民身份认同影响因素的二元 Logistic 模型			老一代农业转移人口市民身份认同影响因素的二元 Logistic 模型		
		系数	Wald 值	Exp（B）	系数	Wald 值	Exp（B）
性别（女）		0.177	0.466	1.194	0.095	0.122	1.100
婚姻状况（未婚）		-0.133	0.264	0.875	-0.152	0.087	0.859
受教育程度（小学及以下）	初中	0.255	0.205	1.290	0.179	0.287	1.196
	高中及中专	0.321	0.432	1.378	0.154	0.154	1.167
	大学专科	0.048	0.006	1.050	0.139	0.041	1.149
	大学本科及以上	1.134*	5.330	3.107	1.431*	2.064	4.184

---

① 史学斌、熊洁：《家庭视角下外来农民工身份认同的影响因素研究——基于重庆的调查》，《农村经济》2015 第 7 期，第 120—124 页。

续表

变量名称		新生代农业转移人口市民身份认同影响因素的二元 Logistic 模型			老一代农业转移人口市民身份认同影响因素的二元 Logistic 模型		
		系数	Wald 值	Exp（B）	系数	Wald 值	Exp（B）
是否参加社会保险（否）		0.729**	7.238	2.073	−0.024	0.088	0.976
是否签订劳动合同（否）		0.454**	2.707	1.574	−0.337	1.459	0.714
月收入（1000元以下）	1000—1999元	0.283	0.314	1.327	−0.229	0.308	0.795
	2000—2999元	0.553	1.481	1.739	0.285	0.532	1.330
	3000—3999元	0.438	0.747	1.549	0.380**	0.794	1.463
	4000元以上	2.023***	8.399	7.560	1.647*	3.164	5.192
是否参加社会活动（否）		1.042***	17.170	2.834	1.129***	16.683	3.094
朋友数量（4个以下）	5—9个	0.117	0.045	1.124	0.143	0.107	1.154
	10—19个	0.311	0.331	1.365	0.435	0.890	1.545
	20个以上	1.438***	6.821	4.211	1.555**	11.552	4.736
朋友构成（大部分是农村人）	大部分是城市人	0.128	0.169	1.137	0.481	1.071	1.618
	城市人和农村人各半	0.265	0.716	1.303	0.273	0.906	1.314
是否愿意居留城市（否）		−0.098	0.087	0.907	0.270	0.554	1.310
是否愿意落户城市（否）		−0.094	0.091	0.910	0.144	0.183	1.154
是否愿意与城市人交往（否）		0.368**	1.245	1.445	0.424	1.811	1.528
未来生活设想（不清楚）	留在城市	0.348	0.689	1.417	0.117	0.082	1.124
	回老家	−0.536	1.593	0.585	−1.234	9.123	0.291
常量		−2.483**	7.141	0.084	−0.874**	0.966	0.417
χ^2		453.825			417.940		
Hosmer and Lemeshow		$\chi^2 = 9.334$			$\chi^2 = 6.744$		
Nagelkerke R^2		0.385			0.368		

注：$*p < 0.05$，$**p < 0.01$，$***p < 0.001$。

四、 研究结论

整体而言，两代农业转移人口的市民身份认同程度均较低，但是新一代农业转移人口的市民身份认同情况在一定程度上要明显强于老一代农业转移人口。其中，受教育程度、月收入、参加社会活动以及朋友数量对两代农业转移人口的市民身份认同均有显著的促进作用。签订劳动合同和交往意愿对新一代农业转移人口市民身份认同具有显著影响。就现阶段而言，农业转移人口对城市的归属感和认同感缺乏以及其对现代城市生活的向往程度与城市户籍对其生活的保障水平不匹配共同造成了农业转移人口市民身份认同的困境。尽力打破由于制度、文化等造成的禁锢，加强城市人与农业转移人口的群际接触，增强城市社会的包容力和融入度是当前政府在新型城镇化道路上亟待解决的问题。

第二节 组织参与对农业转移人口
身份认同的影响分析

一、 相关研究回顾

组织参与是农业转移人口由农村参与走向城市参与的重要途径，对于提升农业转移人口的身份认同感具有重要意义。组织化被认为是促进农业转移人口群体的利益整合和社会参与的重要途径[1]，在一定程度上可以有效地强化农业转移人口内在自我能力的保护与发展[2]。

---

[1] 白萌、杜海峰、惠亚婷：《代次视角下农民工组织参与对政治参与意愿的影响研究》，《统计与信息论坛》2013 年第 28 卷第 9 期，第 94—100 页。

[2] 宋玉军：《推动农民工组织化程度的政治经济学思考》，《技术经济》第 2006 年第 6 期，第 33—36 页。

社会资本被认为是影响农业转移人口身份认同的关键因素之一。例如研究发现社会距离的增加会降低农业转移人口的身份认同①，新生的社会网络可以增进农业转移人口对城市的认同②，以初级群体为基础的社会网络则会起到阻碍作用③。但是现有研究较多从"好朋友中是否有本地人""是否愿意与本地人做朋友"等微观视角来研究社会资本，忽视了中观层面的组织资本在扩大农业转移人口社会资本范围、降低社会距离等方面的作用。组织参与是农业转移人口由农村参与走向城市参与的重要途径。研究表明，在农业转移人口户籍转变过程中，社会组织具有信任功能、规范功能和工具功能④⑤。但是在现有的体制和政策环境下，我国多元化的组织体系将如何对农业转移人口产生积极作用？不同类型的组织参与是否均对农业转移人口身份认同产生影响？其影响程度有何差异？对这些问题的回答将有助于为有的放矢地提升农业转移人口身份认同感提供实践路径。

二、 研究变量的操作化

（一） 数据来源与样本特征

调查数据来源于 2017 年国家卫生健康委员会进行的全国流动人口卫生计生动态监测的调查数据。从中选取户口性质为"农业"的流动人口群体，经过筛选后获得 132555 个有效样本。性别方面，男性占比 51.99%，女性占比 48.01%；年龄为 30 岁及以下的占比 35.90%，31—50 岁的占比 53.90%，

①　徐延辉、邱啸：《居住空间、社会距离与农民工的身份认同》，《福建论坛·人文社会科学版》2017 年第 11 期，第 127—136 页。

②　蔡禾、曹志刚：《农民工的城市认同及其影响因素——来自珠三角的实证分析》，《中山大学学报（社会科学版）》2009 年第 49 卷第 1 期，第 148—158 页。

③　朱力：《论农民工阶层的城市适应》，《江海学刊》2002 第 6 期，第 82—88 页。

④　莫筱筱、明亮：《社会组织对新生代农民工城市化的影响研究》，《青年探索》2017 年第 2 期，第 65—71 页。

⑤　钟秋莲：《社会资本理论下新生代农民工市民化路径选择：基于社会组织发展视角》，《安徽农业科学》2011 年第 3 期，第 36—37 页。

51—70 岁的占比 9.74%，71 岁以上人数占比 0.46%；婚姻状况方面，有配偶（包括初婚、再婚、同居）的占比 82.33%，无配偶（包括未婚、离异、丧偶）的占比 17.67%；受教育程度为小学及以下占比 20.03%，初中占比 48.31%，高中占比为 20.57%，专科及以上占比 11.09%；流动范围方面，跨省流动人数占比 51.06%；省内流动占比 48.94%。

（二）变量选取

通过"我觉得我已经是本地人了"这一问题来衡量农业转移人口身份认同的情况，因此因变量为是否认同本地市民身份，并将其答案赋值为：1 代表"完全不同意"，4 代表"完全同意"。

关于自变量的选择，在控制农业转移人口的个体特征（性别、年龄、婚姻状况、教育程度、收入水平）、流动特征（流动时间和流动范围）的基础上，重点考察组织参与对身份认同的影响。从学界既有研究来看，较多从参与正式组织和参与自组织两个层次进行研究。正式组织一般是指参与正规企业、社会组织和相关政府部门的组织，如"工会"、"党/团组织"等；自组织指农业转移人口自发组织的组织，如"老乡会"、"同学会"等，是农业转移人口重要的非正式社会支持组织①。因此，本调查选择了党/团组织、工会、志愿者协会、同学会、老乡会、家乡商会和其他组织，询问被调查者在过去一年是否参加过这些组织。

（三）实证分析框架

本调查重点考察农业转移人口的组织参与对其市民身份认同的影响，根据前文的分析，选择将参加党/团组织、工会、志愿者协会、同学会、老乡会、家乡商会和其他组织作为考量组织参与特征的变量，同时将个体特征和

---

① 潘旦：《增权理论视角下农民工自组织的社交增权功能研究》，《浙江社会科学》2017 年第 7 期，第 84—90 页。

流动特征作为控制变量，因变量为是否认同本地市民身份。因此，本调查的实证分析框架如图 5-2 所示。

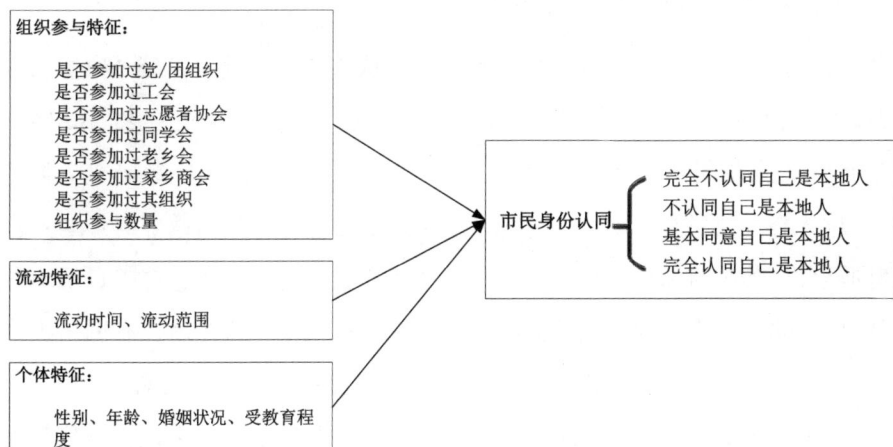

图 5-2　实证分析框架

三、　结果分析与讨论

（一）农业转移人口身份认同现状分析

调查显示，23.24%的农业转移人口完全同意"我已经是本地人了"，半数左右（51.12%）的农业转移人口选择了基本同意，尚有 25.64%的农业转移人口不同意或完全不同意自己的本地人身份。伴随着我国新型城镇化政策的持续推进，城市对农业转移人口的接纳与包容程度在不断提升，这一群体的身份认同困境也有所改观。较之以往研究的调查结果①②，本次流动人口动态监测数据显示农业转移人口的身份认同程度已经有较大提升。但是与同期调查的城—城流动人口相比（选择完全同意与基本同意的比例合计为

_____

① 李俊奎：《新生代农民工身份认同现状调查与影响因素分析》，《西北农林科技大学学报（社会科学版）》2016 年第 1 期，第 1—6 页。

② 徐延辉、邱啸：《社会经济保障与农民工的身份认同》，《深圳大学学报（人文社会科学版）》2019 年第 2 期，第 102—111 页。

83.73%)，仍有一定差距。

（二）农业转移人口组织参与现状分析

农业转移人口组织参与状况并不乐观。从参与数量而言，56.6%的农业转移人口没有参加任何社会组织，25.1%的人只参加了一类社会组织，12.0%的人参加了两类社会组织，仅有0.1%的农业转移人口参加了7类组织。从参与类型来看（如图5-3所示），农业转移人口参加最多的是老乡会和同学会，其参与度也只有二成左右。从社会交往角度而言，这类自组织所发展出来的均属于传统熟人社会网络。而进入流入地城市之后，有助于提升异质性社会网络的党/团组织、工会组织、志愿者协会的参与程度非常低。受制于被调查的农业转移人口的经济地位，层次较高的家乡商会的参与度最低。

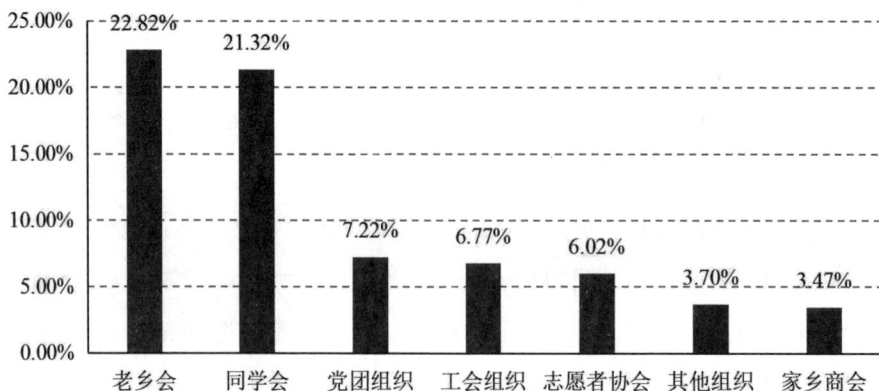

图5-3　农业转移人口组织参与现状

（三）组织参与对农业转移人口身份认同的影响分析

采用多项有序回归分析组织参与对农业转移人口身份认同的影响。表5-3给出了采用补充Log-Log连接函数的位置模型的参数估计结果。模型估计的 Nagel-kerke R^2 的值为 0.169，Cox and Snell R^2 的值为 0.142。

表 5-3 组织参与对农业转移人口身份认同的影响分析

		估计	Wald	显著性	95%置信区间	
					下限	上限
因变量						
完全不同意自己是本地人		-2.965	9867.869	0.000	-3.023	-2.906
不同意自己是本地人		-0.624	553.235	0.000	-0.676	-0.572
基本同意自己是本地人		1.770	4304.864	0.000	1.717	1.823
（完全同意自己是本地人）						
个体特征						
性别（女）		-0.064	35.685	0.000	-0.085	-0.043
年龄		0.017	830.290	0.000	0.016	0.019
婚姻状况（有配偶）		-0.068	21.289	0.000	-0.097	-0.039
受教育程度	小学及以下	-0.130	34.802	0.000	-0.173	-0.087
	初中	-0.129	48.691	0.000	-0.165	-0.093
	高中	-0.052	6.983	0.008	-0.091	-0.014
	（大专及以上）					
流动特征						
流动时间		0.044	2259.849	0.000	0.042	0.046
流动范围（省内）		-0.633	3431.800	0.000	-0.654	-0.612
组织参与特征						
是否参加过党团组织（否）		0.204	49.424	0.000	0.147	0.261
是否参加过工会（否）		0.058	6.689	0.010	0.014	0.102
是否参加过志愿者协会（否）		0.429	324.285	0.000	0.382	0.476
是否参加过同学会（否）		0.153	113.349	0.000	0.125	0.181
是否参加过老乡会（否）		-0.097	51.876	0.000	-0.124	-0.071
是否参加过家乡商会（否）		0.189	40.252	0.000	0.131	0.248
是否参加过其他组织（否）		0.109	28.365	0.000	0.069	0.149
组织参与数量		0.061	22.040	0.000	0.036	0.086

就控制变量而言，女性、已婚、文化程度较高的农业转移人口越可能认同自己是本地人。而年龄越大者，本地身份认同感越高，这与以往研究结论不太一致，可能由于年龄大者流入本地时间往往更长，因而会对所在城市产

生更多的依赖和归属感，也更容易形成本地身份认同。此外，省内流动的农业转移人口本地身份认同感要高于跨省流动者。由于流入地与老家距离较近，迁移成本相对较低，制度障碍也相对较少，因此更有可能获得更高的本地身份认同。

在社会组织参与方面，参与社会组织数量越多的农业转移人口越认同自己是本地人，这说明社会组织参与为农业转移人口提供了融入城市社会的有效通道。但是，不同类型的组织参与对身份认同的影响机制并不相同。首先，参加过党/团组织、工会、志愿者协会、同学会、家乡商会和其他组织会对农业转移人口的本地身份认同产生积极影响，而参加老乡会则对本地身份认同产生负向影响。党/团组织、工会、志愿者协会是农业转移人口进入城市之后获得有别于传统乡土关系的新生社会网络的重要途径。在这些组织中，农业转移人口可以交往到更多的城市人，其行为方式和思想观念也会更向城市生活靠拢，因此就越可能对本地身份产生认同。而同学会、家乡商会和老乡会虽然都是基于家乡关系建立的熟人社会组织，但是它们对农业转移人口身份认同的影响方向不同。同学会和家乡商会两类组织能够为农业转移人口提供更加充足的信息渠道和共享资源，不仅开阔了农业转移人口的眼界，还有利于其积累一定的人脉关系，更好地在城市发展。相比之下，老乡会强化了农业转移人口群体的初级社会网络，加强了农业转移人口情感上的乡土依赖，会降低其对本地身份的认同。其次，参加志愿者协会和党/团组织对农业转移人口本地身份认同的影响程度最强，参加工会的影响程度最弱。农业转移人口参加志愿者协会不仅可以扩大其跨群体的异质性交往，而且会重新审视自己与他人、与社会的关系，在发挥其主观能动性的同时，提升了自我价值感，也增强了本地身份认同。党/团组织的参与会使农业转移人口实现向党组织、团组织靠拢的愿望，满足其政治参与的需求，使其基本政治权利得以实现，这不仅有利于激发农业转移人口对城市公共事务的参与意愿，更有利于增强其本地身份认同感。工会组织对于本地身份认同的影响最弱，这可能由于工会组织的活动更多限定在企业内部，而且已有研究表明工会在维护农业转移人口权益方面的组织功能有所退化，日渐失去这一群体的认同与信任①②，因此工会在提升农业转移人口本地身份认同方面的实际功效非常有限。

四、 研究结论

研究表明，大部分农业转移人口在一定程度上能够认同自身的本地人身份，他们组织参与的现状不容乐观。在控制了个体特征和流动特征的基础上，农业转移人口的组织参与程度越高，他们对自身本地人的身份认同感越强。不同类型的组织参与对身份认同的影响方向和影响程度有所差异。跨群体的异质性社会组织和层次较高的同质性社会组织参与有助于加强本地身份认同，以老乡会为代表的熟人社会组织参与则加深了乡土身份认同；志愿者协会、党/团组织对本地身份认同的影响程度最强，工会的影响程度最弱。

基于以上发现，本研究提出建立多元化、立体式的组织体系，推动农业转移人口的社会融合进程。一是已有的正式组织和其他社会组织团体应该放宽农业转移人口的准入资格，让更多的人参与其中。二是通过政策激励引导农业转移人口参与志愿者组织，如广东省中山市通过"积分入户""积分入学"等制度，鼓励农业转移人口通过爱心奉献换取融入城市生活的资格③。三是建立健全农业转移人口就业单位或居住社区的党支部、共青团等组织，鼓励农业转移人口参加党/团组织，在基层民主决策中发挥农业转移人口党员、骨干的作用，使他们在拥有政治参与权利的同时，取得相应的社会地位，融入城市主流社会。四是通过降低登记门槛，加大扶助力度等方式培育家乡商会等自组织，发挥该类组织在为农业转移人口提供服务、反映诉求、

---

① 秦阿琳、徐永祥：《农民工权利意识的生产与再生产——一个社会组织化的视角》，《华东理工大学学报（社会科学版）》2014年第5期，第38—45页。

② 戴长征、余艳红：《流动人口工会政治参与的困境及对策》，《科学社会主义》2015年第4期，第82—87页。

③ 谭建光、李晓欣、赵首峰：《中国农民工志愿组织及其服务创新》，《中国青年研究》2016第2期，第42—46页。

规范行为等方面的积极作用。五是向农业转移人口大力宣传各类组织的作用，减少农业转移人口对组织参与存在的"不了解、淡漠、不信任"等心理，让他们充分认识到组织的力量，在心理和行动上都更加积极主动地依附组织。

第三节 "村改居"人口市民身份认同的影响因素

一、研究背景

随着新型城镇化的推进，大量村民就地转为居民，成为新市民，这部分新市民对于自身市民身份的认同程度，间接反映了政府提供的基本公共服务水平、产城融合水平。现有研究更多的关注影响异地农业转移人口市民身份的因素，并且在分析影响"村改居"人口市民化的相关因素时，将核心集中于对市民化认同产生相关作用的某些条件上，鲜少对这些因素的影响程度展开深入对比和剖析。因此，本研究立足于一种本地转移模式——"村改居"，从制度层面和非制度层面分别探究影响"村改居"人口市民身份认同的因素，并对相关因素的影响程度展开分析，为政府出台相关政策提供依据。

二、市民身份认同影响因素的选取

（一）数据来源与样本特征

调查组于 2016 年 11 月至 2017 年 5 月在大连市涉及"村改居"的甘井子区、旅顺口区、金州区、普兰店区等展开关于"村改居"人口对其市民身份认同程度的调查，共发放问卷 500 份，收回问卷 428 份，经过分析筛选，保留有效问卷 400 份，占全部问卷的比例为 80%。样本特征见表 5-4。

表 5-4　样本基本特征

类型	选项	频数	频率（%）
年龄	28 岁以下	53	13.3
	29—38 岁	117	29.3
	39—48 岁	130	32.5
	49—58 岁	69	17.3
	58 岁以上	31	7.8
性别	男	203	50.8
	女	197	49.3
文化程度	小学及以下	24	6.0
	初中	115	28.8
	高中及中专	114	28.5
	大学专科	81	20.3
	大学本科及以上	66	16.5
婚姻状况	未婚	67	16.8
	已婚	333	83.2
月均收入	1000 元以下	16	4.0
	1000—1999 元	85	21.3
	2000—2999 元	165	41.3
	3000—3999 元	106	26.5
	4000 元及以上	28	7.0

（二）变量选取与说明

通过"您是否认为自己是城市人"来衡量"村改居"人口对自己市民身份认同的情况，分别以"认为自己是城市人"和"不认为自己是城市人"作为因变量进行赋值，将回答分别赋值为"1=是，0=否"。在自变量的选择上，借鉴诸多学者的已有研究成果和调查问卷的问题设置，分别从个人属性、就业经济属性、社会属性和心理属性四个层面对影响"村改居"人口市民身份认同的因素进行探索。为了筛选出对"村改居"人口市民身份认同产生显著影响的因素，分别将以上四个方面的因素作为解释变量，并分别对这些变量作卡方检验，以此判断哪些是进入回归模型的解释变量。经检验，以下解释变量通过卡方检验，分别是个人属性（年龄、婚姻状况、获得城市户口时间、配偶是否为老城里人、文化程度）、就业经济属性（是否参加过劳动技能和职业培训、工作满意程度）、社会属性（周边生活服务条件、娱乐频率）以及心理属性（是否适应城市生活、城市生活压力、交往意愿、自己与原居民的差距）。本调查对通过卡方检验的各个解释变量的赋值结果如表5-5所示。

表5-5　变量设置及具体赋值

变量名称	变量赋值
年龄	连续变量
婚姻状况	已婚=1；未婚=0
获得城市户口时间	连续变量
配偶是否为老城里人	是=1；否=0
文化程度	大学本科及以上=5；大学专科=4；高中及中专=3；初中=2；小学及以下=1
是否参加过劳动技能和职业培训	政府组织=3；单位组织=2；自费=1；没参加过=0
工作满意程度	非常满意=5；比较满意=4；一般=3；比较不满意=2；非常不满意=1
周边生活服务条件	很好=5；比较好=4；一般=3；比较差=2；很差=1
娱乐频率	经常=3；偶尔=2；从不=1
是否适应城市生活	是=1；否=0
城市生活压力	很大=4；一般=3；较小=2；没有压力=1
交往意愿	很愿意=4；一般=3；不太愿意=2；非常反感=1
自己与原居民的差距	工作和生活环境差距=6；养老和医疗差距=5；工作差距=4；教育和培训差距=3；起亚=2；几乎没有差距=1
是否认为自己是城市人	是=1；否=0

（三）实证分析框架

本调查以"村改居"人口的市民身份认同作为因变量，将个人属性、就业经济属性、社会属性及心理属性作为自变量，对影响"村改居"人口市民身份认同的因素进行分析，并且对诸多因素的作用程度进行比较，以期明确不同因素对"村改居"人口市民身份认同的作用，进而为相关部门制定和调整政策提供借鉴。

调查的实证分析框架如图5-4所示。

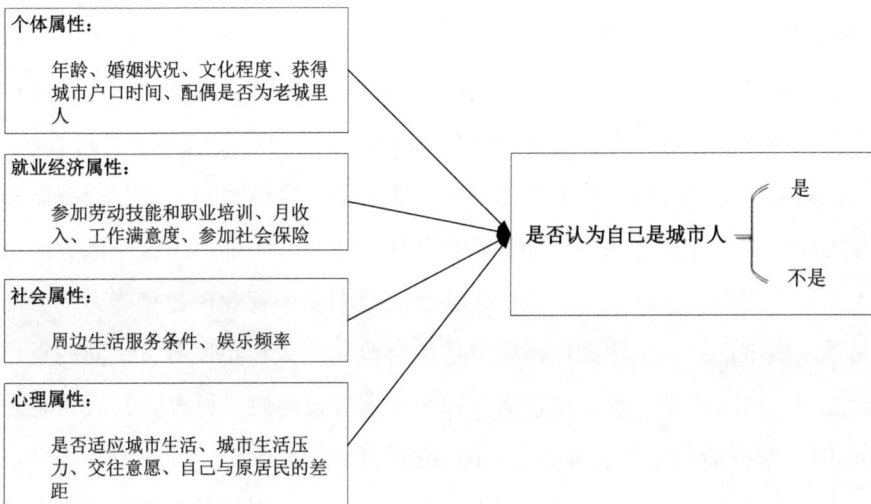

图 5-4　实证分析框架

三、结果分析与讨论

通过二元 Logistic 回归分析，总体卡方值的检验结果为 $\chi^2 = 112.773$（Sig. = 0.000），Nagel Kerke $R^2 = 0.400$，Hosmer and Lemeshow 的检验值为 Sig. = 0.030，回归拟合度整体较好。

由表 5-6 可知，婚姻、配偶是否为老城里人、是否参加过劳动技能和职业培训、工作满意程度、娱乐频率、对自己与原居民的差距六个变量对"村改居"人口市民身份认同产生显著影响。具体来说：

在个人属性方面，婚姻状况对"村改居"人口市民身份认同具有显著影响。其中，已婚"村改居"人口市民身份认同更加强烈，是未婚"村改居"人口市民身份认同的 8.348 倍。这可能是由于已婚人口年龄偏大、比较成熟，"村改居"后大多从早期的从事农业生产转向非农产业，更加深切地感受到"村改居"的变化，也更加认同其市民身份。因此，婚姻状况是影响"村改居"人口市民身份认同的重要因素之一。此外，配偶是否为老城里人也对"村改居"人口的市民身份认同具有积极影响，配偶为老城里人的"村改居"人口更容易认同市民身份。

在就业经济属性方面，参加劳动技能和职业培训对"村改居"人口的市民身份认同影响显著，参加过单位组织的劳动技能和职业培训的"村改居"人口认同市民身份的概率是未参加过的 1.518 倍，这说明参加过劳动技能和职业培训的"村改居"人口其市民身份认同度更高，可能由于这一部分人口的人力资本积累水平较高，更容易在城市社会中获得就业机会和能力，更加容易融入城市社会。工作满意程度也是"村改居"人口市民身份认同的重要因素之一，对工作持一般、比较满意和非常满意态度的"村改居"人口更加认同市民身份的可能性分别是持不满意态度的 6.994 倍、7.448 倍和 8.811 倍。对工作满意程度越高，其城市生存和发展的基本保障就越高，工作所带来的满足感将有助于增强"村改居"人口的认同感和归属感。

在社会属性方面，娱乐频率对"村改居"人口市民认同的影响较为显著。积极参加广泛的社会活动有助于"村改居"人口结交更多的朋友，降低外部的排斥感，减少城镇生活的陌生感，增强自信心，也提高其市民身份的认同程度；反之，很少参与到社区活动的"村改居"人员，其人际关系会受到较大影响，而且在融入城市生活时会遭遇更多排斥，对自身市民身份的认同程度偏低。

在心理属性方面，自己与原居民的差距显著影响"村改居"人口的市民身份认同。这种差距主要体现为居住和生活环境差距、教育和培训差距以及其他方面的心理感知差距。由于"村改居"人口被城市社会接纳相对困难，加上他们的生活环境和居住环境水平相对较低，心理落差也较大，另外这一群体获得教育培训的机会和资源相比于城市人阻碍更大，因此，这些差距会对"村改居"人口的市民身份认同产生消极的影响，进而会不利于消除他们与城市社会之间的隔阂。

表 5-6　"村改居"市民身份认同影响因素的 Logistic 回归结果

变量名称（参照组）			"村改居"人口市民身份认同影响因素的二元 Logistic 模型			
			系数	Wald 值	显著性	Exp（B）
个人属性	年龄		-0.015	0.869	0.351	0.985
	获得城市户口的时间		-0.023	2.083	0.149	0.977
	婚姻（未婚）		2.122	4.917	0.027*	8.348
	配偶是否为老城里人（否）		0.896	9.030	0.003**	2.450
	文化程度（小学及以下）	初中	0.723	1.277	0.259	2.061
		高中及中专	0.721	1.182	0.277	2.056
		大学专科	0.974	1.954	0.162	2.649
		大学本科及以上	0.764	1.080	0.299	2.147
就业经济属性	是否参加过劳动技能和职业培训（没有）	政府组织	0.180	0.171	0.680	1.197
		单位组织	0.417	9.224	0.002***	1.518
		自费	-0.145	0.071	0.790	0.865
	工作满意程度（非常不满意）	比较不满意	1.613	8.285	0.004***	5.018
		一般	1.945	15.648	0.000***	6.994
		比较满意	2.008	5.957	0.015**	7.448
		非常满意	2.176	3.363	0.244	8.811

续表

变量名称（参照组）			"村改居"人口市民身份认同影响因素的二元 Logistic 模型			
			系数	Wald 值	显著性	Exp（B）
社会属性	周边生活服务条件（很差）	很好	0.384	0.205	0.650	1.468
		比较好	0.918	1.280	0.258	2.504
		一般	0.436	0.286	0.593	1.547
		比较差	0.729	0.682	0.409	2.073
	娱乐频率（从不）	经常	1.248	9.789	0.002 **	3.483
		偶尔	0.888	3.377	0.036 *	2.430
	是否适应城市生活（否）		−0.158	0.090	0.764	0.854
	城市生活压力（没有什么压力）	很大	−0.790	1.483	0.223	0.454
		一般	−0.356	0.307	0.580	0.700
		较小	0.784	1.073	0.300	2.190
心理属性	交往意愿（非常反感）	很愿意	0.133	0.163	0.686	1.142
		一般	0.141	0.081	0.777	1.151
		不太愿意	1.061	0.042	0.889	2.889
	自己与原居民的差距（几乎没有差距）	居住和生活环境差距	0.911	6.016	0.014 *	2.487
		养老和医疗差距	0.764	3.287	0.070	2.147
		工作差距	1.207	3.222	0.073	3.343
		教育和培训差距	1.895	6.135	0.013 *	6.653
		其他	3.153	7.410	0.006 **	23.406
Nagelkerke R^2			0.400			
χ^2			112.773（sig = 0.000 ***）			
Hosmer and Lemeshow Test			χ^2 = 18.531（sig = 0.030 **）			

注：$*p < 0.05$，$**p < 0.01$，$***p < 0.001$。

四、 研究结论

研究表明，个体的婚姻状况、配偶是否为老城里人、是否参加过劳动技能和职业培训、工作满意度、娱乐频率、自己与原居民的差距等为"村改居"人口市民身份认同的主要影响因素。个体特征因素对"村改居"人口的市民身份认同起着重要作用，其中已婚、配偶是老城里人更有利于增强"村改居"人口的市民身份认同。就业经济因素的作用不容忽视，参加劳动技能和职业培训能够为"村改居"人口提供城市生存基本保障，是提高"村改居"人口身份认同程度的重要因素。此外，工作满意度越高，"村改居"人口的市民身份认同感越强。而参加城市娱乐活动的频率表明"村改居"人口参与社会活动的程度，对增强身份认同具有显著影响。缩小自己与原居民在教育、培训、居住和生活环境之间的差距也能够提升"村改居"人口的市民身份认同。因此，应当强化村民参与，并且完善监督机制，积极稳妥推进集体经济改制，不断促进产城融合，提供劳动技能和职业培训，全面提高"村改居"人口就业满意度。另外，加强"村改居"社区服务和建设水平，满足"村改居"人口的基本公共服务需求等，不断缩小"村改居"人口与城市居民的差距。

第四节　不同流动方式下农业转移人口城市生活适应性分析

一、 相关研究回顾

支持农业转移人口的家庭化迁移，是坚持"以人为本"的新型城镇化理念，促进我国城镇化由"半城市化"向"完全城市化"转移的最佳选择。一方面，家庭是社会的基本单元，以家庭为单位迁移与个体迁移相比，减少了人口向农村回流的可能性，降低了人口迁移的风险。另一方面，家庭化迁移有助于解决"三留守"等社会问题，同时，更加有助于农业转移人口的社会融入、社会关系的重塑以及城市认同感的提升。

家庭化迁移是在社会变迁过程中，将迁移作为整个家庭的决策与结果的一种家庭策略选择①，它相较于个体迁移将产生更强的社会影响。同时家庭化迁移能够从一定程度上说明家庭在城市生活中的延续，并且更有可能实现市民化。在这种趋势形成的过程中，学术界对农业转移人口家庭化流动的城市融入和城市适应性问题展开了较为深入的研究。根据目前的研究成果，学者们分别从理论上探讨家庭化流动的动因及其内在机理，从实践上量化分析农业转移人口家庭化流动的特征以及影响因素。例如，在理论上，吴帆主要基于新经济迁移理论，家庭是个人生活和劳动决策的基本单元，迁移决策是立足于家庭的收益最大化和风险的最小化，例如子女的教育等非经济因素已经成为影响农业转移人口家庭化迁移的重要推动变量②。熊景维等构建了一个能够解释农民工家庭化迁移行为产生的内在机理的理论框架，分别从需求层次理论、社会资本理论、社会排斥理论和非正式制度理论四个维度剖析农民工家庭化流动的社会理性③。嘎日达以北京市为例，认为农民工家庭城市融入收入水平、居住稳定性、制度性阻碍以及城市归属感四个方面存在困境，并提出通过消除制度阻碍、加强劳动培训以及加强社会融合等策略促进其城市融合④。在实践上，商春荣和王曾惠通过对广东、江苏两省农民工调查数据的分析，发现家庭化迁移的农民工个人资本更丰富，在城市的工作与

---

① 周皓：《中国人口迁移的家庭化趋势及影响因素分析》，《人口研究》2004 年第 6 期，第 60—69 页。

② 吴帆：《中国流动人口家庭的迁移序列及其政策涵义》，《南开学报：哲学社会科学版》2016 年第 4 期，第 103—110 页。

③ 熊景维、钟涨宝：《农民工家庭化迁移中的社会理性》，《中国农村观察》2016 年第 4 期，第 40—55 页，第 95—96 页。

④ 嘎日达：《中国农民工家庭城市融入的困境与对策》，《行政管理改革》2012 年第 1 期，第 68—70 页。

居留更稳定，工作经验更丰富，具有行为意义上的永久迁移倾向而不具有制度性永久迁移倾向①。王荣明利用 2012 年人口流动监测数据，采用多元线性回归模型和主成分分析法，研究得出农民工的个人特征变量、生活特征变量、就业特征变量、流动特征变量对以生活方式、心理融入、居留意愿为维度衡量的城市融入意愿与城市融入能力均有显著影响，同时农民工的家庭化流动对其适应城市生活有显著影响②。田艳平则是通过比较家庭化和非家庭化农民工城市融入的阻碍因素和推动因素，发现农民工的家庭化流动有利于促进城市融入，并且年龄、性别、流出地、教育程度、社会网络以及住房状况等因素对家庭化流动的农民工产生较为显著的影响③。尽管家庭化迁移的农业转移人口城市融入研究成果已经较多，然而家庭化流动人口的整体城市融入程度仍较低，并且个体化迁移的农业转移人口仍占有相当大的比重（本次调查结果显示分别占 60% 和 40% 左右）。故本研究选择从流动类型差异的视角出发，将家庭化迁移与传统个体迁移的农业转移人口在城市生活适应性方面的影响因素进行比较和剖析，试图从一定程度上弥补现有的从理论上探讨家庭化流动的动因及其内在机理的研究不足，从实践上量化分析农业转移人口家庭化流动的特征以及影响因素。明确农业转移人口城市生活适应性的影响因素，在充分提高城市各项基础条件的前提下，有针对性的促使城市社会增强对农业转移人口的包容度与接纳度，促进农业转移人口城市适应力的提升，对于进一步加快新型城镇化步伐，实现推动 1 亿非户籍人口在城市落户的目标具有重要的理论价值和现实意义。

①　商春荣、王曾惠：《农民工家庭式迁移的特征及其效应》，《南方农村》2014 年第 1 期，第 55—60 页。

②　王荣明：《农民工流动家庭化对其城市融入的影响》，《调研世界》2016 年第 6 期，第 37—40 页。

③　田艳平：《家庭化与非家庭化农民工的城市融入比较研究》，《农业经济问题》2014 年第 12 期，第 53—62 页，第 111 页。

二、 城市生活适应性影响因素的选取

（一）数据来源与样本特征

基于流动类型差异视角，将全国范围内的 1189 名农业转移人口作为研究对象，在对其城市生活适应程度进行整体描述性分析的基础上，通过建立二元 Logistic 回归模型，具体从个人特征、工作强度、劳动与保障、社会交往以及身份认同五个方面对城镇进入阶段中的农业转移人口城市生活适应性的影响因素进行深入剖析。

在总体有效样本中，家庭化流动的农业转移人口为 677 人，占比56.9%；个体化流动的农业转移人口为 512 人，占 43.1%。样本基本特征如表 5-7 所示。

表 5-7　家庭化与个体化流动的农业转移人口基本特征

变量		家庭化流动（677人）		个体化流动（512人）	
		样本数（人）	比例（%）	样本数（人）	比例（%）
年龄	16—26 岁	97	14.3	134	26.2
	27—36 岁	269	39.7	176	34.3
	37—46 岁	222	32.8	129	25.2
	47—76 岁	89	13.1	73	12.3
性别	男	412	60.9	334	65.2
	女	265	39.1	178	34.8
户口性质	城市	108	16.0	85	16.6
	农村	569	84.0	427	83.4

续表

变量		家庭化流动（677人）		个体化流动（512人）	
		样本数（人）	比例（%）	样本数（人）	比例（%）
受教育程度	小学及以下	44	6.5	37	7.2
	初中	308	45.5	203	39.6
	高中及中专	238	35.2	165	32.2
	大学专科及以上	87	12.	107	20.9
行业结构	建筑业	151	22.3	133	26.0
	制造业	185	27.3	105	20.5
	服务业	210	31.0	146	28.5
	其他	131	19.4	128	25.0

（二）变量选取

通过建立二元 logistic 回归模型，以"您现在适应城市生活了吗？"来衡量家庭化与非家庭化流动的农业转移人口城市适应状况，以"是否适应城市生活"作为因变量进行赋值，将回答分别赋值为"1＝适应，0＝不适应"，以对两种流动类型的农业转移人口在个人特征、劳动强度、经济水平、社会交往以及心理活动等层面的城市适应状况作为自变量。

在具体的自变量的选择上，将已有研究成果与调查问卷的问题设置相结合，为了筛选出基于家庭化流动视角下对农业转移人口城市适应性产生显著影响的因素，分别把述五个层面的因素作为解释变量进行卡方检验。经检验，判定以下变量最终进入回归模型进行具体分析，分别为年龄、日工作时间、加班程度、是否签订劳动合同、月收入、是否参加社会保险、是否经常参加社会活动、朋友数量、未来生活构想、是否认为自己是城市人。对自变量进行赋值的结果见表5-8。

表 5-8　变量赋值与说明

变量名称	变量含义	家庭化流动		个体化流动	
		均值	标准差	均值	标准差
年龄	连续变量	36.76	9.38	35.66	9.94
日工作时间	连续变量	9.45	1.80	9.30	1.67
加班程度	每天＝4；偶尔＝3；经常＝2；不曾＝1；	2.21	0.74	2.32	0.71
是否签订劳动合同	是＝1；否＝0	0.65	0.48	0.54	0.50
月收入	1000元以下＝5；1999—2000元＝4；2000—2999元＝3；3000—3999元＝2；4000元以上＝1	3.01	1.09	3.11	0.94
是否参加社会保险	是＝1；否＝0	0.59	0.49	0.41	0.49
是否经常参加社会活动	是＝1；否＝0	0.51	0.50	0.31	0.46
朋友数量	4个及以下＝4；5—9个＝2；10—19个＝3；20个以上＝1	2.99	0.99	2.82	1.07
未来生活构想	留城＝3；回老家＝2；没想好＝1	1.64	0.61	2.02	1.12
是否认为自己是城里人	是＝1；否＝0	0.53	0.50	0.42	0.49
是否适应城市生活	是＝1；否＝0	0.69	0.46	0.74	0.44

（三）实证分析框架

从流动类型差异视角探究农业转移人口城市生活适应性及其影响因素，并探讨影响不同流动类型的农业转移人口城市生活适应程度的因素差异。因此，研究中包括"家庭化流动的农业转移人口是否适应城市生活"和"个体化流动的农业转移人口是否适应城市生活"两大类。基于前文的分析，本调查从个体特征、工作强度、劳动与保障、社会交往及心理活动五个层面展开研究，实证研究框架如图5-5所示。

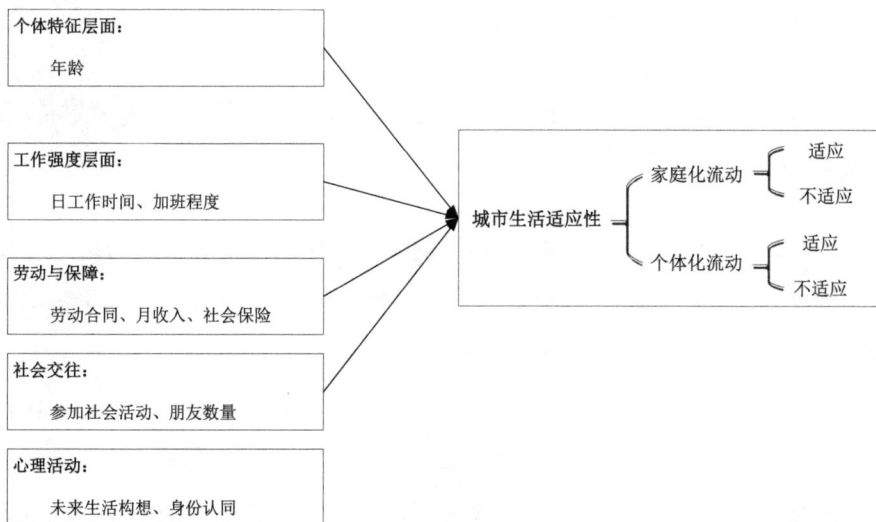

图5-5 实证分析框架

三、 结果分析与讨论

（一）家庭化与个体化流动的农业转移人口城市生活适应状况

研究显示，70.2%的家庭化流动的农业转移人口能够适应城市生活，仅有26.0%个体化流动的农业转移人口能够适应城市生活，而不能适应城市生活的比例高达74.0%，这说明我国农业转移人口的城市生活适应状况整体一般，个体化流动的农业转移人口城市适应状况相较于家庭化流动的农业转移人口来说更为堪忧。夫妻二人或携带子女进城的农业转移人口多集中在27—40岁之间，对农村土地眷恋度较低，文化程度相对较高，对城市生活和工作的认同感较强，因此，更容易适应城市生活。而个体化流动的农业转移人口群体年龄偏大，思维方式以及行为习惯等均已固定，同时在经济、就业、社交等各方面的负担相对较重，较难适应城市较快的生活节奏。此外，大量已经实现职业转变和住处转变的农业转移人口在社交、经济、文化以及心理等方面与城市居民仍存在较大差距，这种差距只有提高城市社会的包容度，增强长期的社会互动和城市融入才能减轻和缓和。

（二）家庭化与个体化流动的农业转移人口城市生活适应性的影响因素分析

检验结果如表5-9所示，由 Nagelkerke R^2 和拟合优度检验的结果可以看出模型的拟合程度较好，能够较为科学的解释各个自变量对因变量影响的程度。

第一，日工作时间、劳动收入对家庭化流动的农业转移人口城市适应性影响显著。家庭化流动的农业转移人口平均日工作时间略长于个体化流动的农业转移人口，但是却比后者更能够适应城市生活。这说明家庭化流动的农业转移人口为了提高家庭生活水平或者子女享受较高质量的教育能够接受较高强度的劳动，而且因家庭成员的陪伴，他们的工作动力会更加强烈。

经济因素仍然是影响农业转移人口城市生活适应性的重要因素，月收入在4000元以上的家庭化流动的农业转移人口，其更易适应城市生活的可能性分别是月收入在1000元以下的1.326倍。相较于"单枪匹马"，以家庭为单位流动的农业转移人口更需要稳定和可靠的劳动收入来维持日常家庭生活以及子女教育等开销，因此，劳动收入对于他们来说是决定城市生活适应性的关键因素。随着家庭收入的增加，农业转移人口在经济融入方面与城市居民的差距不断缩小，同时收入的逐渐增长有助于加强农业转移人口家庭的身份认同、社会认同等，必然也会为家庭化流动的农业转移人口带来更多的城市归属感[1]。

第二，年龄、身份认同对个体化流动的农业转移人口城市适应性影响显

---

① 史学斌、熊洁：《家庭视角下的农民工城市融合及其影响因素研究》，《人口与发展》2014年第5期，第42—51页。

著。年龄对个体化流动的农业转移人口城市适应性的影响相较于家庭化流动农业转移人口来说更加显著。独自进城的农业转移人口群体中，年龄越大越难以适应城市生活，这可能与中国劳动力社会传统的代际观念有关，相比年轻人，他们仅仅将城市劳动收入看作贴补原有家庭收入的一种来源，并没有长期在城市工作和生活的打算，对城市生活认可度和归属感较低。身份认同对增强城市生活的适应程度具有一定的正向作用。研究发现，认为自己是城里人的个体化流动的农业转移人口适应城市生活的可能性是参照组的 2.431倍。对于独自进城务工的农业转移人口来说，主观上认同自己是城市人，将有利于激发他们了解城市社会的主动性和积极性，帮助他们更加适应城市生活，为城市社会建设贡献力量。

第三，朋友数量、未来生活设想对两种流动类型的农业转移人口城市适应性影响均显著。朋友数量对两种流动类型的农业转移人口均产生显著影响，但是对个体化流动的农业转移人口更加显著。对于家庭化流动的农业转移人口来说，拥有朋友数量超过 20 个的其适应城市生活的可能性是朋友数量少于 4 个的 1.513 倍，而拥有 5—9 个和 20 个以上朋友的个体化流动的农业转移人口其更容易适应城市生活的可能性分别是参照组的 2.885 倍和2.736 倍。这说明不论是"单枪匹马"还是"拖家带口"进入城市，朋友数量都是影响农业转移人口城市生活适应性的重要变量之一。面对城市工作和生活的巨大压力，农业转移人口群体不仅需要家庭成员之间的关怀和谅解，还需要获得外部社会资源的帮助和支持，而拥有朋友数量越多，越能够相对提高农业转移人口的身份认同和城市适应①。

未来将何去何从一直是农业转移人口慎重考虑的关键问题，也是新型城镇化进程中政府部门所要关注和解决的重中之重。对未来生活的设想是决定农业转移人口城市适应性的重要因素之一。选择返乡创业和回乡养老的家庭

---

① 何晓红：《变迁与分化：农民工家庭的代际差异与社会流动探析——基于 H 省一个农民工家庭流动的实证调研》，《云南行政学院学报》2015 年第 5 期，第 123—130 页。

化流动的农业转移人口其适应城市生活的可能性是选择留在城市的 0.233 倍和 0.170 倍,而选择返乡创业和回乡养老的个体化流动的农业转移人口其适应城市生活的可能性是参照组的 0.222 倍和 0.267 倍。"定居城市"的意愿将会引导两种流动类型农业转移人口的行为选择,并促使其不断地通过自身观察和感触对城市环境和城市生活做出反应。家庭化流动的农业转移人口可能被城市完善的公共服务、充足的教育资源及较高的工资收入所吸引,更愿意留在城市。然而调查显示,仍有部分个体化流动的农业转移人口并没有做出何去何从的选择,处于一种迷茫和纠结的状态。国家和政府相关部门应重点关注这部分农业转移人口群体,加快推动农业转移人口市民化的进程。

表 5-9　两种类型农业转移人口城市适应性影响因素回归结果

变量名称		农业转移人口城市生活适应性影响因素的二元 logistic 模型					
		家庭化流动			个体化流动		
		系数	Wald 值	Exp(B)	系数	Wald 值	Exp(B)
个人特征	年龄	0.011	0.820	1.011	-0.007**	0.342	0.993
	日工作时间	0.212***	13.349	1.236	-0.051	0.560	0.950
工作强度	加班程度(每天)						
	不曾	0.711	1.505	2.035	-0.282	0.164	0.754
	偶尔	0.574	1.171	1.775	-0.205	0.107	0.815
	经常	0.269	0.248	1.308	-0.496	0.625	0.609
劳动与保障	是否参加社会保险(否)	0.007	0.001	1.007	0.344	1.742	1.411
	是否签订劳动合同(否)	0.001	0.006	1.001	-0.150	0.363	0.861
	月收入(1000 元以下)						
	1000—1999 元	-0.527	1.032	0.591	0.710	1.301	2.033
	2000—2999 元	-0.831	2.674	0.435	0.482	0.658	1.619
	3000—3999 元	-0.741	2.011	0.477	0.046	0.005	1.047
	4000 元以上	0.282***	0.225	1.326	0.041	0.003	1.042

变量名称		农业转移人口城市生活适应性影响因素的二元 logistic 模型					
		家庭化流动			个体化流动		
		系数	Wald 值	Exp（B）	系数	Wald 值	Exp（B）
社会交往	是否参加社会活动（否）	0.305	1.801	1.357	0.201	0.599	1.223
	朋友数量（4 个以下）						
	5—9 个	0.417	1.327	1.517	1.095**	6.981	2.885
	10—19 个	0.219	0.383	1.245	0.311	0.730	1.365
	20 个以上	0.414**	1.287	1.513	1.006**	7.921	2.736
身份认同	未来生活设想（留城）						
	返乡创业	−1.458***	33.498	0.233	−1.504***	20.122	0.222
	回乡养老	−1.770***	9.467	0.170	−1.320***	6.031	0.267
	没想好	−0.396	1.020	0.673	−1.210***	10.235	0.298
	是否认为自己是城市人(否)	−0.223	0.947	0.800	0.888***	9.708	2.431
常量		−0.692	0.401	0.501	1.044	0.844	2.841
Hosmer and Lemeshow		$X^2 = 11.420$（Sig. = 0.013）			$X^2 = 9.647$（Sig. = 0.021）		
Nagelkerke R^2		0.221			0.261		

注：$*p < 0.01$，$**p < 0.05$，$***p < 0.01$。

四、 研究结论

农业转移人口及其家属的城市适应是其在城市的继续社会化过程，也是促进其城市融入从而推动市民化的重要一环。整体来说，尽管两种流动类型的农业转移人口城市生活适应程度较为一般，但是家庭化流动的农业转移人口城市生活的整体适应性要略强于非家庭化流动的农业转移人口。其中，朋友数量、未来生活设想对两种流动类型的农业转移人口均产生显著的促进作用。日工作时间和月收入对家庭化流动的农业转移人口城市生活适应性影响显著，而年龄和身份认同对个体化流动的农业转移人口城市生活适应性具有显著影响。就目前而言，家庭化流动困难、制度壁垒以及城市社会交往障碍等造成了农业转移人口适应城市生活的困境。但是，伴随着制度壁垒的渐趋消除，家庭化流动趋势的不断加强，城市居民与农业转移人口之间交往和接触频次的增多，农业转移人口的城市适应程度会逐步提高，这是未来的趋势。

第六章　农业转移人口市民化协同
推进的政策与实践基础

第一节　我国推进农业转移人口市民化的
制度变迁与路径演化

一、户籍制度变迁

户籍制度是一项基本国家行政制度，是对我国公民实行的以户为基本单位的人口管理政策。户籍制度的特征主要表现为根据地域和家庭成员关系把户籍性质分成农业和非农业两种户口。长期以来，户籍制度一直是我国人口管理政策制定与实施的基础。

现行的户籍制度是在新中国建立后逐步形成的，具有阶段性变化的特征。改革开放之前，我国的户籍制度经历了从"自由迁移"到"严格控制"的转变，如表6-1所示。具体来说，在建国初期，城乡之间没有户籍壁垒，允许人口的自由迁移，1954年我国颁布的第一部宪法中也明确指出公民有居住和迁移的自由。但是1958年中央出台了《中华人民共和国户口登记条例》，对农业户口和非农业户口进行了明确的划分，标志着城乡二元户籍制度正式成立，户籍管理制度进入了严格控制的阶段。随后，中央陆续发布了多项相关文件和法律，进一步控制城乡和城市间的人口流动。

表 6-1 改革开放前我国户籍制度变迁

阶段	年份	相关政策文件	主要内容
自由迁移阶段（1949—1957）	1949 年	《中国人民政治协商会议共同纲领》	自由迁徙是公民的自由权之一
	1954 年	第一部《宪法》	公民有居住和迁徙的自由
严格控制阶段（1958—1977）	1958 年	《中华人民共和国户口登记条例》	城乡二元户籍制度正式建立
	1959 年	《关于制止农村劳动力流动的指示》	明确禁止农村人口流动
	1962 年	《关于加强户口管理工作的意见》	严格控制农村人口向城市迁徙
	1975 年	新修正的《宪法》	取消关于公民迁徙自由的条文
	1977 年	《关于处理户口迁移的规定》	严格限制"农转非"与城市间户口迁移

改革开放以后，随着经济的不断发展和市场经济体制的逐步建立，城市对于劳动力的需求不断增加，同时，现代化农业提升了生产效率，农村劳动力出现剩余，在此背景下，政府开始有意识地放松对农村人口流动的限制，户籍制度进入松动限制阶段。这一时期，大量的农村剩余劳动力进入到城市，他们虽然可以自由迁徙但仍无法落户城镇。1993 年中央颁布了《关于户籍制度改革的决定》，此后，我国又陆续出台诸多政策文件推进户籍制度的改革，不断放宽甚至放开农民落户的限制。目前，户籍制度改革已成为我国深化改革过程中至关重要的环节，同时对于实现农业转移人口市民化和推进新型城镇化进程也具有重要意义。

表 6-2　改革开放后我国户籍制度变迁

阶段	年份	相关政策文件	主要内容
松动限制阶段（1978—1992）	1980 年	《关于解决部分专业技术干部的农村家属迁往城镇由国家供应粮食问题的规定》	放松对特定群体"农转非"的限制
	1984 年	《国务院关于农民进入集镇落户问题的通知》	准予农民及亲属自理口粮落户集镇
	1985 年	《关于城镇暂住人口管理的暂行规定》	实行流动人口暂住证制度，承认其在非户籍地居住的合法性
	1989 年	《临时身份证暂行规定》	允许流动人口办理临时身份证
户籍制度改革阶段（1993 年至今）	1993 年	《关于户籍制度改革的决定》	允许试点镇的农村人口办理城镇户口
	1998 年	《关于解决当前户口管理工作中几个突出问题的意见》	进一步放松对农民在城镇落户的限制
	2000 年	《关于促进小城镇健康发展的若干意见》	允许符合条件的农民落户城镇
	2008 年	《中共中央关于推进农村改革发展若干重大问题的决定》	推进户籍制度改革，放宽中小城市的落户条件
	2013 年	《中共中央关于全面深化改革若干重大问题的决定》	全面放开建制镇和小城市落户限制，有序放开中等城市落户限制
	2014 年	《关于进一步推进户籍制度改革的意见》	进一步调整户口迁移政策，统一城乡户口登记制度，全面实施居住证制度
	2016 年	《"十三五"规划（2016—2020 年）纲要》	深化户籍制度改革，促进农业转移人口举家进城落户

二、 有序推进农业转移人口市民化的相关政策

2012 年，党的十八大报告首次提出了有序推进农业转移人口市民化的要求，标志着我国针对农村人口进城政策发生了根本性改变。2013 年 12 月召开的中央城镇化工作会议将"推进农业转移人口市民化"作为城镇化进程中的首要任务，指出农业转移人口市民化应坚持自愿、分类、有序。2014 年 3

月，李克强总理在政府工作报告中表示，要着重解决好"三个 1 亿人"问题，明确提出要引导 1 亿人在中西部地区就近城镇化，这是我国政府首次明确农业转移人口就近城镇化的政策。之后，《国家新型城镇化规划（2014—2020 年）》将"努力实现 1 亿左右农业转移人口和其他常住人口在城镇落户"作为新型城镇化建设的发展目标。同时，加快农业转移人口市民化也成为推进我国新型城镇化的重要内容被写入《"十三五"规划纲要》。

表 6-3　有序推进农业转移人口市民化的相关政策梳理

年份	会议名称、政策文件	主要内容
2012 年	党的十八大报告	第一次提出"有序推进农业转移人口市民化"
2012 年	中央经济工作会议	要把有序推进农业转移人口市民化作为重要任务抓实抓好
2013 年	中央城镇化工作会议	把"推进农业转移人口市民化"作为推进城镇化的首要任务
2014 年	政府工作报告	今后一个时期要着重解决好现有"三个 1 亿人"问题
2014 年	《国家新型城镇化规划（2014—2020 年）》	努力实现 1 亿左右农业转移人口和其他常住人口在城镇落户
2014 年	《国家新型城镇化综合试点方案》	确定 62 个综合试点地区，全面开展以市民化为核心的改革试点
2016 年	政府工作报告	"加快农业转移人口市民化"是要重点抓好的三项工作之一
2016 年	《"十三五"规划（2016—2020 年）纲要》	加快农业转移人口市民化，健全促进农业转移人口市民化的机制

近年来，我国政府非常重视农业转移人口市民化问题，多次在重要会议和纲领性文件中提到有序推进农业转移人口市民化的重要任务，不仅为各级政府部门制定相关政策提供了制度参考，同时也为农业转移人口保障自身权益、维护自身利益提供政策保障。

第二节　国内城市先进经验调查与总结

一、　国内城市先进经验调查

中央城镇化工作会议以来，我国政府积极出台相关政策，加速推进新型城镇化发展，为合理有序推进农业转移人口市民化提供了政策依据。2014年，国务院印发的《国家新型城镇化规划（2014—2020 年）》中明确指出要有序推进农业转移人口市民化，要引导人口有序流动，并推动人口经济布局更加合理、区域发展更加协调[1]。2016 年，国务院印发《关于实施支持农业转移人口市民化若干财政政策的通知》，指出加快农业转移人口市民化是推进以人为核心的新型城镇化的首要任务，全面实施支持农业转移人口市民化的财政政策[2]。同年，国务院办公厅发布《国家人口发展规划（2016—2030 年）》并且印发《推动 1 亿非户籍人口在城市落户方案》，把人口流动合理有序、人口分布与区域发展的协调度达到更高水平作为主要目标之一，明确提出到 2020 年要实现 1 亿左右农业转移人口和其他常住人口在城镇落户[3]。2018 年，国家发改委公布《关于实施 2018 年推进新型城镇化建设重点任务的通知》，进一步指出加快农业转移人口市民化是重点任务之一，继续深化城镇化制度改革[4]。

随着中央政策的不断出台，我国各个地区推进农业转移人口市民化的实

---

① 中共中央国务院：《国家新型城镇化规划（2014—2020）》，2014 年 3 月 16 日，见 ht-tp：//ghs. ndrc. gov. cn/zttp/xxczhjs/ghzc/201605/t20160505_ 800839. html。

② 国务院：《关于实施支持农业转移人口市民化若干财政政策的通知》，2018 年 8 月 5 日，见 http：//www. gov. cn/xinwen/2016-08/05/content_ 5097864. htm。

③ 国务院：《关于印发国家人口发展规划（2016—2030 年）的通知》，2016 年 12 月 30 日，见 http：//www. gov. cn/zhengce/content/2017-01/25/content_ 5163309. htm。

④ 国家发展改革委：《关于实施 2018 年推进新型城镇化建设重点任务的通知》，2018 年 3 月 9 日，见 http：//www. ndrc. gov. cn/gzdt/201803/t20180313_ 879342. html。

践也不断拓展和创新，涌现了许多典型做法和先进经验，为后续更加稳妥推进农业转移人口市民化问题提供了经验借鉴。本书参考国家发展改革委组织编写的《农业转移人口市民化案例》①，选取分布在全国不同地区的八个典型城市，包括东部地区的辽宁省大连市、河北省石家庄市、福建省晋江市三市，西部地区的甘肃省金昌市、四川省泸州市、重庆市三市以及中部地区的湖北省仙桃市、河南省洛阳市二市，涉及沿海城市和内陆城市两种类型，采用实地调查和现有资料分析相结合的方法，对八个典型地区的做法进行跟踪调研和总结，借鉴学习先进的经验，从而提出更加完善的对策建议。

（一）辽宁省大连市的经验

近年来，大连市致力于加强郊区、经济区和中心镇建设，提高城市综合承载能力，促进本地农业转移人口就地就近城镇化。2016 年大连市人民政府颁布了《关于深入推进新型城镇化建设实施意见》，计划 2020 年末，大连市户籍人口城镇化率达到 73.5%，城市生活更加宜人，城镇化机制体制不断完善，阻碍大连市城镇化发展的体制机制基本消除；要求积极推进农业转移人口市民化，明确牵头单位，落实责任主体，加快户籍制度改革，完善居住证制度，推进城镇基本公共服务常住人口的全覆盖；同年，大连市颁布了《大连市新型城镇化规划（2016—2020 年）》，将有序推进农业转移人口市民化作为大连市新型城镇化的首要目标，在落户制度、基本公共服务方面都有明确规定，健全农业转移人口市民化的推进机制。

1. 创新积分落户政策，全面实施居住证制度

一是创新积分落户制度建设。2016 年，大连市新一轮户籍制度改革提出建立积分落户制度，实施差别化落户政策，引导高端人才和技术人才落户，促进人口有序转移。同时，网上审批系统得到健全和发展。二是建立居住证

---

① 国家发展改革委：《农业转移人口市民化案例》，见 http：//www.ndrc.gov.cn/gzdt/201803/t20180313_ 879342. html。

制度。2009 年，大连市为国内最早实施居住证制度的城市之一。大连市以居住证为载体，将居住证与积分落户挂钩，推进主城区和金普新区的积分落户制度，放开大连市其他区域内的落户限制，明确居住证持有者可享受包括就业、教育、培训等在内的 11 项公共服务，与户籍人口享同等待遇。截至2016 年已发放 78 万张居住证。2018 年居住证制度进一步完善，明确规定申请条件是居住并办理暂住登记满半年，且有合法稳定就业、住所或连续就读条件之一；并在保障权益和服务便利方面，在原先 11 项优惠政策基础上又增加了 5 项，拓展了基本公共服务范围。

2. 加快城镇建设，推进市民化进程

为加快本地农业转移人口就地城镇化，市政府统筹专项基金和补助用于支持中心镇基础设施和公共服务体系项目建设，优化整个城市的布局，完善功能体系，推动大连市"一核一极七区"的新型城镇化格局，同时，市政府出资设立专门基金，引导四个地区中心镇改革与发展，增强城镇综合承载能力。此外，相继出台的中心镇改革方案相关政策，进一步促进了以中心镇为代表的区域性重点城镇建设。

3. 推动产城融合，增强农业转移人口归属感

一是着眼整体规划，优化城镇布局。加快基础设施建设步伐，完善郊区城市功能，吸引农业转移人口落户。根据经济区产业实际定位，采取招商引资、撤并重组及企业搬迁等手段，吸引外来工业企业入驻经营，特别是以制造业为主的工业企业。同时，解决就业问题，实现就地市民化，推动产城融合。二是提供教育保障。严格遵循国家的政策要求，重点关注农业转移人口随迁子女入学，合理分配公办教育资源，对随迁子女统一编排管理，保障随迁子女同等教育权利。三是改善基本医疗条件，将进城务工人员及其随迁家属纳入城镇公共医疗计生服务体系，重视医疗卫生服务水平的提升，调高公共卫生基本人均补助。各类保险参保率均达 90% 以上，基本实现全覆盖。四是建立农业转移人口的就业及登记失业制度，建立健全面向全体农业转移人口的免费职业培训制度，就业服务工作体系覆盖城乡四级，近 5 年城镇登记失业率一直保持低水平。

（二）河北省石家庄市的经验

近年来，石家庄市围绕户籍、住房及义务教育等问题，积极探索创新，采取了一系列措施。2016 年该市政府颁布了《关于深入推进新型城镇化的实施意见》，同年颁布《石家庄市新型城镇化和城乡统筹发展规划（2016—2020）》，谋划实施"村改居"推进计划，实施"村改居"社区化探索新途径。建立健全农业转移人口市民化的财政分摊机制，建立转移支付、城镇化建设用地增加、财政性建设资金对城市基础设施补贴数额与农业转移人口落户数量挂钩的相关机制，并且建立政府联动负责机制，统筹发展基本公共服务均等化，促进农业转移人口市民化进程。

1. 深化户籍制度改革，完善居住证制度

一是户籍制度改革。2001 年该市启动户籍制度改革，2003 年取消了城乡二元制户口区分。2015 年，全面放开县（市）城区和建市镇落户限制，政策明确办理落户的对象是在该市有合法稳定住所或职业的人及其共同居住生活的直系亲属。同时，该市针对各类人才和直系亲属实施开放接纳落户政策。通过设立社区公共户口，吸引农业转移人口落户城镇，注重保障农业转移人口原有的农村权益。二是完善居住证制度。贯彻实施国务院公布的条例办法，规定只要满足合法稳定就业、住所或连续就读任一条件的公民，在石家庄市居住半年以上，便可申领居住证。居住证持有者可享受与当地户籍人口同等待遇，包括教育、就业、住房、养老、社会福利与救助等多方面优惠政策。2015 年至 2016 年，石家庄市累计有 7.6 万人落户，全市户籍人口城镇化率提至 45%，常住人口城镇化率高达 59%。

2. 推进随迁子女入学教育均等化，保障平等接受教育的权利

自 2013 年起，石家庄市主城区中小学招生中随迁子女的比例逐年提高。该市的相关政策规定农业转移人口只要提供符合条件的证明材料，其随迁子

女即可由教育局统一安排入学，解决入学困难的问题。此外，该市开展"学区管理制"试点，均衡教育资源并逐渐扩大覆盖范围，探索发展集团化、联合体、城乡互助等多种教育模式。通过改扩建中小学、增加财政投入和创新招生入学服务平台，提供完善基础设施服务。不断简化手续，取消不必要的审批环节，提高办事效率。此外，自2017年起，该市实施城乡义务教育学生"两免一补"政策，占主城区中小学总数三分之一多的农业转移人口随迁子女入学问题得到了妥善的解决，真正保障了农业转移人口随迁子女接受教育的权利。

3. 扩大住房保障覆盖面，保障平等住房权利

加强住房建设，扩大保障范围。2011年该市政府允许符合规定条件的居住证持有者申请公租房。截至2015年，该市城镇居民住房保障率达20%以上。同年，该市政府再次降低准入门槛，对申请公租房的农业转移人口，不考虑收入限制，增大了公租房的保障规模，提供了更佳的安居条件。

4. 拓宽公共服务平台，提升公共服务水平

该市政府不断扩大社会保障规模，全面推进两种基本养老保险，同时，加大城乡基本医疗保险整合力度，遵循"六个统一"原则，推动市级统筹，将全市流动人口纳入城镇基本公共卫生计生服务范围，享受六个方面基本服务项目，做好居民城乡之间的医疗、养老等保险的接续工作。此外，该市实施农民工职业技能提升计划，加大职业培训工作力度，提高农业转移人口的职业素质与就业能力，不断推进农业转移人口转移就业。2016年上半年，5万多农业转移人口接受免费职业培训，2017年持续增加，未来将达到每年10万人次以上。

（三）福建省晋江市的经验

晋江市坚持"以人为本"，遵循"同城同福利、保障全方面"的原则，不断探索新型城镇化发展路径。在城镇化进程中，因地制宜，不断探索，总

结反思，形成了"晋江经验"。2017 年十三届晋江市常委会研究通过了《晋江市推动国家新型城镇化综合试点行动方案（2017—2020 年）》，深入探索实践"以人为本、四化同步、优化布局、生态文明、文化传承、智慧发展"的新型城镇化发展道路，逐步实现基本公共服务全覆盖，不断消除农业转移人口市民化的成本、制度、能力障碍，计划 2020 年累计实现 50 万农业转移人口市民化。

1. 深化户籍制度改革

晋江市为解决外来流动人口的户籍问题，建立动态市民化成本分摊机制，明确市民化的主体责任，为市民化提供财政保障。该市努力为外来流动人口落户提供便利，放开落户限制，设立负责流动人口服务和管理的专门机构，并分别在村、社区及规模以上的企业设立集体户，开辟绿色通道，减少不必要的中间环节，直接接受流动人口落户申请并办理落户业务，压缩办理时限，提高落户效率。此外，该市自 2011 年起实行流动人口居住证管理制度，规定自 2017 年 7 月起，流动人口在晋江登记满半年以上，便可取得申请资格。通过不断完善居住证制度，丰富服务内涵，优化管理制度，满足流动人口的需要。据统计，至 2017 年末，晋江市城镇化率达 66.1%。

2. 强化公共服务供给

全面满足流动人口的公共服务需求。一是保障就业。通过 12580 平台等就业对接服务提供免费就业信息和培训，引导就业创业。通过建立健全工资支付监控网络和欠薪举报奖励等制度提供薪资保障，同时，市财政专门筹集1.6 亿作为建筑领域员工保证金，维护务工人员薪资权利。通过建立四级劳动争议调解组织，开设全国首辆社区巡回办案专用车，切实提供务工人员维权保障。由政府主导出资，对农业转移人口进行免费技能培训，使其快速融入非农产业，掌握新的谋生技能。二是保障住房。构建多元化流动人口住房保障体系，提供廉租房、公租房等多种形式住房。另外，设立交易服务平台，落实政策相关措施，鼓励流动人口购买安置房。截至 2016 年末，晋江市保障性住房占全市配售配租总数的 59.8%。三是保障公共服务。外来流动人口不仅可以平等地享受公共卫生、证照办理等多项基本公共服务，还可以平等地参加养老、医疗等各项社会保险。同时，政府提供异地结报服务，完善了流动人口积分优待办法和信息管理体系。该市外来职工参与城镇职工养老、医疗等各类社会保险的比例均达60%以上。

3. 促进流动人口更好融入城市社会和生活

晋江市兼顾情感和文化融入，在工作、生活和政治待遇等方面为流动人口提供相应的服务，引导流动人口融入城市，增强他们的认同感和归属感。一是融入学校，该市公办学校向流动人口子女开放，农业转移人口随迁子女同样享受免费义务教育，赋予其平等受教育的权利，90%以上的流动人口随迁子女就读于公办学校。二是融入社区，该市最先在全省设立专门的市级流动人口服务管理机构，形成多层级、一体化的服务管理网络，提供就业、教育、咨询、办事等一系列服务。此外，加强城镇管理，构建三级城建管理体系，建立社区公共服务中心，实行网格化管理，推动村居（社区）服务管理从条块分治向整体联动转变。三是融入企业，依托创立"和谐企业"，从重视企业文化建设、流动人口管理、社保办理等多方位保障员工权益，促进员工真正融入企业。四是融入社会，持有居住证的外来流动人口可享受与本地生源同等待遇参加晋江市事业单位招聘考试，报考晋江市公办中职校的可享受一定的补助政策，有机会参加评选"劳动模范、荣誉市民、道德模范、见义勇为"等荣誉称号。

此外，该市持续加强农村土地资源管理。2017年以来，先后围绕农村集体经营性建设用地入市、村（居）住宅建设和用地、宅基地使用权转让等涉及农业人口既有利益的事项出台多项规定，以解决农业转移人口的后顾之忧。

（四）河南省洛阳市的经验

在国家"三个1亿人"和省政府"三个1批人"战略部署的引领下，洛阳市破除制约城镇化健康发展的因素，加快改革步伐，全方位提升城镇化质量和水平。

1. 降低落户门槛，推进居住证制度

2015 年该市实行城乡一元化户籍登记，取消农业户口。放开城镇落户限制，降低落户条件，规定只要有合法稳定住所，且投入 1 年以上城镇社会保险，本人及其直系亲属都可落户城区，为农业转移人口落户提供条件。据统计，2015 年市外迁入人口中，90% 以上是亲属投靠。此外，加快落实居住证制度。2016 年，该市出台了《洛阳市居住证管理暂行办法》，规定了居住证持有者所享有的公共服务及权益保障，不断提升公共服务均等化水平。据统计，五年内该市常住人口增加了 10%，常住人口城镇化率得到较大提升。

2. 强化公共服务供给，健全保障体系

一是加大住房保障。2013 年 5 月，该市规定公租房申请前提是在本市无住房的居住证持有者。至 2016 年 7 月，全市约 30% 的公租房分配给外来流动人口。同时，对于在市中心区购买商品房的外来流动人口，可以享受到按揭贷款贴息、购房契税补贴和现金补贴三种补贴形式。据统计，截至 2016 年初，外来流动人口购房 8530 套。二是提供教育保障。该市相关部门为随迁子女进入城镇公办学校就学提供财政等方面的待遇。2015 年市县两级财政额外支出 6000 万元用于随迁子女义务教育，共有 7.4 万余名流动人口随迁子女在全市接受义务教育。三是促进就业保障。该市政府对逐年增加的返乡农民工实施引导就业战略，一方面加大劳动力培训力度，另一方面以小额贷款和电子商务为抓手，吸引他们在城市落户，并且在城镇落户的农业转移人口享有 12 项基本权益和 6 项便利。据统计，2016 年该市新增 2.3 万余名农业转移人口在市内就业，比 2010 年多了一倍。2017 年，该市实施了支持农业转移人口市民化若干财政政策（洛政办〔2017〕60 号），从子女平等享受受教育权利、基本医疗保险、统筹城乡社会保障、就业支持、住房保障、权益维护等多方面，对农业转移人口市民化提供财力支持。

3. 明确土地权益，维护农业转移人口农村权益

自 2015 年，该市的农村土地确权登记颁证工作全面开展，包括宅基地和集体建设用地使用权，发证率达 74%。同时，该市坚持摸索农村集体土地使用权有偿流转的新方式和新方法，建立了农村产权交易中心试点，探索农村空置宅基地有偿流转和退出试点。如今，全市流转的承包地达 37.2%，拥有四千多家农民合作社和五百多家家庭农场。

（五）湖北省仙桃市的经验

近年来，仙桃市高度重视建设新型城镇化，打破城乡界限，探索产城结合的新模式，致力打造国家新型城镇化示范市。强调特色功能的叠加，加快市民化进程。

1. 加快户籍改革，引导农民落户城镇

仙桃市相继出台户籍制度改革意见及创新户籍管理的相关政策，逐渐放开城镇落户条件。该市的居住证制度于 2015 年 7 月正式确立并得到进一步的完善，不断缩小公共服务差距。2018 年，重点关注解决因农村学生升学和参军进入城镇的人口落户问题、在城镇就业居住 3 年及以上的人口落户问题和举家迁徙的农业转移人口以及新生代农业转移人口落户问题，明确各项权益，促进他们更好的落户城镇。

2. 加大公共服务供给，提升公共服务水平

在社区管理服务方面，保障农业转移人口在教育、就业、住房、养老、医疗等领域与城镇居民拥有平等权利和待遇。在就业方面，主张新建企业，促进农业转移人口在第二、三产业中就业。在教育方面，该市出台外来人口子女入学管理办法等的相关规定。由政府、企业及名校三方共同争取社会资金，用于建设学校和幼儿园。同时，新增 8000 个义务教育学位和 5500 个幼儿学位，不断提升城市教育承载能力。在社会保障方面，该市将进城农业转移人口纳入当地社区公共卫生服务体系，健全城乡一体的医疗救助制度，完

善以低保制度为核心的社会救助体系，加快养老服务体系建设，实现城乡社会救助统筹发展。在市民化过程中，该市坚持以政府为主导，企业为主体，家庭为主力，社会保险覆盖面得到扩增，各类保障性住房得到扩建。

3. 合理规划土地，提升城市承载能力

一是合理安排土地增减。一方面，该市将农村集中居住区建设与城乡建设用地增减紧密结合起来，这样既能有效保证农业耕地的面积，又能有效利用城乡建设用地，促进农业转型和农民致富，另一方面将农业转移人口规模与城镇建设用地增加规模紧密结合，科学确定土地增加规模，保障进城落户人员合理需求。二是开展土地整合计划。不断推进土地集约利用，采取按村划区、多村集合成区等方式，最大化发展城市空间用地。这一举措使该市节约近万亩土地，并吸引了 50 多家实力企业落户。三是推进社区建设。坚持居住集中、用地集约的原则，引导农民由分散向集聚居住转变。截至 2016 年底，全市已建成 40 多个农村新型社区，促进了 5 万多人就业和居住的转移，新增了 1.3 万亩耕地。同时，引导农村二、三产业向中心城区、集镇、产业园区集中，促进农业人口就近就地城镇化。四是提倡公私合作，鼓励社会资本参与城市基础设施建设，提高公共产品和公共服务的供给效率。五是维护进城落户农民的土地承包权、宅基地使用权及集体收益分配权。加快建设农村产权流转交易市场体系，推进农村宅基地确权登记发证工作，探索退出补偿机制，分类推进集体资产确权到户。

4. 探索产城融合发展模式

该市以彭场镇和毛嘴镇为代表，开创了"工业带动+返乡创业、就地城镇化"的发展模式。彭场镇实施"工业带动、以产兴镇"模式，依托良好的产业基础带动经济发展，提供众多的就业机会，并且提供多样化的房产结构，农业转移人口可按原住面积 1:1 置换回迁房或商品房。而毛嘴镇实施"承接产业转移+返乡创业就业"模式，一方面紧抓服装加工业老板返乡创业契机，积极承接相关的产业转移，形成产业集聚效应，同时重视产业园区布局，加强配套设施建设，增进工业化和城镇化的协调发展。

（六）甘肃省金昌市的经验

金昌市位于西北内陆，包含永昌县和金川区，是一座典型的资源型工矿城市。2015 年金昌市被列为第一批国家新型城镇化综合试点城市。近年来，金昌市积极探索新型城镇化发展模式，通过不断打造特色产业和完善产业体系、着力解决土地问题、推进落实智慧城市发展，持续推动新型城镇化建设。

1. 优化产业结构，加强产业支撑

第一，合理安排空间，优化产业结构，进一步完善城镇空间体系和产业体系。该市政府从当地特色产业着手，规划建设 12 个特色小镇。在政府主导下，采用联建、迁建等发展方式，推动建设农村新型社区和产业园区。此外，通过建设城市新区，发展新区主导产业，不断完善城市综合承载功能。第二，从现代服务业入手，以建设新材料基地和发展文化旅游业为主，调整产业结构，着力打破资源型城市产业结构单一的局面，促进第一、二、三产业协调发展。第三，构建服务平台，支持就业创业。完善就业扶持政策，免费提供职业技能培训和合适的工作岗位，同时，健全工资支付保障机制，新增不拖欠农民工工资的规定，设立专项应急周转金，用于解决农民工欠薪问题。

2. 放开落户限制，实行居住证制度

第一，实行城镇落户全放开政策。该市取消农业户口，统一登记为居民户口，并且统一规划城镇布局，使农业转移人口有序落户城镇。据统计，2015 年全市常住人口城镇化率约68%。第二，全面落实居住证制度。在非常住户口所在地居住半年以上的具备合法稳定就业、住所及连续就读条件之一的外来人口可申请居住证。健全服务管理体系，基本实现居住证持有者和本市户籍同城同待遇。第三，保护农业转移人口权益。该市相关部门遵循自愿原则推动农业转移人口进行户口迁移，简化转户手续，提高办事效率，并且

允许农业转移人口继续拥有农村原有的土地承包经营权和宅基地使用权等权益。第四，确保特殊常住人口落户城镇。对于升学的农村学生、参军人员、高校毕业生、留学归国人员、技术人员及专业技能人员等人群，一律可落户城镇。

3. 推进土地确权，深化农村土地改革

第一，进行土地确权，推进土地合法流转。该市已基本完成了农村土地确权颁证工作，设立了农村产权流转交易市场，规范多种土地流转方式。至2016年末，全市土地流转率达到60%。第二，创新农村土地股份合作方式。给予适宜的地区针对性指导，重视培育新型农业经营主体，严格把握好发展的各环节，包括股权设置和量化、收益分配、内部治理结构和风险防控等。第三，完善农村集体经营性建设用地入市制度，实现与国有建设用地同等入市、同权同价，建立城乡统一的建设用地市场。

4. 多措并举，促进基本公共服务均等化

第一，增强政府基本公共服务保障能力。相关部门遵循均衡性转移支付分配与居住证持有者人数相挂钩的做法，鼓励农业转移人口就近城镇化。加大财政专项资金支持力度，确保农业转移人口进城之后的待遇和福利，同时，专项资金还可用于支付农业转移人口基本公共服务费用。该市政府建立农业转移人口市民化成本分担机制，完善政府、企业及个人共同参与机制。第二，提高农业转移人口基本公共服务保障水平。该市完善同等教育保障政策措施，优化流动人口随迁子女入学及留守儿童教育环境。将进城落户人员子女纳入城镇化规划，并结合常住人口规模编制城镇义务教育学校布局规划。以流入地政府和公办学校为主，坚持免试就近入学原则，确保同等教育权。此外，该市推动卫生计生服务规范管理，建立流动人口档案，取消一些基本技术服务费。在住房方面，该市将农业转移人口纳入城镇住房保障体系，住房保障采取租赁补贴为主，市场和政府辅助，支持承租市场住房，为农业转移人口提供住房保障。该市开展城乡居民保险制度统一建设和全民参保登记等试点，推动城乡社会保险、社会救助及社会福利等方面一体化发

展，健全关爱农村"三留守"人群服务体系。引导支持进城落户农民根据自身实际参加相应的城镇基本医疗保险，并按规定给予参保补助。

（七）四川省泸州市的经验

泸州市的城镇化发展始终坚持以人为核心，围绕农业转移人口的住房、权利保障与发展等问题展开探索和改革，完善相关体制机制，取得了显著效果。

1. 推进户籍制度改革，探索落户新途径

第一，放宽户籍限制。该市出台了户籍制度改革方案，落实城镇落户全放开政策，简化落户程序。推进公共户口管理，清理集体户口，解决相关人员在城镇落户的难题。此外，该市出台居住管理办法，实施居住证制度，保障居住证持有者平等享有各项基本权利，推进居住证持有者落户城镇。积极认真落实户籍迁移，仔细核实户籍迁移信息，集中清理拥有农村户籍的人员，并限期督促转移。该市始终保护农业转移人口的农村权益，严格落实户籍制度改革意见，不强迫他们放弃原有农村权益。

2. 健全公共服务体系，保障农民权益

第一，提升公共服务水平。该市积极推进基础设施建设，加大学校等教育场所的建设力度，随迁子女义务教育入学率达到99.8%以上，为农业转移人口提供较为完善的教育基础设施。该市初步构建立以市区现有"三甲"医院引领的"五位一体"的全民预防保健体系，推进完善乡镇卫生院配置，按照"一站一馆三区"的模式打造标准化服务阵地，严格按照甲级标准建设村卫生站，同时，为居住满六个月的流动人口建立健康档案，建档率达72.2%，大大提升了卫生计生服务水平。此外，政府相关部门提供就业创业相关服务，将被征地农民、返乡农民工等纳入就业创业扶持计划，扩充失业登记范围，将居住满半年的城镇常住人口纳入其中。建立农业转移人口培训机制，保障其与原居民同等享受职业介绍和培训等服务。

第二，完善社会保障制度。该市政府规定建立统一的城乡养老、医疗保险制度，确保进城落户的非户籍人口同等享有最低生活保障的权利。到2020年底，城镇常住人口基本医疗保险覆盖率达到98%。此外，该市出台了工伤保险"同舟计划"，规定为建筑业从业人员提供更完善的工伤保险办理相关服务。截至2016年末，全市建筑业参保人数达14.1万。

第三，健全购房与租房并举、市场配置与政府保障相结合的住房制度。该市政府认真落实国家现行的相关政策，将符合条件的农民工纳入住房保障体系，对符合条件的购房行为给予相应的补贴，并且对于愿意将户籍迁入购房所在地转为城镇户籍的农村转移人口，其在城市规划区购买符合条件的新建商品住宅享有来自政府及开发商给予的三项补贴。

第四，保障平等受教育权。按照户籍制度改革的要求，结合农业转移人口的总数，科学配置教育资源，统筹城乡合理布局，促进城际、城乡间教师交流制度化和常态化。确保城镇落户人口子女在落户地报名参加高考，在符合户籍和学籍年限要求后同等享受有关录取政策。

3. 强化产业支撑，优化城市空间

第一，增强产业支撑，提供发展平台。加快现代制造业和现代服务业发展步伐，在稳定推进原有传统产业转型发展的基础上，培育新兴产业，支持第三产业发展，改善严峻的就业形势。此外，该市集中打造园区集聚平台，整合和优化升级全市产业园区，发挥当地的集聚和产业优势，建立城市综合功能区，引导产业和城市的互融发展。全市就业岗位大幅增加，全市地区生产总值同比增速全省第一。

第二，打造宜居城市，发展特色小城镇。坚持以快捷交通和产业通道为主线，打造新的城际经济带和城市中心，推动泸县、合江与中心城区一体化发展，辐射带动叙永和古蔺两县城的建设。另外，在试点示范镇建设引领下，该市培育26个不同特色的重点小城镇，包括生态魅力镇、特色产业镇和新兴业态专业镇，吸引农业转移人口迁入。

第三，加强城市功能建设，推进综合治理。近三年，全市重点投入城镇

基础设施和公共服务设施建设，着力完善城市交通、能源、供排水、通信、环境、防灾等"六大系统"。同时，专门成立市级城市管理委员会，不断健全"大城管"体制。深入开展城乡环境综合治理，重点建设生态景观，改造旧城设计，专项整治城市重点问题，稳定推进智慧城市建设。

第四，调整行政区划，优化资源配置。该市不断优化行政区划设置，合理调整增设城镇建制，着力解决城镇规模和空间结构不合理的问题。同时，转变农村、社区管理模式，实行"村改居"，稳妥推进农村政企分开、政府公共服务和居民自治管理分开。

（八）重庆市的经验

重庆市位于中西部地区，近年来，重庆市坚持"功能—产业—人口"三者协调原则，不断推进农业转移人口市民化，积累了较多的实践经验。

1. 统筹区域发展，促进人口合理流动

第一，实施功能区域发展战略，合理规划城镇空间布局。重庆市以城市发展和生态保护为目标划分了五大功能区，前者集聚人口和产业，成为城市发展的核心载体，而后者兼顾保护和开发，推动人口有序减载，发展特色城镇化。2017年，重庆市常住人口城镇化率达64.08%。第二，差别化引导落户。该市科学配置资金，不断完善公共服务设施，推动产城融合。在户籍制度改革中，根据各地区实际情况，逐渐放宽落户要求年限。第三，促进城市融入。该市成功建立农民工新市民培训（重庆）示范基地，开发新市民培训大纲及教材，开展线上线下互动教学，扩大培训对象至随迁亲属和子女、被征地农转非人员等，组织学员积极参与社区志愿活动、新老市民互动等。

2. 从城市和农村两方面着力，提供权益和福利保障

第一，切实加强落户居民的权益。在社会保障方面，建立健全城乡社会保障机制，突破区域、职业的限制；统筹城乡基本医疗保险制度，居住证持有者与城镇居民同等标准缴费。在教育权益方面，政府坚持"两为主"和

"两纳入"的基本原则，切实保障流动人口随迁子女平等接受义务教育。统一城乡义务教育经费保障机制，实现"三免一补"资金和生均公用经费基准定额资金可流动携带。在住房保障方面，该市在全国率先突破城乡、地域和户籍的限制，为流动人口包括进城稳定就业的农民工和转户居民提供公租房，为他们落户城镇提供全方位的便利条件。在就业创业方面，加大政府支持力度，按照城镇常住人口和新增就业人口因素科学分配补助资金。第二，维护好农业转移人口的农村权益。坚持依法、自愿原则，确保农业转移人口对农村土地、宅基地及承包地的自主处置权，在他们退出农村土地前，可继续保留其原有的 35 项待遇。此外，放活土地经营权，引导土地经营权规范流转。不断完善农村"四权"退出机制，保护农业转移人口在农村的财产性收益。

3. 建立三个机制，完善相关制度体系

第一，建立转移支付与市民化相挂钩机制。在该市出台的意见中把常住人口作为人口集聚地的测算基础，并充分考虑在公共服务领域因承接转移人口所增加的成本，并且把户籍人口作为人口输出地的测算基础，确保相关转移支付规模平衡，实现更优质的保障。同时，在转移支付测算中加入城镇化率的变动情况作为激励因素，逐步推进人口梯度转移。

第二，建立"人地挂钩"管理机制。该市出台新的土地规划管理办法，初步建立城镇建设用地增加规模和农业转移人口落户数量相协调的机制。综合考虑各地功能定位、结合土地利用情况，合理规划剩余空间，根据各地年度实际吸纳农业转移人口落户数量，差异化配置指标。在 2016—2020 年的规划期内，总体按"年初安排、年度核算、期末结算"进行动态管理。遵循"建设用地跟着产业和人口走"的原则，充分发挥好"人地挂钩"和地票的调剂功能。另外，不断完善相应电子信息，搭建企业对口招工平台，落实定向招工补助政策，促进农业转移人口有序转移。

第三，建立市民化成本三方分担机制。政府承担城市基本设施建设和服务投入，约占 30%；企业承担社会保险成本和新增缴费的部分，补足社保缺

口，约占40%；农民则承担个人缴费部分，约占30%。此外，通过市场方式平衡资金，如地票交易、土地流转等。

二、　经验总结与启示

本书通过对我国各地区共八个典型城市推动农业转移人口市民化的做法进行调研分析，探索并总结我国推动农业转移人口市民化的有效举措。这些经验值得学习借鉴和推广。

首先，获得户籍是外来人口融入当地的基本前提，因此深化户籍改革是多地改革的首选。各地区全面放宽落户限制，逐步降低户口迁移门槛，简化手续，推动农业转移人口市民化。同时，建立居住证制度也是各地区的普遍做法，明确居住证持有者所拥有的权利，创造良好的条件，使农业转移人口在城镇能安心定居。

其次，增强公共服务供给，健全基本公共服务均等化体系。统筹教育、医疗卫生、社会保险、住房保障及劳动就业等各方面的服务，确保农业转移人口平等享有公共服务。在教育方面，提供随迁子女与当地户籍学生同等的待遇，不搞特殊化；在医疗卫生方面，推进基本公共卫生服务全覆盖，免费向所有人口提供一定数量的基本公共卫生服务项目，同时加强基层基础医疗设施建设，提高医疗服务水平；在社会保险方面，建立城乡一体基本医疗保险制度，实现平等参保缴费，同等享受待遇，彻底打破医保的城乡二元分割；在住房保障方面，加大保障性住房建设力度，通过租赁补贴、放宽限制条件等多种保障方式，构建多元化住房保障体系，解决外来人口住房问题；在劳动就业方面，促进城乡居民就业创业服务一体化，降低就业门槛，营造公平、良好的就业环境，此外，通过新建企业、优化产业结构等方式提供农业转移人口更多的就业机会。

再次，健全城市空间体系，构建多元化产业。通过打造特色小镇、城市重点集聚区等方式，不断增强城市的综合承载能力。优化产业结构，提供良好就业环境。遵循"土地集约、产业集聚、人口集中"思路,推动城乡一体化发展,营造优美宜居的环境,吸引农业转移人口落户。

最后,保障农业转移人口农村土地权益。坚持自主处置的原则,保留农业转移人口正式退出农村土地之前的相应待遇以及宅基地和承包地的依法处置权。积极探索农村宅基地、林地、承包地、集体财产和收益分配权"四权"退出机制,增加城镇落户居民财产性收益。

总体来看,我国各地区在实践中积极探索农业转移人口市民化的有效措施,值得注意的是,提供经验的典型地区亦是农业转移人口的主要流入地,城市承载力面临的压力会越来越大,因此应该引导农业转移人口合理地向中小城市流动,实现就近城镇化。但是,由于各地发展不平衡,在一些中小城市,制度落实工作不到位的问题普遍存在,城乡二元壁垒的制度难题尚未破解,特别是在社会心理层面,各地对农业转移人口的人文关怀不足,对农业转移人口的长远发展关注不够,精神文化方面的服务普遍欠缺。上述问题导致农业转移人口的社会融入速度较慢、程度较低。因此,需要从制度层面和非制度层面围绕农业转移人口市民化的全过程提出系统化的对策建议。

第七章　农业转移人口市民化协同推进的对策建议

本书针对实践和研究中仍存在的主要矛盾和问题，在系统分析框架下，以市民化过程的"农业退出—城镇进入—社会融合"的三个阶段为主线，全面审视了制度因素和非制度因素对市民化三个阶段的影响，并对影响机理进行了时间序列和空间序列的综合研究。个体特征因素、就业经济因素、社会心理因素、制度因素等各类因素在不同程度上影响着农业转移人口的农业退出、城镇进入及社会融合。同时，农业转移人口的居住与住房保障状况、就业与职业发展、留城创业、医疗卫生服务等各方面问题都是当前政府和社会各界所关注的重点，不仅关乎顺利完成农业转移人口市民化任务，也对推动我国新型城镇化具有重要作用。本书在探索影响农业转移人口市民化因素的基础上，识别不同阶段农业转移人口市民化的影响因素，总结影响机理，在所获结论和前人研究的基础上，从"三阶段协同推进"的角度，针对性地提出推动农业转移人口市民化的对策建议，以期进一步丰富相关研究成果，也为政府部门的政策制定和调整提供参考。

第一节 深化户籍与土地制度改革

一、 深化户籍制度改革

户籍制度改革是贯穿农业转移人口市民化三个阶段的重要内容，也是实现农业转移人口市民化的重要基础。破除城乡二元户籍制度的藩篱，意味着附加在户籍上的就业、医疗、社会保障、教育、公共服务等诸多方面的枷锁被打破。因此，推动农业转移人口市民化应当与深化户籍制度改革相协同，户籍制度改革取得成效将在很大程度上为实现农业转移人口市民化提供坚实基础，也会为推进新型城镇化进程助力。

（一）进一步加强户籍登记和管理工作，适当放宽中小型城市和小城镇的落户政策

第一，中央及各级政府应进一步解决户籍登记管理中出现的错误登记、虚假登记以及重复登记等问题。在巩固现有成果的基础上深化户口管理监督机制，形成完善的动态管理系统、问责体系和监管制度等。农业转移人口的户籍登记和管理工作是一项长期性、动态化的工作，应当充分发挥"互联网+"技术，提高户籍登记和管理工作的效率，加强人口信息的管理，巩固深化户口登记的常态化服务管理机制，为进一步实现户籍制度改革提供基础和保障。

第二，中央及各级政府应适当放宽中小型城市和小城镇的落户政策，吸引更多的农业转移人口向中小型城市和小城镇集聚，积极引导符合条件的农业转移人口逐步向市民转化，使其享受和城镇居民平等的权利与义务，从而最大程度地发挥中小城市和小城镇的人口承接作用，减轻大城市的环境、资源以及城市基础设施建设压力。这不仅对农业转移人口市民化阶段的平稳过

渡具有重要意义，而且对于加快促进中小城市发展，拓宽我国新型城镇化的广度和深度具有积极影响。

（二）在小城镇试点开放户籍制度，逐步实现大城市户籍制度的"渐进式"统一

第一，相关部门应该在以小城镇作为试点的地区尝试开放户籍制度，统一城乡的二元户籍制度。取消农业户口和非农业户口的差别，允许城乡户口在县域内自由流动，这样不仅能够保证小城镇的城乡生产要素的有效结合，而且可以避免大量农村人口涌入大城市，增加大城市的承载压力。打破户籍对我国公民身份的限制，还原户籍仅是证明居民居住地和居民基本信息的本来作用，削弱户籍所附加的"经济价值"。

第二，大城市根据自身的实际发展状况，结合试点地区取得的经验做法，逐步放开户籍制度的限制，实现二元户籍制度的"渐进式"统一，使农业转移人口平等的享受城市公共资源和社会保障等福利。将户籍制度与就业、子女教育、住房、社会保障等依附关系逐步剥离，积极并正确有序的引导农业转移人口在城市落户，实现农业转移人口从"农民—新市民—市民"的身份过渡。

第三，需要注意的是，改革不能盲目追求结果，应该将城市规模与城市发展战略、人口容量和城市基础设施的承载能力协同考虑。根据城市自身的发展特点，制定适合的户籍改革政策和路径，逐步推进户籍改革的步伐，确保城市化进程的良性发展。

（三）建立户籍制度改革的多元化成本分担机制

在城镇进入和社会融合阶段，所需支付的户籍制度改革成本是巨额的，要合理消化这一成本，必须充分发挥政府的主导作用，加大各级财政的投入力度，同时鼓励企业、农民和社会积极参与，逐步建立一个由政府、企业、社会和个体等共同参与的多元化成本分担机制，缓解政府承担大部分农业转移人口市民化的成本压力。

第一，充分发挥政府的主导作用。明确各级政府在义务教育、社会救助等基本公共服务方面的责任，政府财政对医疗保险、养老保险等的统筹责任，以及在就业扶持、权益维护、保障性住房等方面投入的责任。进一步建立财政转移支付同农业转移人口市民化挂钩机制，加大中央及地方各级政府对户籍制度改革的支持。

第二，企业是农业转移人口市民化的重要社会力量之一。企业应当依法保障农业转移人口的工资及福利待遇，做到不拖欠发放工资，不侵犯劳动者各项权益，并且提供人员培训和就业扶持经费，为在企业就业的农业转移人口提供基本保险费用及住房公积金等福利。

第三，市场是建立有效的多元化成本分担机制的重要力量。鼓励建立公共服务社会捐赠基金，吸引和引导金融市场主体参与城镇化发展和农业转移人口市民化过程，增加公共基础建设经费的灵活性。促进政府与社会资本合作，同时市场金融信托机构应当为符合条件落户的农业转移人口提供各类金融服务，使得社会资本在公共服务建设中更好地发挥作用。

第四，农业转移人口自身需要提高就业能力和工作稳定性，积极参与企业组织的职业培训，提高参加社会保险的意识，实现稳定就业，从而减少不必要的社会损耗。

二、 加快土地制度改革

以土地为核心的农村资产代表着农民的既有利益，而土地制度很大程度与户籍制度相互关联，由户籍制度所衍生的城乡二元土地制度严重阻碍了农业转移人口市民化进程。因此，土地制度改革不仅是农业退出阶段的重要影响因素之一，而且直接影响着农业转移人口市民化的顺利实现。科学完善的土地征收、流转和处置制度能够为农业转移人口解决后顾之忧，是推动农业转移人口市民化的重要力量。因此，农业转移人口市民化应该与土地制度改革相协同。

（一）完善土地征收制度

相关部门应当依法规范土地征用程序，保证农村被动移民在征地过程中的知情权、参与权和上诉权。同时，应当强化村民代表在城镇化决策中的权威，弱化政府在土地征用、交易中的力量，充分体现"以人为本"的新型城镇化理念。此外，还应当合理提高征地补偿标准，调整征地补偿费的分配结构。一般而言，征地补偿标准的确定，既要考虑土地的实际最佳用途、级差收益以及取消农业税费后土地收益增加等因素，也要参考附近城镇居民的生活水准。切实保障土地征收程序和标准的科学性和合理性。

（二）创新土地退出、流转、补偿机制

科学合理的土地退出、流转与补偿机制是实现农业转移人口市民化的前提和基础，也是强化农村推力，弱化农村回拉力的重要手段。农业退出是农业转移人口落户城市的关键环节，土地处置的方式直接影响着农业转移人口的城市落户意愿。创新土地退出、流转与补偿机制，不仅要保障农业转移人口的土地承包经营权，而且需要采取多种形式做好土地承包经营权流转工作，充分尊重农业转移人口的土地处理权，让他们获得外出务工和土地承包的双重收益[①]。

第一，科学制订农村土地退出的相关法律制度和政策规定，完善农村住宅及宅基地产权确权登记，强化监督与惩治力度。在逐步放开农村住宅和宅基地使用权入市限制的同时，停止对农村新增宅基地的审批，允许农民进行宅基地置换。此外，大幅度提高农村土地退出补偿标准，拓展补偿方式。

---

① 李敏、卢同郦：《享受权益比较下农民工落户城镇意愿研究》，《中国经贸导刊》2015年第9期，第58—61页。

第二，鼓励创新土地流转方式。在现有土地处置制度的基础上加快探索农村土地承包地流转的多种模式，通过政策创新鼓励农业转移人口合理流转土地。农民可以通过权证的形式进行土地交易，也可以在金融机构进行抵押。在实现土地资本化的同时，又可以实现土地资源的优化配置。

第三，提供合理化、多元化的土地补偿方式。通过合理评估土地的价值，提出科学的土地补偿方法，以充分保障愿意退出土地的农业转移人口的经济利益[1]，同时，采取货币补偿与实物补偿相结合、经济补偿与保障补偿（最低生活保障、就业保障等）相结合等多样化的土地补偿方式，保障退出土地农民的利益。另外，在完善土地退出、补偿与流转机制的过程中，应增加农民在土地退出过程中的话语权，并充分尊重其是否退出土地的决定权。

第二节　改善城镇综合承载能力

从国内各地的先进经验来看，遵循"土地集约、产业集聚、人口集中"思路，通过打造城市重点集聚区、加强城市基础设施建设、优化产业结构等方式，不断增强城市的综合承载能力，为农业转移人口提供更多就业岗位和良好就业环境。加强小城镇建设和村改居建设，有助于推动城乡一体化发展，营造优美宜居的环境，引导农业转移人口就地就近城镇化和合理有序流动，进而推动可持续城镇化。

一、　注重内涵式发展

注重大城市和地区中心城市的高质量内涵式发展，提升城市承载力。大城市、地区中心城市是异地转移的农业人口的主要流入地，大量农业转移人口的流入在促进城市建设的同时也给城市发展带来巨大压力。这些城市应当

---

[1]　卢小君、向军：《农民工进城落户意愿研究——以大连市为例》，《调研世界》2013年第11期，第41—46页。

着重城镇化的高质量内涵式发展。一是构建科学合理的城市规划体系，加强城市基础设施建设，促进城市土地的集约利用，不断提高城市承载力；二是以供给侧结构性改革引导产业结构和要素投入的优化升级。在制定产业发展战略与政策时，应该严格遵循资源节约、生态环保的原则，将可持续的理念贯穿到城镇化发展的全过程。合理规划产业分布，最大化实现集群效应，使人口、土地等要素资源得到更加高效的配置和利用；三是加快新城区、城市郊区的公共基础设施建设，积极推动新城区、城市郊区承接主城区城市功能，实现新建城区、城市郊区与主城区联动发展，加大投资力度建设创新创业基地、产业孵化园、文化创意园等产业园区，延伸产业链条，加快推进产城融合，吸引农业转移人口落户郊区和新城区，防止人口在中心城区过度集聚，促进城镇化的健康发展。

二、　以城市群带动区域经济共同发展

一是以大城市和地区中心城市为中心，在产业结构调整、基础设施建设、生态环境建设等方面开展区域合作治理，形成多中心、网格状的城市群，加快城市群的区域一体化发展，发挥中心城市对周边中小城市的辐射带动作用，着力打造城际经济带，促进城市间良性互动。二是促进大城市对外围中小城市的帮扶，重点支持中小城市的支柱产业不断发展壮大，充分利用与大城市的合作互动，升级传统产业，培育新兴产业。建设并完善中小城市基本公共服务设施和营商环境，将中小城市作为大城市和地区中心城市发展的腹地与后备力量。三是依托国家乡村振兴战略，统筹城乡规划，打破城乡资源流动壁垒，依靠地区区位优势，大力发展绿色、宜居的特色小镇，使其成为县域经济发展的新的增长点。发展现代农业和旅游业，开拓新产业，鼓励农村居民成为创业的主体，培育新经济增长点，缩小城乡收入差距，促进就地城镇化。同时，注重区域生态发展合理布局，实施"绿色城镇化"策略。对于具备生态环境优势的地区，要着力推动生态涵养发展区，积极打造

生态防线，推动生态环境与城镇化协同发展。

三、 促进产业结构转型升级和集群化发展

完善"市场主导，政府引导"模式，促进产业结构转型升级和集群化发展。一是营造促进产业转型的政策环境，创造更多就业岗位。推进钢铁、石化、装备制造等传统和重点产业的战略性转移和重组，加大对地方非农产业的扶持力度，推动第二三产业特别是第三产业中的门槛低、行业关联度高的服务业、批发零售业、现代化建筑业等发展，以吸纳更多农业剩余劳动力就业。二是在产业转型调整升级的同时，注重合理规划产业分布，最大化实现集群效应，使人口、土地等要素资源得到更加高效的利用。三是打破行政区划壁垒，推进地区间产业结构重组与转移，建立区域共同市场，促进要素市场流转，实现优势互补，缩小区域发展差异。四是在制定产业发展战略与政策时，应该严格遵循资源节约、生态环保的原则，将可持续的理念深入到城镇化发展的全过程。

第三节　推进公共服务的均等化

一、 健全就业体系和就业质量

就业机制在农业转移人口的城镇进入阶段发挥了重要的拉力作用，但是不完善的就业制度在一定程度上也是一种城市的回推力，对农业转移人口市民化起到阻碍作用。较低的就业质量也会给农业转移人口的市民化意愿造成消极影响。因此，将农业转移人口市民化与完善就业机制、提高就业质量相协同，建立健全就业制度，发挥政府、企业、社会和个人的多元化主体力量，将城市的回推力转变为城市的拉力，进而不断推动农业转移人口市民化顺利进行。

（一）健全用工制度，强化企业责任

第一，企业在盈利的同时应当提高守法意识和责任意识，建立健全工资保证金等制度，保障农业转移人口工资发放不拖欠、不缺少，尽量为农业转移人口提供"五险一金"，使得农业转移人口获得与市民同等的待遇和福利。企业还应当规范员工招聘、录用、培训等相关人力资源管理环节，避免就业歧视和工种限制，定期为农业转移人口提供相应的职业技能培训，增强其职业技能和工作稳定性。此外，企业必须与农业转移人口签订相应的劳动合同，强化对农业转移人口的权益保障。定期组织内部相关部门进行自查、互查等，加强对用工环节的监督和管理，发现问题及时整改。

第二，进一步规范用工制度，深入贯彻劳动合同法。强化监督用人单位及时与农业转移人口签订劳动合同，提高合同的签订率及签订期限，这是加强对农业转移人口劳动保护，推动农业转移人口市民化的关键内容[①]。对于没有签订劳动合同或不履行劳动合同的用工单位依法予以惩处，严厉打击用工单位非法用工、恶意欠薪等违法行为，保障农业转移人口的工资报酬权益。

（二）加强政策宣传，构建公正平等的就业体系

第一，拓宽就业创业途径，扩大农业转移人口就业规模。大力发展第二、三产业，争取就地解决一部分农村被动移民的就业问题。通过税费减免、社保补贴、岗位补贴等优惠政策，鼓励企业招用农村被动移民。对于只会务农、不能或不愿从事第二、三产业的农村被动移民，可留地安置，或借助农地使用权市场盘活土地资源，满足其务农的需求。

第二，搭建有效的就业创业平台。政府和社会各界应集中力量打造农业转移人口就业择业信息平台，针对特殊群体，结合农业转移人口就业、择业

---

① 吴焱军、林李月、朱宇等：《代际视角下农民工的劳动福利及影响因素——基于对福建省的调查》，《人口与经济》2012年第6期，第88—96页。

特点，创建诚信平台，发布真实有效的信息，并且接受相关部门监督审核。同时，加强对招聘单位的管理，避免出现招聘信息重复和第三方招聘等情况。积极引导农业转移人口对就业信息的高效利用，使其更加快捷准确地获得就业信息和应聘机会。另外，对在平台招聘农业转移人口的用人单位给予适当补助或奖励，扩大就业信息平台的影响与应用。

第三，加强相关就业、创业政策宣传。借助政府、用人单位、培训机构、新闻媒体及社会组织等主体力量对农业转移人口就业、创业利好政策进行常态化宣传。宣传方式及手段应多元互补，发挥传统纸媒的权威性，更需要结合当下网络传播速度快、范围广的特点，建立完善的政策网络宣传渠道。通过长期宣传、及时更新等多种有效宣传手段，在微信、微博等网络平台对农业转移人口创业、就业的利好政策消息进行推送、转发及点赞，从而实现良好的政策传播效应和深远的影响力。

（三）提高农业转移人口的维权意识，营造社会良好氛围

引导农业转移人口加强维权意识和法律意识，在各项权益受到侵犯时懂得用法律武器保护自己的权益，同时不断提升自己的职业素质和职业技能，增强自己的就业本领。城市社区应当着手建立健全农业转移人口法律援助中心，为农业转移人口的各项维权诉求提供通道和途径。同时，加强公众监督，进一步完善举报投诉制度，发挥社交媒体的宣传和传播作用，营造良好的社会氛围。

二、 完善社会保险及住房制度

健全的社会保险及住房制度在城镇进入到社会融合阶段起到了拉动农业转移人口市民化的重要作用，是一种城市的拉力。而缺失的社会保险及住房保障制度则是一种城市的回推力，对农业转移人口市民化起到阻碍作用。因此，应当将农业转移人口市民化与建立健全社会保险及住房保障制度相协

同，发挥政府、企业及社会等多元主体的力量，实现城市拉力的作用，规避城市回推力的风险，从而不断推进农业转移人口市民化进程。

（一）建立健全基本社会保险制度

第一，政府根据农业转移人口的基本生活要求，设计相应的医疗、养老、失业等社会保险制度，逐步缩小城乡社会保障水平的差距。尽快实现农业转移人口工伤保险、失业保险的全面覆盖，使其在受伤或失业的情况下，依然能保障城市基本生活。

第二，相关部门应当尽力为农业转移人口做好个人保险账户的管理，保障农业转移人口在不同城镇间流动时保险年限能够接续，从而享受应有的待遇。同时，应当努力实现农村养老和医疗保险与城市的对接，将农业转移人口在农村地区的参保金额和城市的参保体系很好地衔接起来，有力保障其合法权益。

第三，根据实际情况不断调整农业转移人口参加社会保险的缴费基数，逐步扩大生活困难家庭的社会保险补贴力度，鼓励农业转移人口尽早参保，提高社会保险参与率，进而消除农业转移人口落户城市的后顾之忧。

另外，相关部门应该通力合作，完善个人缴费、企业补助、国家补贴的三层次参保体系，避免农业转移人口因为无钱缴费而放弃参保。借助社区、社会组织等在社会范围内营造积极参保的氛围，增强农业转移人口的参保意识。

（二）完善住房保障制度

第一，加快完善住房公积金制度，逐步将农业转移人口纳入城市住房公积金保障体系，建立高效、统一的全国性住房公积金管理和异地转移支付系统。全面实施国务院和住建部等五部委出台的改善农业转移人口居住状况的政策，建立健全相关法律法规，鼓励并引导用人单位和个人缴存住房公积金，用于农业转移人口购买或租赁自住住房房屋①，使他们能够享受住房公积金保障。同时，政府应当开展信息系统升级改造，符合全国异地公积金贷款的信息化要求，积极拓展住房公积金的使用范围，适当允许购房可能性较小的农业转移人口使用住房公积金支付房租，真正将农业转移人口逐步纳入城市居民福利体系。

第二，逐步将农业转移人口纳入保障性住房体系。一方面，政府应该在建设保障性住房的总体规划中充分考虑农业转移人口的居住需求，逐步将农业转移人口纳入城市保障性住房体系。另一方面，政府应该积极探索改善农业转移人口居住状况的新举措，落实国务院提出的公共租赁住房要面向在城镇稳定就业的外来务工人员的要求②，从而完善农业转移人口的城市住房保障体系。例如，政府可以鼓励用工单位和积极动员社会组织等第三方力量在合法用地范围内建设、或利用闲置厂房改扩建符合基本人居条件的农业转移人口公寓，不仅可以有效改善农业转移人口的居住状况，还能够减少人员流动给企业带来的损失，为企业赢得利润和荣誉。另外，政府可以实行多项优惠政策和税费减免，例如，提供低息银行贷款、减免地方性行政收费和减少水电等配套工程费用等，对兴建农业转移人口公寓的单位和个人给予必要的政策支持，鼓励更多的机构参与其中，使农业转移人口的居住状况得以改善。通过提供低价或符合农业转移人口经济条件的公寓，降低其居住成本，缓解城市化过渡期农业转移人口的居住问题。

第三，规范农业转移人口的居住标准和居住条件。政府相关部门应针对不同行业制定相应的居住标准，确保所有住房达到住宅安全标准，通过安全质量检测，消除安全隐患，为农业转移人口提供基本住房条件和生活环境。对于建筑行业和制造业，通过对居住人数、人均使用面积、基本生活设施及

---

① 王海兵：《关于外来农民工住房保障的现状及分析》，《中国劳动关系学院学报》2010年第 24 卷第 2 期，第 55—57 页。

② 刘功求、王健：《农民工城市住房问题及对策分析——以湖南省为例》，《对策与战略》2013 年第 3 期，第 147—150 页。

质量安全等方面制定更为细致的标准，可以推广使用标准化的活动工棚。而对于用工量较大的劳动密集型企业，对其居住标准也需要制定硬性指标。同时，相关部门必须加强对农业转移人口居住状况的监督管理，通过对企业为农业转移人口提供的宿舍、食堂等设施的监测检查，使企业增强社会责任意识，切实改善农业转移人口的劳动和居住条件。另外，企业应当自觉接受社会公众和大众媒体等的监督，保证农业转移人口的知情权，保护农业转移人口的合法权益。

（三）完善基本医疗保障制度

第一，不断完善农业转移人口基本医疗保险政策体系，提高农业转移人口的参保率，促进城乡医疗保险报销手续的有效衔接及制度整合，让农业转移人口放心就医。

第二，建立健全贫困人口的医疗救助制度，降低农业转移人口医疗费用占其收入的比例，减轻疾病带来的经济负担，减少经济因素对农业转移人口医疗选择的制约作用，从而改善农业转移人口的就医现状。

第三，改善农业转移人口公共卫生的提供方式，加强基层医疗机构基础设施建设，提高医疗机构工作人员的技术水平和服务水平，提高农业转移人口就诊的方便性，实现患者的有效分流，节约个人综合医疗费用并缓解综合大医院的行医压力，有效解决农业转移人口在医疗机构选择中出现的问题。

最后，通过社区宣传健康知识，提升农业转移人口健康知识水平，提高农业转移人口自身健康意识。

三、 加大教育和职业培训力度

教育公平和职业培训同样作为城市拉力对于农业转移人口市民化产生一定的积极影响，但是，失衡的教育体系和欠缺的职业技能培训不利于推动农业转移人口市民化，反而成为城市回推力之一。因此，农业转移人口市民化应当与加大教育公平和职业培训力度相协同，增加教育资源供给，增强教育可及性，同时强化职业技能培训。

（一）提高农业转移人口子女教育的可及性

子女教育是农业转移人口所关注的核心问题之一，他们选择进入城市生活工作很大程度是为了其子女能够接受良好的教育。由于二元户籍制度的存在，农业转移人口无法支付高额的借读费及赞助费，导致其子女无法享受和城市同龄孩子一样的教育机会和教育资源。如果遇到中考、高考，还需要回到户口原籍参加考试，严重影响农业转移人口子女的教育质量。为此，政府部门要加快制定平等、统一的市民子女和农业转移人口子女的教育政策，将农业转移人口的子女教育也纳入城市的九年义务教育中，减免农业转移人口子女的教育费用，保证他们能够获得和城市孩子同等的教育机会和条件，同时要尽快出台允许农业转移人口子女异地参加中考、高考的规定，避免其子女因为户籍问题而造成考试难的情况。

（二）加强职业技能培训与职业发展规划

第一，政府和社会相关培训机构应该提供职业技能培训，并且组织农业转移人口参与培训。在费用上，一方面政府可以根据当地政府的实际情况确定补贴标准，帮助农业转移人口分担部分费用；另一方面，可以拉动企业提供培训赞助，在解决培训费用的同时也能够加强企业的社会责任意识。此外，培训对象可在参加培训之前与企业达成协议，先让企业垫付培训费，并承诺在完成职业培训入职后，再从日后工资中扣除培训费用。

第二，提高职业技能培训的实效性。政府应该加大对社会培训机构的监管，优化培训师资质，对负责农业转移人口培训的政府部门、社会机构给予相应的激励与约束。同时，可以建立培训档案，对所有参与政府及社会培训的农业转移人口进行就业后跟踪回访，确保农业转移人口职业技能培训学有所成，真正用到实际工作中。另外，可以请政府相关部门或社会机构作为第三方对企业内部职业技能培训结果进行测评，对于测评结果优秀的单位予以表彰和奖励，对于测评结果不好的单位予以警告或处罚，从而确保企业内部职业技能培训不走过场，注重实效。

第三，做好农业转移人口职业发展规划。加强对农业转移人口开展长期职业培训。除基本上岗、岗前培训和职业技能培训外，还应注重纵向职业发展和横向职业规划，可以将农业转移人口职业发展规划纳入职业发展培训中。加强农业转移人口的自我职业规划能力培训，既要让他们形成长期职业发展规划的意识，又要具备根据不同职业发展阶段，不断调整长远职业发展规划的能力，将职业的近期发展与长远规划紧密相结合。

（三）加强职业发展的心理疏导

第一，政府应将职业发展心理指导作为重要部分纳入农业转移人口职业发展培训中，不仅要通过加强职业技能培训解决农业转移人口就业问题，更要从职业发展心理疏导上，帮助农业转移人口解决甚至是突破就业心理问题。例如，克服在遇到待遇不公、工资不如意、职业发展难等多种职业困境时，选择沉默或逃避等。

第二，设立相关机构或部门，及时掌握并疏导农业转移人口心理障碍。例如在社区、街道建立互帮互助小组，帮助他们及时找到心理问题并有效地进行疏导。此外，在企业和社会培训机构中增加职业心理辅导培训，有效的预防职业发展心理问题产生；在社会和农业转移人口团体中，倡导互帮互助，通过多分享、多沟通、多交流，将职业心理问题在群体交流、沟通中进行自我帮扶、自我消化和自我解决，从心理和思想上做好职业发展和身份转变的多重准备。

四、 重视医疗卫生服务均等化

医疗卫生服务的均等化与可及性作为城市重要的拉力之一，是农业转移人口在迁移过程中重要的健康保障，可以有效降低健康风险，对农业转移人口市民化产生积极作用。假若医疗卫生服务无法与农业转移人口市民化相协同，无法为推动农业转移人口市民化服务，那么将会变成消极的城市反推力，起到阻碍作用。因此，应该积极推进医疗卫生服务均等化，重点加强如下几项工作。

第一，重视发挥医疗卫生服务的预防作用，增强农业转移人口的健康意识。基于社会心理学的健康信念模型（health belief model，HBM），针对农业转移人口主动利用和被动利用均较低的状况，可以通过干预流动人口的知觉、态度和信念等心理活动，改变农业转移人口的健康行为。因此，流入地政府一方面可以提高农业转移人口健康档案建档率，把握健康动态变化趋势，这对于了解农业转移人口的健康状况和医疗卫生服务需求、更高效配置基本医疗服务资源至关重要。流入地政府另一方面可以在社区内大量开展健康教育与健康促进项目，加强疾病健康的宣传，提升农业转移人口的健康素养，引导其及时就医，避免小病拖成大病。

第二，发挥医疗保险制度在分级诊疗中的杠杆作用。医疗保险政策本应在引导患者合理就医、推进分级诊疗中发挥杠杆作用。但是目前医疗保险在住院地点选择方面的分流作用主要是源于新农合在异地利用、报销方面的限制，是农业转移人口在现有制度设计下的被动选择。在国家鼓励农民工和灵活就业人员依法参加城镇职工基本医疗保险的政策背景下，对于已经缴交多年新农合保费的农业转移人口，可以考虑采取缴费年限"非一对一"折算的办法，将他们参保新农合的缴费年限按适当的比例折算为转入地城镇职工基本医疗保险的缴费年限。此外，目前很多地区的住院报销政策的设计中，不同级别医院在起付标准、报销比例方面没有明显差异，难以起到引导作用。

扩大基本医疗保险在不同级别医院之间报销比例的差距，是促进农业转移人口合理诊疗的途径之一。

第三，推动医保"跨地区报销"。对于农业转移人口而言，在利用医疗保险时的一个重要顾虑就是异地报销问题。推动各类医疗保险制度的"跨地区报销"，可以免除农业转移人口外出就业的后顾之忧，在保障他们利用医疗卫生服务，提高健康水平，减少健康贫困方面具有重要意义。允许农业转移人口在符合定点医疗机构条件的医院进行就诊，出院后凭出院证明和病历报告在当地进行报销，简化审批手续，方便参合人员看病就诊。随着我国城乡差别的不断弱化，应该将不同类型人员纳入一个统一的医疗系统，使优惠政策惠及每一位公民。

第四，进一步提高城市基层医疗服务能力。分级诊疗制度的推进，需要以基层医疗机构和县区级医院服务质量的提高作为支撑。因此，为提高基层医疗服务质量，可以通过政策激励吸引优秀医生在低级别医疗机构坐诊、鼓励基层服务的全科医学化等途径，引导医疗资源适度向低级别的医疗机构倾斜。

第四节　促进城市适应和社会融合

在社会融合阶段，农业转移人口对自身市民身份的认同和城市生活适应性是体现其市民化程度的重要心理基础和关键指标。来自城市社区的人文关怀和农业转移人口社会关系网络的重新构建以及他们的合理诉求得到回应和解决是促进农业转移人口城市适应和社会融合的重要途径，因此，将农业转移人口市民化与增强其市民身份的认同以及城市生活适应性相协同，通过多元主体合作推动，能够将城市回推力转变为持久的城市拉力，真正实现农业转移人口的城市社会融合。

一、 加强社区人文关怀

第一，增强社区交流和互动，促进社会交往和融合。将培养农业转移人口的自身适应能力和提升他们的社区归属感相结合，是有效促进农业转移人口的社会融合，提升其城市生活适应性的重要途径。社区是城市居民的家园，也应该成为来这里生活的农业转移人口的家园，提升社区归属感将极大促进农业转移人口的城市社会融入感。因此，要充分发挥社区在农业转移人口融入城市生活中的重要作用，提高城镇对农业转移人口的吸纳能力和吸引力，消除对农业转移人口在公共资源和收入分配上的歧视[①]。借助社区力量开展和谐、包容、多元的文化、体育、艺术活动及邻里互帮互助等活动，例如社区定期邀请大学生志愿者与农业转移人口开展文化交流，组织义工到高龄农业转移人口家中进行志愿服务，组织文化或技术培训班、开办合唱团等，以拓宽农业转移人口的社交网络，实现其与城市居民的良性互动。有助于他们树立一种现代社会思维和意识，帮助他们缩小与城市居民的心理差距，增强双向认同感，提升农业转移人口的社区归属感。

第二，提供社区教育，加强农业转移人口的主观适应能力。政府积极配合社区和用工单位，以农业转移人口的实际需求为导向，广泛提供技能教育、职业发展教育、心理健康教育等社区教育服务。注重挖掘并利用"智慧社区"所涉及的社会网络、互动式电子信息服务等功能[②]，利用先进的信息技术平台，为农业转移人口及其子女提供免费的多方位的技能教育讲座和职业发展辅导以及特色讲座。如针对新生代农业转移人口随迁子女适应性教育问题，社区可以开展"心灵成长"等特色讲座，为孩子们融入城市社区创造

---

① 刘培森、尹希果：《新生代农民工市民化满意度现状及其影响因素研究》，《西安财经学院学报》2017 年第 30 卷第 1 期，第 75—81 页。

② 邓睿、冉光和、肖云等：《生活适应状况、公平感知程度与农民工的城市社区融入预期》，《农业经济问题》2016 年第 37 卷第 4 期，第 58—69 页，第 111—112 页。

良好的人文环境与心理氛围①。

第三，关注农业转移人口群体心理动态。政府有关部门要依托社区和专业机构，加强对农业转移人口群体的正确引导，帮助他们减轻"边缘人"心理，逐渐改正自身的不良行为与习惯，保持健康的心理状态。另外，鼓励社区、用人单位以及其他社会组织定期举办针对农业转移人口群体的文化娱乐活动，丰富他们的业余生活，同时舒缓工作和生活带给他们的心理压力，促进健康心态的发展。根据农业转移人口的问题和需求设置相关的心理咨询机构，关注和提高农业转移人口的心理健康水平。定期为农业转移人口群体提供心理咨询服务，帮助农业转移人口解决在工作和生活中遇到的困难，及时排解心理障碍和压力，不仅在物质层面满足他们的基本需求，更要在精神层面给予其更多的关怀。

二、 重构社会关系网络

社会关系网络的重构主要是为了打破原有的地缘关系、血缘关系的限制，建立当地居民与农业转移人口之间良好的互动机制。在新的社会关系中，农业转移人口可以与当地居民和组织建立起新的社会关系网络，与拥有更高能力或相同境况的人进行问题探讨从而解决相应的困难，可以通过互帮互助团体，获得更多留在城市安家立业的方法办法，了解更多相关的利好政策，还可以在心理上快速地融入城市社会，接受意识形态和价值观念的转变。

第一，促进农业转移人口与当地居民的社会交往。一方面，为农业转移人口打造积极向上的正能量的社会氛围，着力打造互帮互助团体等相关组织，使得农业转移人口能够在城市社会中寻找到与自身密切相关的团体或组织，形成自身的人际关系网络，而不再紧紧依附原有的社会关系网络。另一

---

① 肖云、邓睿：《新生代农民工城市社区融入困境分析》，《华南农业大学学报（社会科学版）》2015 年第 14 卷第 1 期，第 36—45 页。

方面，定期组织开展多样化活动，满足农业转移人口的心理需求，涉及兴趣、就业、教育及生活等多方面，引导农业转移人口主动参与社会生活，促进他们与当地户籍人口的互动与交流。这样，既能促进农业转移人口自身的多样化发展，提高城市适应能力，又能引导其逐渐建立新的社交关系网络。

第二，促进农业转移人口随迁子女融入当地教育。政府部门应合理分配公办教育资源，采取城镇户籍学生混合编班的方式，统一安排教学和活动，不搞特殊化，赋予随迁子女与当地居民子女享受同等就学升学权益。同时，公办学校应提供平等的教育环境，在奖励、荣誉等方面给予随迁子女与当地学生同等待遇，一视同仁。在随迁子女融入适应方面给予积极引导和帮助，提升城市适应能力。如开设心理文化系列讲座、开展多样化文化融合活动等，既能加强随迁子女与当地学生的沟通与交流，增进他们之间的情感交流，形成新的社会关系网络，又能促进农业转移人口随迁子女与本地学生的文化融合。

（3）成立专业机构，妥善解决农业转移人口诉求

组织成立相应的社会组织或团体，在基层设置专门的平台或热线，对农业转移人口及其家属的各项诉求给予及时回应和妥善解决。比如，大连市西岗区专门成立了365外来人员综合服务中心，这是为外来人员量身定制的综合性专业服务机构。该中心以最大化满足外来人员基本公共服务和市民待遇、实现政策快捷传送为目标，集成社会各界力量和优势资源，构建24小时立体化、开放式服务平台。以满足外来人员的多样化、个性化服务需求为目标，创建了智能化、项目化、多元化系列服务和特色定制的运行模式，为外来人员提供及时、优质的社会服务。近几年春节期间，为了让外来务工人员免去彻夜排队买票的苦恼，365市民大楼与多家单位联合发起主题为"兄弟去哪儿——用爱温暖回家的路"的公益活动，义务帮助在大连的外来务工人员网上订票，并且联系爱心企业为购票困难人员解决了购票资金，解决了外来务工人员春节返乡的问题。这些活动吸引了300多名志愿者参与，在全社会营造了温暖的公益氛围。在365外来人员综合服务中心还成立了大连市

第一个农民工工会联合会，接受总工会的指导并且接受政府的资金扶持。农民工工会联合会围绕农业转移人口在城市生活的一系列问题提供服务，例如开展就业培训、提供就业信息和房屋信息、子女教育咨询以及其他服务等，致力于打造一个全免费的线上中介服务平台。这些经验值得其他地区学习和借鉴。

附录 I　调查问卷

一、农业转移人口市民化问题调查问卷

尊敬的先生/女士：

您好！我们正在进行一项关于农业转移人口市民化问题的调查，以便为政府制定有关政策和改进对农业转移人口市民化进程的服务和管理提供依据，进而更好地发挥农业转移人口在城镇经济和社会发展中的作用，切实改善农业转移人口的生活质量。希望能够得到您的大力支持和积极配合。

我们对您提供的所有资料严格保密，希望您不要有任何顾虑。谢谢您的合作！

大连理工大学农业转移人口市民化问题调查研究团队

2015 年 4 月

请按照您的实际情况填写，或在符合您实际情况的选项上打"√"。以下题目有特殊说明的需要按照要求来填写，没有说明则都是单项选择。

第一部分基本情况

1. 您出生于＿＿＿＿＿年

2. 性别：A. 男　　　　B. 女

3. 您现在是户口？　　A. 农村　　　　B. 城镇

4. 您的户口所在地是_____省_____市

5. 您的文化程度：

A. 小学及以下　　　B. 初中　　　　C. 高中及中专

D. 大学专科　　　　E. 大学本科及以上

6. 您的婚姻状况：

A. 未婚　　　　　B. 已婚　　　　　C. 离婚　　　　　D. 丧偶

7. 您的子女人数：（未婚者勿填）_____人

8. 您初次外出进城务工的年龄为_____岁

9. 您离开家乡选择到城市务工的主要原因有哪些，原因 1 _____，原因 2 _____，原因 3 _____（请按照原因的重要性来填写）

A. 农村收入太低，城市收入比较高

B. 家里农活少，有空余时间去打工

C. 出门学习一技之长，自己创业　　　D. 家庭负担重，急需用钱

E. 不愿干农活，向往城市生活

F. 看到别人都出去挣钱，就跟着出来了

G. 进城之后，孩子有条件接受更好的教育

第二部分　土地情况

1. 您现在老家是否还有承包地？

A. 是　　　　　　B. 否（直接跳到第 4 题）

2. 您老家的承包地目前是

A. 自种　　　　　B. 亲友代种　　　C. 转租给别人，每年获得租金

3. 如果您进城定居，如何处置承包地？

A. 保留承包地，自家耕种　　　　　B. 保留承包地，有偿流转

C. 给城镇户口的话，有偿放弃　　　D. 给城镇户口的话，无偿放弃

E. 其他

4. 您现在老家是否还有住房及其他房产？

A. 是　　　　　　B. 否（直接跳到第 6 题）

5. 如果您进城定居，如何处置老家住房及其他房产？

A. 保留住房，将来备用　　　　　B. 有偿转让

C. 给城镇户口的话，有偿放弃　　D. 置换城里的住房

E. 其他

6. 如果户口迁入城市让您放弃家里的土地，您会如何如选择？

A. 即使失去土地也要迁入　　　　B. 放弃迁入城市

C. 不确定，没想好

7. 您是否一定要拥有自己的土地，心里才觉得踏实、才有依靠？

A. 是这样的　　　B. 有点　　　C. 完全不这么认为

第三部分　户籍情况

1. 你觉得迁到城市生活，取得城镇户口困难吗？

A. 很困难　　　　B. 一般，有些困难

C. 比较容易　　　D. 非常容易

2. 城镇户口对您的吸引力如何？

A. 非常大　　　　B. 比较大

C. 没啥区别　　　D. 没有吸引力（跳过下一道题）

3. 城镇户口最吸引您的是什么？（单选）

A. 城市收入较多　　　　　　　B. 子女教育条件好

C. 身份平等，觉得有面子　　　D. 城市生活条件好

F. 医疗卫生条件好，福利水平高　G. 其他

4. 你是否愿意长期居留城市？

A. 是　　　　　　　　　　　　B. 否

5. 没有户籍情况下，未来希望在哪里生活？

A. 老家附近的大城市　　　　　B. 老家附近的中小城市

C. 老家附近的小城镇　　　　　D. 异地大城市

E. 异地中小城市　　　　　　　F. 异地小城镇

G. 农村老家　　　　　　　　　H. 条件更好的农村

6. 是否愿意在城市落户？

A. 是　　　　　　　B. 否（跳过下一道题）

7. 落户情况下，未来希望在哪里生活？

A. 老家附近的大城市　　　　　B. 老家附近的中小城市

C. 老家附近的小城镇　　　　　D. 异地大城市

E. 异地中小城市　　　　　　　F. 异地小城镇

G. 只要是城里，哪里都行

第四部分　就业情况

1. 您是否有务农经验？

A. 是　　　　　　　B. 否

2. 您目前从事的行业：

A. 建筑业　　　　B. 加工制造业　　C. 住宿餐饮业

D. 批发零售业　　E. 居民服务业　　F. 交通运输业

G. 保安物业管理　H. 房地产业　　　I. 其他

3. 您进城务工的年限为_____年。

4. 您在目前城市的工作年限为_____年。

5. 您在目前单位的工作年限_____年。

6. 您配偶的工作情况是_____。（请已婚者作答）

A. 在同一城市打工B. 在其他城市打工C. 在老家

7. 您是否签订了劳动合同？

A. 是　　　　　　　B. 否

8. 您每天的工作时间是_____小时。

9. 您平时工作会有加班吗？

A. 不曾有过加班　　　　　　　B. 偶尔会有加班

C. 经常加班　　　　　　　　　D. 每天都会加班

10. 您是否有固定休班？

A. 有单休　　　　　　　　　　B. 有双休

C. 串休，无固定时间　　　　　　D. 无

11. 您对现在的工作是否满意？

A. 非常满意　　　　B. 比较满意

C. 一般满意　　　　D. 有些不满意

E. 非常不满意

12. 在以下工作因素中，您最在意的是

A. 工资　　　　　　B. 工作环境

C. 能否学到本事　　D. 能否得到尊重

13. 您的平均月收入是（含加班费、奖金等）多少？

A. 1000 元以下　　　　　　　　B. 1000—1999 元

C. 2000—2999 元　　　　　　　D. 3000—3999 元

E. 4000 元以上

14. 您目前最主要的支出是

A. 用于个人和家庭生活的基本消费

B. 用于存钱买房、子女教育花费和以后养老

C. 寄回老家　　　　　　　　　　D. 社会交往

15. 您有没有被克扣工资的经历？

A. 有　　　　　　　B. 没有

16. 您认为您的就业机会及受到的待遇与当地居民相比存在明显差异吗？

A. 很明显　　　　B. 一般　　　　C. 不明显　　　　D. 不了解

17. 您参加过何种劳动技能和职业培训？

A. 政府部门组织的培训　　　　　B. 单位组织的培训

C. 自费培训　　　　　　　　　　D. 没有参加过培训

第五部分　家庭生活与子女教育情况

1. 您是否有家属随您一起外出？

A. 有　　　　　　　B. 没有（直接跳到第 3 题）

2. 您和家属在城市生活是否适应？

A. 是　　　　　　　B. 否

3. 您认为在城市的生活压力如何？

A. 压力很大，城市消费太高　　　　B. 能够满足日常开销

C. 压力很小，完全消费得起

4. 您会经常去大型商场购物吗？

A. 经常去　　　　B. 偶尔去　　　　C. 从未去过

5. （请已婚有子女者作答）子女是否达到上学年龄？

A. 是　　　　　　　B. 否（请直接跳到第六部分）

6. （请已婚有子女者作答）子女是否在你打工城市上学？

A. 是　　　　　　　B. 否（请直接跳到第六部分）

7. （请已婚有子女者作答）子女在城市就学情况怎样？

A. 容易　　　　　　　B. 不容易，需找人帮忙

C. 不容易，受到户口限制　　　　D. 受限制，非常难

8. （请已婚有子女者作答）您认为您的孩子是否有平等的机会在城市学校接受教育？

A. 有　　　　　　　B. 没有

9. 在子女就学的过程中，碰到的主要问题有（可多选）

A. 学费高，负担重　　　　B. 要缴纳借读费

C. 学校条件差，教学质量不好　　　　D. 在学校受歧视

E. 经常转学，学习缺乏连续性　　　　F. 其他

第六部分　公共服务与住房状况

1. 您是否参加了社会保险？

A. 是　　　　　　　B. 否（请直接跳到第3题）

2. 您参加了哪类的社会保险？（可多选）（回答该题的请跳过第3题）

A. 新农合　　　　　　　B. 农村养老保险

C. 城镇职工养老保险　　　　D. 城镇职工医疗保险

E. 失业保险　　　F. 工伤保险　　　G. 住房公积金　　　H. 其他

3. 您没有参加社会保险的原因是什么？（可多选）

A. 费用高   B. 收益晚

C. 手续烦琐   D. 保障水平低

E. 单位不管   F. 其他

4. 您经常去文化广场或公园放松娱乐吗？

A. 经常   B. 偶尔   C. 从不

5. 您认为目前城市的生活服务条件（设施）怎么样？

A. 很好，设施很齐全   B. 比较好，设施比较齐全

C. 一般，还说得过去   D. 不是很好

E. 很差，生活服务设施破旧，很不健全

6. 当您在外出务工经商期间生病时，您会选择？

A. 不看病，不吃药   B. 回老家再做打算

C. 去正规医院看病   D. 去个体诊所看病

E. 自己到药店买药

7. 您在城市的居住处是_____

A. 由于工作地点距离老家不是很远，所以每天往返

B. 自己租住   C. 单位提供   D. 亲友、同乡提供

E. 自己购买   F. 工地现场   G. 其他

8. 您觉得当前住房状况怎么样？

A. 很宽敞   B. 比较宽敞

C. 一般，凑合   D. 比较拥挤

E. 很拥挤

9. 以您现在的收入条件，能否承受打工城市的房价？

A. 完全可以支付得起   B. 能够承受，可以选择贷款买房

C. 不太能够承受，压力太大   D. 从未想过买房

10. 您最希望城市政府提供哪些与城市居民均等的公共服务（多选）？

A. 就业   B. 住房   C. 子女教育与职业培训

D. 医疗卫生和计生服务 E. 社会保险

第七部分   社会融合情况

1. 对于城市人，你愿意与他们交往吗？

A. 很愿意   B. 还行   C. 不大愿意   D. 非常反感

2. 您在城市里有多少个朋友？

A. 20 个以上   B. 19—10 个   C. 9—5 个   D. 4 个以下

3. 您的朋友的构成情况如何？

A. 基本都是老乡

B. 基本都是农村人，但有一部分人不是老乡

C. 农村人和城市人差不多各半

D. 农村人较少，大多是城里人

E. 基本都是城里人

4. 是否感觉本地人总是看不起外地人？

A. 是   B. 否

5. 进入城市生活后，您觉得生活观念有没有和在农村时有所不同？

A. 完全不同了   B. 改变很多   C. 有所改变   D. 改变很小

E. 没有任何变化

6. 您是否经常参加社会活动？

A. 是   B. 否

7. 您现在适应城市生活了吗？

A. 完全适应   B. 大体适应   C. 不太适应   D. 很不适应

8. 您的未来生活设想是

A. 打算长期留在城市   B. 赚钱或学到技术后回家乡创业

C. 打几年工，挣一笔钱就回老家   D. 没啥想法

9. 您内心深处觉得自己是否算是城市人？

A. 是   B. 否

问卷结束，再次感谢您的合作。祝您生活愉快，阖家欢乐！

二、大连市甘井子区推进农村集体
产权制度改革调查问卷

尊敬的先生/女士：

您好！本次问卷调查目的是能够获得农村集体产权制度改革工作相关数据支撑，让大连市甘井子区城镇化中农村集体产权制度改革工作的建议更加具有针对性、实效性。请您在百忙之中抽出几分钟的时间填写此调查问卷，并提出宝贵意见。本次调查问题仅用于学术研究，采取无记名形式，没有标准答案，无对错之分。请按照您的实际情况逐一在选项上打"√"即可。

一、 基本情况

1. 您所在的街道是_____

2. 您的性别是

A. 男　　　　　　B. 女

3. 您的工作类别是

A. 街道工作人员　B. 村工作人员

4. 您的年龄是

A. 30 岁以下　　　　　　　B. 31—45 岁

C. 46—60 岁　　　　　　　D. 61 岁以上

5. 您的文化程度是

A. 高中（中专）及以下　　　B. 大学本科（大专）

C. 硕士研究生及以上

二、 改革认知情况

6. 村干部对改革的最大担忧是什么

A. 怕影响社会稳定　　　　　　B. 支配村集体经济受到制约

C. 自身能力无法适应改革带来的新变化D. 太复杂，工作太繁忙，没时间

E. 话语权将可能被削弱

7. 村民对改革的最大担忧是什么

A. 担心集体资产缩水流失　　　B. 怕新集体经济组织经营亏损

C. 自己的利益得不到保障　　　D. 集体资产被挥霍而光

E. 不公开、不透明

三、 改革机制建设

8. 您所在街道是否建立规范可行的实施方案

A. 否　　　　　B. 是

9. 对于改革法律法规政策，您认为有待提升的方面是

A. 加强农村集体产权制度改革立法工作

B. 建立完善改革总体方案

C. 建立完善改革相关配套政策文件

D. 加强政策措施可操作性

四、 改革基础工作

10. 您认为清产核资内容是否全面

A. 否　　　　　B. 是

11. 您认为成员界定是否合理

A. 否　　　　　B. 是

227

12. 您认为资产量化是否规范

A. 否　　　　　　　B. 是

五、 改革人员保障

13. 您对当前改革工作的人员配备是否满意

A. 否　　　　　　　B. 是

14. 您认为改革培训工作做得如何

A. 很好　　　　　B. 较好　　　　　C. 一般

六、 集体经济组织发展

15. 村集体经济组织发展壮大的困难主要是

A. 在公共服务和社会保障等方面的压力较大

B. 可开发利用土地逐渐大幅减少

C. 村集体经济收入来源渠道仍比较单一

D. 缺乏明显的扶持政策引导

E. 引进产业项目落地难

16. 您认为村集体组织产权制度改革后的工作重心是什么

A. 建设具备现代产权制度特征的新型集体经济形态

B. 逐渐剥离村集体承担的公共服务

C. 支持和引导农村集体经济组织与区域性现代产业发展相结合

D. 出台促进集体经济发展壮大的规范性文件

E. 规范集体资产监管

调查到此结束，谢谢您的配合！

三、农业转移人口状况调查问卷

尊敬的先生/女士：

您好！

我是大连理工大学农业转移人口课题研究小组的调查员，我们正在开展一项关于农业转移人口生活、心理和就业情况的调查研究，以便于解决农业转移人口在城镇生活中遇到的困难和问题，为政府部门制定相关政策和改进对农业转移人口的管理和服务提供依据，更好地促进城镇发展建设。希望您能积极配合我们的调查。

本次调查采用不记名的方式填写，我们对您提供的所有信息进行严格保密，请您消除顾虑，客观的写出您的意见。再次感谢您的支持和配合！

大连理工大学农业转移人口课题研究调查组

2014 年 5 月

问卷中没有具体说明的问题都是单选，请按照您的实际情况填写，或在符合您实际情况的选项上打"√"

第一部分　基本情况

1. 您的户籍所在地：＿＿＿＿＿省＿＿＿＿＿市＿＿＿＿＿县

2. 您当前的工作所在地：＿＿＿＿＿省＿＿＿＿＿市＿＿＿＿＿县

3. 您的年龄：＿＿＿＿＿周岁

4. 您的性别（　　）：A. 男　　B. 女

5. 您离开农村在城镇工作生活多少年（　　）：

A. 1—2 年　　　　　　　　　　B. 3—5 年

C. 6—10 年　　　　　　　　　　D. 11 年及以上

6. 您的文化程度（　　）：

A. 小学及以下　　B. 初中　　　　C. 高中（中专）

D. 大专　　　　　E. 本科及以上

7. 您的婚姻状况（　　　）：

A. 未婚　　　　　B. 已婚　　　　　C. 离婚　　　　　D. 丧偶

8. 您的子女数量（　　　）：

A. 没有　　　　　B. 1 个　　　　　C. 2 个　　　　　D. 3 个及以上

9. 全家是否随您一同到本地生活（　　　）：

A. 是　　　　　B. 否

10. 您目前具有的技能情况（　　　）：

A. 没有等级　　　　B. 初级　　　　C. 中级　　　　D. 高级

第二部分　目前工作、生活等情况

1. 您目前从事的行业（　　　）：

A. 制造业　　　　B. 建筑业　　　　C. 居民服务和其他服务业

D. 住宿和餐饮业　　E. 批发零售业

F. 交通运输、仓储和邮政业　　　　G. 其他

2. 您每天的工作时间（　　　）：

A. 8 小时及以内　　　　　　B. 9—10 小时

C. 11—12 小时　　　　　　D. 13 小时及以上

3. 您是否签订劳动合同（　　　）：

A. 没有签订劳动合同　　　　　B. 签订劳动合同

4. 您是否接受过职业技能培训（　　　）：

A. 没有接受过任何培训　　　　　B. 接受过培训

5. 您是否被拖欠过工资（　　　）：

A. 没有被拖欠过　　　　　　B. 被拖欠过

6. 您的月收入（含加班费、津贴、奖金）（　　　）：

A. 1000 元以下　　　　　　B. 1000—1999 元

C. 2000—2999 元　　　　　D. 3000—3999 元

E. 4000 元及以上

7. 您目前参加的社会保险有（可多选）（　　　）：

A. 养老保险　　　　B. 医疗保险　　　　C. 工伤保险　　　　D. 失业保险

E. 生育保险　　　　F. 未参加任何保险

8. 您的收入用在哪个方面最多（　　　）：

A. 日常生活　　　　B. 子女教育　　　　C. 文化娱乐　　　　D. 存款储蓄

E. 寄回老家　　　　F. 医疗费用　　　　G. 缴纳社会保险　　　H. 其他

9. 您每月的个人平均消费（　　　）：

A. 200 元及以下　　　　　　　　　　　B. 201—500 元

C. 501—999 元　　　　　　　　　　　D. 1000 元及以上

10. 您现在的居住处是（　　　）：

A. 自己租住　　　　B. 单位提供　　　　C. 亲友、同乡提供的

D. 自己购买　　　　E. 工地现场　　　　F. 其他

11. 您是否参加过所在居住社区的选举活动（　　　）：

A. 参加过　　　　　B. 没有参加过　　　　C. 没听说过

12. 您是否参加过政府或社区组织的一些文娱活动（　　　）：

A. 经常参加　　　　B. 偶尔参加　　　　C. 从来不参加

13. 您在本地的朋友数量（　　　）：

A. 有很多　　　　　B. 只有几个　　　　C. 一个也没有

其人员构成情况是（　　　）：

A. 大部分是本地的　　　　　　　　　　B. 大部分是老乡或外地人

C. 本地和外地数量差不多

14. 当您生病时您去哪里看病（　　　）：

A. 医院　　　　　　　　　　　　　　　B. 私人诊所

C. 去药店买药　　　　　　　　　　　　D. 硬挺扛过去

15. 您认为您现在是（　　　）：

A. 农民　　　　　　B. 城里人　　　　　C. 说不清楚

16. 您感觉城里人总是看不起农村人吗（　　　）：

A. 看不起　　　　B. 没有看不起　　C. 没感觉

17. 您对您工作所在的城镇满意吗（　　）：

A. 非常不满意　　B. 不满意　　　　C. 无所谓　　　　D. 满意

E. 非常满意

18. 您认为您已经适应城镇生活了吗（　　）：

A. 适应　　　　　B. 不适应

19. 您最希望政府做的事是什么（限选3项）（　　）：

A. 提高最低工资水平　　　　　　B. 提供职业技能培训

C. 改善子女教育条件　　　　　　D. 提供保障住房或廉租房

E. 改善工作和生活环境　　　　　F. 改善社会保险

G. 加强权益保障　　　　　　　　H. 改善医疗条件

I. 其他

20. 您是否愿意转变为市民（　　）：

A. 愿意　　　　　B. 不愿意

21. 您愿意在哪种规模的城镇进行由农民向市民的转变（　　）：

A. 县城或小城镇

B. 中小型城市（地级市或副省级城市）

C. 大型城市（省会或直辖市）

22. 如果您今后将由农民转变为市民，您愿意选择在哪个地方进行转变（　　）：

A. 在户口所在地的县域向市民转变

B. 在户口所在地县域以外的城镇向市民转变

23. 您选择在户口所在地的县域向市民转变的最主要原因（选择22题A的请作答此题）（　　）：

A. 对户口所在地的县域很熟悉

B. 离家近，方便照顾家人

C. 城镇规模相对适中，生活和就业压力小

D. 迁移门槛低

24. 您选择在户口所在地县域以外的城镇向市民转变的最主要原因（选择 22 题 B 的请作答此题）（   ）：

A. 想出去开阔眼界

B. 获取更多的就业机会和收入，享受更好的生活水平

C. 为了子女接受更好的教育

D. 享受更完善的基础设施

E. 投奔亲戚朋友

调查到此结束，谢谢您的配合！

四、"村改居"人口市民身份认同状况调查问卷

您好！

本项调查旨在了解"村改居"人口的生活状况以及对市民身份认同的程度等情况，只用于学术研究。问卷采取匿名的方式，请您放心填答问卷。

感谢您的配合！

"村改居"人口市民身份认同问题调查组

2016 年 11 月

以下题目有特殊说明的按照要求填写，没有说明的都是单项选择，请在符合您实际情况的选项上打"√"。

第一部分 基本情况

1. 您的年龄是_____周岁。

2. 您的性别是_____。

A. 男   B. 女

3. 您的文化程度_____。

A. 小学及以下　　　B. 初中　　　　　C. 高中及中专　　　D. 大学专科

E. 大学本科及以上

4. 您的婚姻状况_____。

A. 未婚　　　　　　B. 已婚

5. 您是_____年取得城市户口的。

6. 您的内心深处认为自己是城市人（城里人）吗？

A. 是　　　　　　　B. 否

第二部分　就业情况

1. 如果您目前处于无工作状态，您最希望通过何种方式获得工作机会_____。（跳转第三部分）

A. 自己做生意　　　B. 通过中介组织介绍

C. 通过亲戚朋友介绍　　　　　D. 向村、社区求助介绍工作

2. 您在现单位工作多长时间了_____。

A. 不足一年　　　　B. 一到两年　　　C. 两年以上

3. 您和单位是否签订了劳动合同_____。

A. 是　　　　　　　B. 否

4. 您每天的工作时间一般情况下是_____小时。

5. 您平时工作加班情况_____。

A. 从不加班　　　　B. 偶尔加班

C. 经常加班　　　　D. 每天都加班

6. 您是否有固定的休息日_____。

A. 每周休息一或两天　　　　　B. 可以串休，无固定休息时间

C. 没有休息日　　　　　　　　D. 自己掌握，不受约束

7. 您对现在的工作是否满意_____。

A. 非常满意　　　　　　　　　B. 比较满意

C. 一般满意　　　　　　　　　D. 有些不满意

E. 非常不满意

8. 在以下工作因素中您最在意的是（单选）＿＿＿＿＿＿。

A. 工资　　　　　　　　　　　B. 工作环境

C. 能否学到本事　　　　　　　D. 能否得到尊重

9. 您的平均月收入是多少（含加班费、奖金等）＿＿＿＿＿＿。

A. 1000 元以下　　　　　　　　B. 1000—1999 元

C. 2000—2999 元　　　　　　　D. 3000—3999 元

E. 4000 元以上

10. 您有没有被克扣、拖欠工资的经历＿＿＿＿＿＿。

A. 有　　　　　　B. 没有

11. 您参加过何种劳动技能和职业培训？

A. 政府部门组织的培训　　　　B. 单位组织的培训

C. 自费培训　　　　　　　　　D. 没有参加过培训

12. 您目前从事的行业是：

A. 建筑业　　　　B. 加工制造业　　　C. 住宿餐饮业

D. 批发零售业　　E. 居民服务业　　　F. 交通运输业

G. 保安物业管理　H. 房地产业　　　　I. 其他

第三部分　家庭生活和子女教育情况

1. 您和家属对目前的城市生活是否适应＿＿＿＿＿＿。

A. 是　　　　　　B. 否

2. 您认为城市的生活压力如何＿＿＿＿＿＿。

A. 压力很大，节奏快　　　　　B. 有压力，和之前差不多

C. 压力不大　　　　　　　　　D. 没感觉到什么压力

3. （请已婚有子女者作答）子女是否达到上学年龄＿＿＿＿＿＿。

A 是　　　　　　B. 否

4. （请已婚有子女者作答）子女在城市就学情况怎样＿＿＿＿＿＿。

A. 就近入学　　　B. 找人帮忙到所谓的好学校

C. 受各种限制

5. 您是否有属于自己的房和车_____。

A. 都没有　　　　　B. 有一样　　　　　C. 都有

6. 您目前最主要的支出是以下哪一方面_____。

A. 个人和家庭基本消费　　　　　B. 用于存钱买房或还房贷

C. 子女或家人的教育医疗支出　　　　　D. 社会交往　　　　　E. 旅游休闲

第四部分　　公共服务与住房状况

1. 您是否参加了社会保险_____。

A. 是　　　　　B. 否

2. 您参加了哪类的社会保险_____。（本题可多选）

A. 医疗保险　　　　　B. 养老保险　　　　　C. 工伤保险　　　　　D. 失业保险

E. 住房公积金　　　　　F. 自费购买的商业保险

3. 您参加社会保险的费用是谁支付的_____。

A. 村集体全额支付的　　　　　B. 自己和村集体各拿了一部分

C. 完全是自己承担的

4. 您经常去文化广场或公园放松娱乐吗_____。

A. 经常　　　　　B. 偶尔　　　　　C. 从不

5. 您认为目前周边的生活服务条件（设施）怎么样_____。

A. 很好，设施齐全　　　　　B. 比较好，设施比较齐全

C. 一般，还说得过去　　　　　D. 不好

E. 很差，设施陈旧不健全

6. 当您感觉身体明显不舒服时，您会选择_____。

A. 忍着，实在难受再说　　　　　B. 去正规大医院就诊

C. 去个体诊所看看　　　　　D. 自己到药店买药吃

7. 您觉得您目前比老城市居民优越的是哪方面_____。

A. 饮食方面　　　　　B. 服装方面　　　　　C. 住房　　　　　D. 周边环境

E. 教育医疗交通等配套方面

8. 您和您共同生活的家庭成员名下有几套房子_____。

A. 一套   B. 两套

C. 三套   D. 四套及以上

9. 您最希望政府部门提供哪些公共服务_____。（此题可多选）

A. 就业   B. 环境卫生整治   C. 子女教育与职业培训

D. 医疗卫生和计划生育服务   E. 社会保险

第五部分 社会融合情况

1. 对于原本村以外的人，你愿意与他们交往吗_____。

A. 很愿意   B. 还行   C. 不大愿意   D. 非常反感

2. 你在闲暇时间一般都做什么_____。

A. 在家看电视   B. 串门唠嗑   C. 去公园、商场休闲娱乐

D. 外出旅游   E. 其他

3. 你和家人是否适应目前的生活_____。

A. 是   B. 否

4. （请已婚者作答）你的配偶是老城里人吗_____。

A. 是   B. 否

5. 你周围有在楼道内高声喧哗，在楼道里堆放杂物或生炉子做饭，楼上和楼下随意乱丢垃圾，在小区养殖畜禽等现象吗_____。

A. 几乎没有   B. 有，但是不多   C. 有不少   D. 普遍存在

6. 您是否愿意经常参加社区活动_____。

A. 是   B. 否

7. 你认为现在的你和原城市居民比较_____。

A. 各方面都几乎没有差距   B. 在居住和生活环境上差距最大

C. 在养老和医疗待遇上差距最大   D. 在所从事的工作上差距最大

E. 在教育和培训上差距最大   G. 其他

问卷结束，再次感谢您的合作。祝您生活愉快，阖家欢乐！

五、大连市农业转移人口居住状况调查问卷

尊敬的受访者：您好！

为了解当前农业转移人口居住状况，为课题研究提供依据，我们真诚地邀请您填写此份调查问卷！本问卷不记名，所有资料仅用于统计分析，我们将对您的个人资料予以保密，请放心填写。

大连市农业转移人口居住状况调查组

2015 年 5 月

1. 您目前居住的区域_____。

A. 中山区　　　　B. 西岗区　　　　C. 沙河口区　　　　D. 甘井子区

E. 金州区　　　　F. 旅顺口区　　　　G. 高新园区

2. 您的性别_____。

A. 男　　　　B. 女

3. 您的年龄_____。

A. 18 周岁以下　　　　　　　　B. 18—30 周岁

C. 30—40 周岁　　　　　　　　D. 40—50 周岁

E. 50—60 周岁　　　　　　　　F. 60 周岁以上

4. 您的学历_____。

A. 从未上过学　　B. 小学　　　　C. 初中　　　　D. 中专

E. 高中　　　　F. 大专　　　　G. 大学及以上

5. 您的月收入为_____。

A. 1000 元以下　　　　　　　　B. 1000—2000 元

C. 2000—3000 元　　　　　　　D. 3000 元以上

6. 您所就业的行业_____。

A. 建筑业   B. 制造业

C. 住宿餐饮业   D. 批发零售业

E. 居民服务业   F. 其他

7. 来连务工时间_____。

A. 1—3 年   B. 3—5 年   C. 5—10 年   D. 11 年以上

8. 您目前的住房形式_____。

A. 单位宿舍   B. 工地   C. 工作场所   D. 借住房

E. 租住私房   F. 政府提供廉租房

G. 政府提供公租房   H. 已购经济适用房

I. 已购商品房   J. 其他非正规居所

9. 您目前的居住面积_____。

A. 0—10 平方米   B. 10—20 平方米

C. 20—30 平方米   D. 30 平方米以上

10. 您居住房间的居住人数_____。

A. 1 人   B. 2 人

C. 3 人   D. 4 人及以上

11. 您居住房屋的费用每月_____。

A. 0 元   B. 100 元以下

C. 100—500 元   D. 500—1000 元

E. 1000—2000 元   F. 2000—3000 元

G. 3000 元以上

12. 您居住房屋内厕所设施_____。

A. 独立使用   B. 与人共用   C. 没有厕所

13. 您居住房屋内洗澡设施_____。

A. 统一供热水   B. 家庭自装热水器

C. 其他   D. 无

14. 您居住房屋内厨房设施_____。

A. 独立使用　　　　B. 与人共用　　　　C. 没有厨房

15. 您居住房屋内是否有饮用水_____。

A. 是　　　　　　　B. 否

16. 您居住房屋内取暖设施类型_____。

A. 暖气　　　　B. 电取暖　　　　C. 烧煤　　　　D. 木柴秸秆

E. 无取暖设施

17. 您住房设施配备（多选）_____。

A. 电话　　　　B. 电视　　　　C. 冰箱　　　　D. 洗衣机

E. 空调　　　　F. 网络

18. 您上班通勤时间_____。

A. 小于 15 分钟　　B. 15—29 分钟　　C. 30—44 分钟

D. 45—59 分钟　　E. 大于 60 分钟

19. 上班交通方式_____。

A. 公共汽车　　　B. 轨道交通　　　C. 步行　　　　D. 摩托车

E. 小汽车　　　　F. 就在店里　　　G. 公共汽车+轨道交通

H. 自行车　　　　I. 其他

20. 您居住地 1 公里范围内的公交线路_____。

A. 无　　　　　　B. 1 条　　　　　C. 2 条　　　　D. 2 条以上

21. 居住地外地人数量_____。

A. 多数是外地人　　B. 半数是外地人　　C. 少数是外地人

22. 您居住地 2 公里范围内是否有适龄农业转移人口子女上的幼儿园_____。

A. 是　　　　　　　B. 否

23. 您居住地 2 公里范围内是否有适龄农业转移人口子女上的小学_____。

A. 是　　　　　　　B. 否

24. 您居住地 1 公里范围内是否有花园或广场_____。

A. 是　　　　　　　B. 否

25. 您居住地周边绿化如何_____。

A. 无　　　　　　　B. 一般　　　　　　C. 较好

26. 您居住地 2 公里范围内附近是否有综合性商场_____。

A. 是　　　　　　　B. 否

27. 您居住地的卫生情况_____。

A. 很好　　　　　　B. 一般　　　　　　C. 不好

问卷结束，非常感谢您的支持！

六、大连市新生代农业转移人口职业发展问题研究调查问卷 A

您好！

感谢您参与本次调查，本问卷为匿名问卷，请您放心作答。

1. 您的性别（　　）

A. 男　　　　　　　B. 女

2. 您的年龄是（　　）

A. 20 岁以下　　　B. 20—30 岁　　　　C. 30 岁以上

3. 您的学历（　　）

A. 初中以下　　　　　　　　　　B. 初中、中专

C. 高中、大专　　　　　　　　　D. 本科及本科以上

4. 您的婚姻状况（　　）

A. 已婚　　　　　　B. 未婚

5. 您目前所从事的行业（　　）

A. 制造业　　　　　　　　　　　B. 建筑业

C. 交通运输、仓储和邮政　　　　　D. 批发零售业

E. 住宿餐饮　　　　F. 服务业及其他

6. 您的岗位级别（　　　）

A. 营业员、服务员、技工等初级职位

B. 店长、班长、技术员、文职、小组长等基层技术或管理职位

C. 工艺师傅、工程师/主管等中层技术或管理职位

D. 经理、副总等中高层管理职位

E. 总经理、总裁等高层管理职位

F. 自由职业者

7. 在目前岗位累积工作年限（　　　）

A. 5 年以上　　　　B. 5—3 年　　　　C. 2 年　　　　D. 1 年

8. 您是否有本行业职业资格相关证书（在有效期内）（　　　）

A. 没有　　　　B. 初级　　　　C. 中级　　　　D. 高级

9. 你来到城市工作后职务是否有过提升（　　　）

A. 是　　　　B. 否

10. 你来到城市工作后工作能力和技能的提高程度？（　　　）

A. 非常大　　　　B. 比较大　　　　C. 一般　　　　D. 没提高

11. 你来到城市工作后管理沟通能力的提高程度？（　　　）

A. 非常大　　　　B. 比较大　　　　C. 一般　　　　D. 没提高

12. 你来到城市工作后人际关系是否有拓展？（　　　）

A. 非常大　　　　B. 比较大　　　　C. 不大　　　　D. 没提高

13. 您（　　　）参加岗位培训或职业技能培训。

A. 没有　　　　B. 偶尔　　　　C. 经常　　　　D. 定期

是由（　　　）组织的。

E. 所属工作单位　　F. 社会培训机构　　G. 政府　　　　H. 公益团体

I. 其他

14. 您（　　　）参加职业发展培训。

A. 没有　　　　　　B. 偶尔　　　　　　C. 经常　　　　　　D. 定期

是由（　　　）组织的。

E. 所属工作单位　F. 社会培训机构　G. 政府　　　　　　H. 公益团体

I. 其他

15. 您参加应聘时同岗位应聘人员比例大概为（　　　）

A. 1∶3　　　　　　B. 1∶5　　　　　　C. 1∶10　　　　　　D. 更多

16. 职业发展中您是否借助过以下关系（＿＿＿＿＿）

A. 父母或亲属　　B. 朋友　　　　　　C. 同学　　　　　　D. 同事

E. 没有

17. 您对当前岗位的职业发展是否了解（　　　）

A. 不了解　　　　B. 了解一点　　　　C. 了解

18. 您是否因技术水平、业务水平或文化水平影响职业发展（　　　）

A. 目前没有　　　B. 预计有影响　　　C. 没有影响　　　D. 有影响

19. 您所学的职业培训是否有效（　　　）

A. 仅有理论效用　　　　　　　　　　B. 仅有实际效用

C. 既有理论效用，又有实际效用

D. 既没有理论效用，又没有实际效用

是否适用于同行业内其他岗位（　　　）

E. 仅理论适用　　　　　　　　　　　F. 仅操作适用

G. 理论操作均适用　　　　　　　　　H. 理论操作均不适用

20. 您所从事的当前职业是否是满足您的期望（　　　）

A. 没考虑过　　　　　　　　　　　　B. 不满足

C. 满足　　　　　　　　　　　　　　D. 满足现状但不满足未来发展

21. 您的工作年限（　　　）

A. 1—5 年　　　　B. 5—10 年　　　　C. 10—15 年　　　　D. 15—20 年

22. 您有几次跳槽经历（　　　）

A. 目前没有　　　B. 1—2 次　　　　C. 3—5 次　　　　D. 5 次以上

23. 您从事过几种行业（　　　）

A. 1 种　　　　　B. 2—3 种　　　　　C. 4—5 种　　　　　D. 5 种以上

24. 您希望通过以下哪些方式获得职业培训（　　　）

A. 所属单位进行培训　　　　　B. 社会培训学校学习

C. 政府相关单位组织安排学习　　　　　D. 其他

您愿意用（　　　）来负担职业培训费用

E. 工资五分之一　　F. 工资三分之一　　G. 工资二分之一

25. 您的身体健康状况（　　　）

A. 良好　　　　　B. 一般　　　　　C. 不太好

26. 您身边同事或朋友职业发展状况如何（　　　）

A. 职业发展较好的多　　　　　B. 职业发展不好的多

C. 各占一半　　　　　D. 不清楚状况

您周围是否有职业发展好的新生代农业转移人口榜样（　　　）

A. 有　　　　　B. 没有

27. 您更偏向于以下哪种职业信息获得的途径（　　　）

A. 报纸、电视、广播　　　　　B. 职业介绍中心

C. 劳动力市场、招聘会　　　　　D. 网络　　　　　E. 他人介绍

28. 您的职业发展最终目标（　　　）

A. 在本行业或本岗位能够胜任该工作　B. 自己当老板

29. 您希望今后的发展是（　　　）

A. 返乡　　　　　B. 留在城市

30. 您所工作地点（　　　）

A. 市内四区　　　　　B. 大连市其他区域

31. 您通过以下哪种方式了解职业培训的社会机构（　　　）

A. 组织推荐　　B. 周围人推荐　　C. 网络、报纸、广告等媒体

D. 市面宣传单　　E. 不了解

32. 您是否有过职业发展心理培训或辅导（　　　）

A. 从来没有　　　　B. 偶尔参加　　　　C. 经常参加　　　　D. 定期参加

33. 您对自身职业发展是否充满信心（　　　）

A. 充满信心　　　　B. 信心比较充足　　C. 喜忧参半　　　　D. 没有信心

34. 您认为大连经济环境对自身职业发展有何影响（　　　）

A. 没有影响　　　　B. 影响较小　　　　C. 影响一般　　　　D. 影响很大

35. 您所在的行业是否有明确的等级升级（职业纵向发展）参考(　　　)

A. 有　　　　　　　B. 没有

36. 您是否在职业介绍过程中被骗过的经历（　　　）

A. 有　　　　　　　B. 没有

您被骗的金额为（　　　）

C. 1000 元以下　　　　　　　　　　D. 1000—3000 元

E. 3000—5000 元　　　　　　　　　F. 5000 元以上

37. 您目前的月工资水平（　　　）元

A. 2000 以下　　　B. 2000—3000　　C. 3000—5000　　D. 5000 以上

进城务工后您的月工资水平提高（　　　）元

E. 无增长或负增长　　　　　　　　F. 500 以下

G. 500—1000　　　　　　　　　　H. 1000—2000

I. 2000 以上

七、大连市新生代农业转移人口职业发展
问题研究调查问卷 B

（用人单位版）

您好！

感谢您参与本次调查，本问卷为匿名问卷，请您放心作答。

1. 本单位新生代农业转移人口的数量（　　　）

A. 少量　　　　　　B. 近半　　　　　　C. 大部分　　　　　D. 全部

招聘市场（　　　）

A. 供大于求　　　　B. 供小于求　　　　C. 供求相等　　　　D. 不一定

2. 本单位所属行业性质（　　　）

A. 制造业　　　　　B. 建筑业　　　　　C. 交通运输、仓储和邮政

D. 批发零售业　　　E. 住宿餐饮　　　　F. 服务业及其他

3. 本单位所需要的农业转移人口文化水平（　　　）

A. 初中以下　　　　　　　　　　　B. 初中、中专

C. 高中、大专　　　　　　　　　　D. 本科及本科以上

4. 本单位是否对新生代农业转移人口进行职业技能相关培训（　　　）

A. 从不培训　　　B. 偶尔培训　　　C. 经常培训　　　D. 定期培训

5. 本单位是否对新生代农业转移人口进行过职业发展相关培训（　　　）

A. 从不培训　　　B. 偶尔培训　　　C. 经常培训　　　D. 定期培训

6. 本单位是否对新生代农业转移人口进行过岗位培训（　　　）

A. 是　　　　　　B. 否

7. 您认为新生代农业转移人口在现有职位多久可以考虑被提升（或为组织做贡献）（　　　）

A. 0—6 个月　　　　　　　　　　B. 7—12 个月

C. 13—18 个月　　　　　　　　　D. 19 个月以上

8. 本单位是否对新生代农业转移人口进行过职业发展心理疏导（　　　）

A. 是　　　　　　B. 否

9. 本单位是否从正面积极宣传过职业发展良好的新生代农业转移人口榜样（　　　）

A. 没有　　　　　B. 偶尔宣传　　　C. 经常宣传　　　D. 定期宣传

10. 本单位新生代农业转移人口离职主要原因有哪些（　　　）

A. 薪资低　　　　　　　　　　　　B. 待遇差

C. 职业发展前景不理想　　　　　　D. 有更好的岗位

E. 返乡　　　　　　　　　　　　　F. 其他

11. 是否有和本单位联合，或由本单位指定的社会培训机构（　　　）

A. 没有　　　　　　B. 有

12. 您认为大连经济环境对本单位新生代农业转移人口职业发展有何影响（　　　）

A. 没有影响　　　B. 影响较小　　　C. 影响一般　　　D. 影响很大

13. 您所在的单位是否对新生代农业转移人口职业等级（职业纵向发展）有明确规定（　　　）

A. 有　　　　　　　B. 没有

14. 您所在单位职业技能培训师是否具有相关资质（　　　）

A. 有　　　　　　　B. 没有

15. 您所在单位是否能够独立自主完成新生代农业转移人口职业发展培训（　　　）

A. 是　　　　　　　B. 否

是否需要大连政府相关机构帮助（　　　）

C. 需要　　　　　　D. 不需要

16. 您是本单位（　　　）

A. 人力资源相关人员　　　　　　　B. 单位领导

C. 培训师　　　　　　　　　　　　D. 新生代农业转移人口同事

17. 您认为新生代农业转移人口是否在本单位有良好的职业发展（　　　）

A. 有　　　　　　B. 没有　　　　C. 不确定

附录 II 访谈提纲

一、"村改居" 人口访谈提纲

1. 您是哪一年取得城市户口的?

2. 您在"村改居"前是做什么的,现在做什么,你最想从事的工作是什么?

3. 您目前的收入是多少,主要支出有哪些?

4. 您参加社会保险了吗?

5. 家庭以外,您最关心的事是什么?

6. 原来的集体资产是怎么处置的?

7. 现在集体资产的经营状况?

8. 您是否认为自己是城市人?

二、 农业转移人口居住状况访谈提纲

(一) 对大连市住房保障中心工作人员的访谈问题

1. 本地区公租房、廉租房、经济适用房总体概况。

2. 大连市住房保障中心的主要职责有哪些?

3. 公租房、廉租房、经济适用房申请标准有哪些?

（二）对农业转移人口的访谈问题

1. 个人基本情况，包括年龄、学历、务工时间、居住意愿等。

2. 住房条件情况，包括居住面积、居住人数、厨卫、洗浴设施等基本生活设施拥有情况。

3. 居住环境情况，包括交通、子女就学、健身娱乐设施、公共服务等。

4. 居住状况满意度情况，包括总体满意情况、满意度标准、不满意原因。

5. 是否了权益保障情况。

6. 选择目前住房的原因。

（三）对治安支队流动人口管理小组成员的访谈问题

1. 农业转移人口的数量、比例、从业情况等。

2. 农业转移人口的居住状况。

3. 针对农业转移人口的相关权益保障情况。

三、 大连市新生代农业转移人口职业发展问题研究结构化访谈

（一）大连市新生代农业转移人口访谈问题

1. 您自身的条件（年龄、性别、学历等）是否对您的职业发展有影响。

2. 您是否在工作中遇到过歧视等不良境遇，是否有自卑或其他影响职业发展心理。

3. 您有哪些可以利用的社会关系，这些关系对职业发展的影响。

4. 您在求职过程中是否有过被骗的经历，对您的职业发展是否有影响。

5. 您本人或您爱人或周围女性怀孕期间及产后是否影响职业发展。

6. 您认为在职业培训方面您更倾向企业、社会培训机构还是政府部门组织培训，他们各自利弊有哪些，他们对职业发展的影响又有哪些。

7. 您希望政府或企业有哪些利于新生代农业转移人口职业发展的政策。

8. 您对今后的工作（职业发展）及生活有哪些打算。

9. 对于新生代农业转移人口自主创业，您认为哪些方面需要帮助。

10. 您认为应聘是否竞争激烈，您有哪些就业渠道。

（二）雇佣农业转移人口企业访谈问题

1. 本单位的新生代农业转移人口数量，所占职位的大概比例，招聘市场前景如何。

2. 本单位新生代农业转移人口有无被歧视等不良境遇。

3. 本单位新生代农业转移人口在职位晋升上有哪些问题，是否有相关对策。

4. 本单位的新生代农业转移人口职业发展上有哪些问题，有何建议。

5. 本单位的新生代农业转移人口离职主要有哪些原因。

6. 本单位的新生代农业转移人口的岗位培训、职业技能培训、职业发展培训、心理培训等培训工作是否完善，未完善的原因有哪些。

7. 本单位希望从大连市政府方面得到哪些帮助为本单位新生代农业转移人口职业发展增添助力。

8. 本单位希望社会培训机构从哪些方面对新生代农业转移人口加强职业培训。

9. 本单位招聘工作是否与社会机构进行联合，在招聘工作中是否出现应聘者被骗等情况。

10. 本单位在招聘时是否对内部推荐、熟人介绍等方式有偏向性？

参 考 文 献

国家卫生和计划生育委员会流动人口司：《中国流动人口发展报告 2016》，中国人口出版社 2016 年版。

国家卫生和计划生育委员会流动人口司：《中国流动人口发展报告 2017》，中国人口出版社 2017 年版。

黄文秀等：《我国农业转移人口就地城镇化的理论、实践与政策研究》，经济科学出版社 2018 年版。

潘家华等：《中国城市发展报告 No.6》，社会科学文献出版社 2013 年版。

［美］西蒙·库兹涅茨：《现代经济增长：速度、结构与扩展》，戴睿、易诚译，北京经济学院出版社 1989 年版。

［美］西蒙·库兹涅茨：《各国的经济增长：总产值和生产结构》，常勋译，商务印书馆 1985 年版。

张文彤：《SPSS 统计分析高级教程》，高等教育出版社 2004 年版。

白萌、杜海峰、惠亚婷：《代次视角下农民工组织参与对政治参与意愿的影响研究》，《统计与信息论坛》2013 年第 28 卷第 9 期。

蔡禾、曹志刚：《农民工的城市认同及其影响因素——来自珠三角的实证分析》，《中山大学学报（社会科学版）》2009 年第 49 卷第 1 期。

蔡禾、王进：《“农民工”永久迁移意愿研究》，《社会学研究》2007 年第 6 期。

蔡洁、夏显力：《农业转移人口就近城镇化：个体响应与政策意蕴——基于陕西省 2055 个调查样本的实证分析》，《农业技术经济》2016 年第 10 期。

陈树文、于慕尧：《我国失地农民征地补偿模式研究》，《大连理工大学学报（社会科学版）》2008 年第 29 卷第 4 期。

陈前虎、杨萍萍：《农民工市民化意愿影响因素的实证研究——以浙江省为例》，《浙江工业大学学报（社会科学版）》2012 年第 9 期。

陈延秋、金晓彤：《新生代农民工市民化意愿影响因素的实证研究——基于人力资本、社会资本和心理资本的考察》，《西北人口》2014 年第 35 卷第 4 期。

程连生、冯文勇、蒋立宏：《太原盆地东南部农村聚落空心化机理分析》，《地理学报》2001 年第 56 卷第 4 期。

程业炳、张德化：《农业转移人口市民化的制度障碍与路径选择》，《现社会科学家》2016 年第 7 期。

戴长征、余艳红：《流动人口工会政治参与的困境及对策》，《科学社会主义》2015 年第 4 期。

邓睿、冉光和、肖云等：《生活适应状况、公平感知程度与农民工的城市社区融入预期》，《农业经济问题》2016 年第 37 卷第 4 期。

冯晓青：《新生代农民工城市融入的障碍及对策研究》，《理论观察》2018 年第 4 期。

傅帅雄、吴磊、韩一朋：《新型城镇化下农民工市民化成本分担机制研究》，《河北学刊》2019 年第 39 卷第 3 期。

嘎日达：《中国农民工家庭城市融入的困境与对策》，《行政管理改革》2012 年第 1 期。

韩俊：《城镇化关键：农民工市民化》，《中国经济报告》2013 年第 1 期。

韩灵梅、王碧琳、楚晚春等：《社会保障视角下农民工市民化意愿实证分析——以河南省户籍农民工 820 份调研数据为例》，《河南科技大学学报（社会科学版）》2018 年第 36 卷第 4 期。

何军：《江苏省农民工城市融入程度的代际差异研究》，《农业经济问题》2012 年第 1 期。

何晓红：《变迁与分化：农民工家庭的代际差异与社会流动探析——基于 H 省一个农民工家庭流动的实证调研》，《云南行政学院学报》2015 年第 5 期。

胡宝荣、李强：《城乡结合部与就地城镇化：推进模式与治理机制——基于北京高碑店村的分析》，《人文杂志》2014 年第 10 期。

胡杰成：《农民工市民化问题研究》，《兰州学刊》2010 年第 8 期。

胡枫、王其文：《农村劳动力跨省流动行为的影响因素分析》，《山西财经大学学报》2008 年第 1 期。

胡小武：《人口就近城镇化：人口迁移新方向》，《西北人口》2011 年第 1 期。

黄锟：《城乡二元制度对农民工市民化影响的实证分析》，《中国人口·资源与环境》2011 年第 21 卷第 3 期。

黄锟：《城乡二元制度对农民工市民化进程的影响与制度创新》，《经济研究参考》2014 年第 8 期。

黄乾：《农民工定居城市意愿的影响因素——基于五城市调查的实证研究》，《山西财经大学学报》2008 年第 4 期。

蒋建森：《农业转移人口市民化的制度创新及其现实途径》，《中共浙江省委党校学报》2013 年第 29 卷第 5 期

李斌：《社会排斥理论与中国城市住房改革制度》，《社会科学研究》2002 年第 3 期。

李东坡：《农民工身份认同问题研究》，《理论与改革》2013 年第 4 期。

黎洁、李亚莉、邰秀军等：《可持续生计分析框架下西部贫困退耕山区农户生计状况分析》，《中国农村观察》2009 年第 5 期。

李俊奎：《新生代农民工身份认同与影响因素分析》，《西北农林科技大学学报（社会科学版）》2016 年第 1 期。

李敏、卢同郦：《享受权益比较下农民工落户城镇意愿研究》，《中国经贸导刊》2015 年第 6 期。

李强：《影响中国城乡流动人口的推力与拉力因素分析》，《中国社会学》2003 年第 1 期。

李强、陈宇琳、刘精明：《中国城镇化"推进模式"研究》，《中国社会科学》2012 年第 7 期。

李强、陈振华、张莹：《就近城镇化与就地城镇化》，《广东社会科学》2015 年第

1 期。

李晓丽：《影响农民工城市融入的推力和拉力因素分析》，《山东省农业管理干部学院学报》2006 年第 22 卷第 5 期。

李荣彬、袁城：《社会变迁视角下流动人口身份认同的实证研究——基于全国流动人口动态监测调查数据》，《人口与发展》2013 年第 6 期。

李荣彬、张丽艳：《流动人口身份认同的现状及影响因素研究——基于我国 106 个城市的调查数据》，《人口与经济》2012 年第 4 期。

李伟：《农民工城市融入问题研究综述》，《经济研究参考》2014 年第 30 期。

黎智洪：《农业转移人口市民化：制度困局与策略选择》，《人民论坛》2013 年第 20 期。

廖柳文、刘沛林：《外来务工人员进城落户意愿调查分析——以湖南省长沙县为例》，《经济地理》2011 年第 12 期。

廖永伦：《就近就地城镇化：新型城镇化的现实路径选择》，《贵州社会科学》2015 年第 11 期。

刘爱玉：《城市化过程中的农民工市民化问题》，《中国行政管理》2012 第 1 期。

刘传江：《迁徙条件、生存状态与农民工市民化的现实进路》，《改革》2013 第 4 期。

刘传江、程建林：《我国农民工的代际差异与市民化》，《经济纵横》2007 年第 4 期。

刘传江、程建林：《第二代农民工市民化：现状分析与进程测度》，《人口研究》2008 年第 32 卷第 5 期。

刘功求、王健：《农民工城市住房问题及对策分析——以湖南省为例》，《对策与战略》2013 年第 3 期。

刘家强、罗蓉、石建昌：《可持续生计视野下的失地农民社会保障制度研究——基于成都市的调查与思考》，《人口研究》2007 年第 4 期。

刘猛、袁斌、贾丽静等：《失地农民可持续生计研究——以大连市为例》，《城市发展研究》2009 年第 16 卷第 1 期。

刘妮娜、刘诚：《合理、有序推进中国人口城镇化的路径分析》，《经济学家》

2014 年第 2 期。

刘培森、尹希果：《新生代农民工市民化满意度现状及其影响因素研究》，《西安财经学院学报》2017 年第 30 卷第 1 期。

刘晓丽、郑晶：《新生代农民工身份认同及其影响因素研究》，《华南农业大学学报（社会科学版）》2013 年第 1 期。

刘燕、李录堂：《农民工城市落户需求影响因素实证分析——以西安市为例》，《统计与信息论坛》2015 年第 3 期。

龙花楼：《中国农村宅基地转型的理论与证实》，《地理学报》2006 年第 61 卷第 10 期。

卢小君、孟娜：《代际差异视角下的农民工社会融入研究——基于大连市的调查》，《西北农林科技大学学报（社会科学版）》2014 年第 1 期。

卢小君、向军：《农民工进城落户意愿研究——以大连市为例》，《调研世界》2013 年第 11 期。

罗明忠、卢颖霞、卢泽旋：《农民工进城、土地流转及其迁移生态——基于广东省的问卷调查与分析》，《农村经济》2012 年第 2 期。

罗遐：《农民工定居城市影响因素的实证分析——以合肥市为例》，《人口与发展》2012 年第 1 期。

吕柯：《浅议"农民工"市民化存在的主要障碍》，《中共成都市委党校》2000 年第 2 期。

马庆斌：《就地城镇化值得研究与推广》，《宏观经济管理》2011 年第 11 期。

梅建明、熊珊：《基于"四个维度"的农民工市民化实证研究——对 3318 份调查问卷的分析》，《中南民族大学学报（人文社会科学版）》2013 年第 4 期。

梅亦、龙立荣：《中国农民工城市融入的问题研究》，《江西财经大学学报》2013 年第 5 期。

莫筱筱、明亮：《社会组织对新生代农民工城市化的影响研究》，《青年探索》2017 年第 2 期。

潘旦：《增权理论视角下农民工自组织的社交增权功能研究》，《浙江社会科学》2017 年第 7 期。

齐红倩、席旭文：《分类市民化：破解农业转移人口市民化困境的关键》，《经济学家》2016年第6期

钱泽森、朱嘉晔：《农民工的城市融入：现状、变化趋势与影响因素——基于2011—2015年29省农民工家庭调查数据的研究》，《农业经济问题》2018年第6期。

秦阿琳、徐永祥：《农民工权利意识的生产与再生产——一个社会组织化的视角》，《华东理工大学学报（社会科学版）》2014年第5期。

秦立建、王震：《农民工城镇户籍转换意愿的影响因素分析》，《中国人口科学》2014年第5期。

秦晓娟、孔祥利：《农村转移劳动力市民身份认同及其影响因素——基于全国2226份调查问卷数据》，《湖南农业大学学报（社会科学版）》2014年第4期。

乔冠名、赵琦、刘睿：《农业转移人口市民化意愿影响因素研究——基于江苏省南京市500个调研数据的Logistic分析》，《新经济》2018年第5期。

邱鸿博、赵卫华：《社会分层视角下对农民工落户城镇意愿的分析》，《南方农村》2013年第6期。

商春荣、王曾惠：《农民工家庭式迁移的特征及其效应》，《南方农村》2014年第1期。

申兵：《我国农民工市民化的内涵、难点及对策》，《中国软科学》2011年第2期。

史学斌、熊洁：《家庭视角下的农民工城市融合及其影响因素研究》，《人口与发展》2014年第5期。

史学斌、熊洁：《家庭视角下外来农民工身份认同的影响因素研究——基于重庆的调查》，《农村经济》2015年第7期。

宋玉军：《推动农民工组织化程度的政治经济学思考》，《技术经济》2006年第6期。

宋周、黄敏、李正彪：《农业转移人口市民化意愿及影响因素——以成都市为例的分析》，《四川师范大学学报（社会科学版）》2014年第41卷第5期。

孙蚌珠、王乾宇：《在全面改革中推进农业转移人口市民化》，《山东社会科学》2014年第1期。

孙三百：《城市移民的收入增长效应有多大——兼论新型城镇化与户籍制度改革》，《财贸经济》2015 年第 9 期。

孙中伟：《农民工大城市定居偏好与新型城镇化的推进路径研究》，《人口研究》2015 年第 39 卷第 5 期。

谭建光、李晓欣、赵首峰：《中国农民工志愿组织及其服务创新》，《中国青年研究》2016 年第 2 期。

谭晓婷、张广胜：《农业转移人口留城定居意愿影响因素分析——来自南京市农民工样本的调查》，《调研世界》2015 年第 5 期。

唐宗力：《农民进城务工的新趋势与落户意愿的新变化——来自安徽农村地区的调查》，《中国人口科学》2015 年第 5 期。

田艳平：《家庭化与非家庭化农民工的城市融入比较研究》，《农业经济问题》2014 年第 35 卷第 12 期。

王佃利、刘保军、楼苏萍：《新生代农民工的城市融入——框架建构与调研分析》，《中国行政管理》2011 年第 2 期。

王二红、冯长春：《外来务工人员留城意愿影响因素研究——基于重庆市的实证分析》，《城市发展研究》2013 第 1 期。

王国刚：《城镇化：中国经济发展方式转变的重心所在》，《经济研究》2010 年第 12 期。

王凯、侯爱敏、翟青：《城市农民工住房问题的研究综述》，《城市发展研究》2010 年第 1 期。

王海兵：《关于外来农民工住房保障的现状及分析》，《中国劳动关系学院学报》2010 年第 2 期。

汪来杰：《构建农民工社会保障制度的思路选择》，《学习论坛》2005 年第 1 期。

王荣明：《农民工流动家庭化对其城市融入的影响》，《调研世界》2016 年第 6 期。

王钰涵：《农业转移人口就近市民化的促进机制研究》，《法制与社会》2015 年第 26 期。

王玉君：《农民工城市定居意愿研究——基于十二个城市问卷调查的实证分析》，

《人口研究》2013 年第 4 期。

魏后凯、苏红键：《中国农业转移人口市民化进程研究》，《中国人口科学》2013年第 5 期。

魏顺泽：《城市建设与失地农民可持续生计路径》，《农村经济》2006 年第 8 期。

文军：《论我国城市劳动力新移民的系统构成及其行为选择》，《社会学研究》2005 年第 1 期。

吴帆：《中国流动人口家庭的迁移序列及其政策涵义》，《南开学报（哲学社会科学版）》2016 年第 4 期。

吴靖瑶：《浅析新型城镇化背景下的农民工住房问题及解决措施》，《科技创新与应用》2015 年第 10 期。

吴琦、肖皓、赖明勇：《农民工市民化的红利效应与中国经济增长的可持续性——基于动态 CGE 的模拟分析》，《财经研究》2015 年第 4 期。

吴凌燕、秦波、张延吉：《城市中农业户籍人口的身份认同及其影响因素》，《城市问题》2016 年第 4 期。

吴焱军、林李月、朱宇等：《代际视角下农民工的劳动福利及影响因素——基于对福建省的调查》，《人口与经济》2012 年第 6 期。

肖云、邓睿：《新生代农民工城市社区融入困境分析》，《华南农业大学学报（社会科学版）》2015 年第 14 卷第 1 期。

袁旺兴、胡雯、严静娴等：《代际视角下农民工转户意愿及影响因素分析》，《商业经济研究》2015 年第 24 期。

曾鹏、向丽：《中西部地区人口就近城镇化意愿的代际差异研究——城市融入视角》，《农业经济问题》2016 年第 2 期。

张斐：《新生代农民工市民化现状及影响因素分析》，《人口研究》2011 年第 35卷第 6 期。

张春辉、李诗雨、吴家钰：《新生代农民工市民化意愿影响因素分析——以江苏省丹阳市为例》，《安徽农业科学》2014 年第 42 卷第 14 期。

张洪霞：《人力资本、社会资本对新生代农民工市民化的影响——基于 797 位农民工的实证调查》，《江苏农业科学》2014 年第 42 卷第 2 期。

张蕾、王燕:《新生代农民工城市融入水平及类型分析——以杭州市为例》,《农业经济问题》2013 年第 4 期。

张龙:《农民工市民化意愿的影响因素研究》,《调研世界》2014 年第 9 期。

张笑秋、陆自容:《行为视角下新生代农民工定居城市意愿的影响因素分析——基于湖南省的调查数据》,《西北人口》2013 年第 5 期。

张翼:《农民工"进城落户"意愿与中国近期城镇化道路的选择》,《中国人口科学》2011 年第 2 期。

张逸冰:《农民工市民化的成本分类及分担机制探究》,《农业经济》2019 年第 8 期。

赵立新:《城市农民工市民化问题研究》,《人口学刊》2006 年第 4 期。

郑杭生:《农民市民化:当代中国社会学的重要研究主题》,《甘肃社会科学》2005 年第 8 期。

钟秋莲:《社会资本理论下新生代农民工市民化路径选择:基于社会组织发展视角》,《安徽农业科学》2011 年第 3 期。

周芳芳:《新生代农民工的身份认同危机与社会工作介入的探讨》,《前沿》2014 年第 Z3 期。

周皓:《中国人口迁移的家庭化趋势及影响因素分析》,《人口研究》2004 年第 6 期。

朱力:《论农民工阶层的城市适应》,《江海学刊》2002 年第 6 期。

朱宇:《超越城乡二分法:对中国城乡人口划分的若干思考》,《中国人口科学》2002 年第 4 期。

左雯:《就近城镇化:中部地区城镇化的战略选择》,《湖北经济学院学报》2015 年第 6 期。

Roberts M. G.、杨国安:《可持续发展研究方法国际进展——脆弱性分析方法与可持续生计方法比较》,《地理科学进展》2003 年第 1 期。

程浩晨:《我国农业转移人口市民化研究》,硕士学位论文,东北财经大学,2017 年。

韩俊强:《农民工城市融合影响因素研究——以武汉市为例》,博士学位论文,武汉大学，2014 年。

胡章林：《城市农民工住房研究》，硕士学位论文，重庆大学，2008 年。

岳磊：《农业转移人口城市融入影响因素及对策研究——基于 Z 市农业转移人口的调研》，硕士学位论文，河南大学，2017 年。

周小刚：《中部地区城镇化进程中农民工市民化问题研究——以江西为例》，博士学位论文，南昌大学，2010 年。

赵阳：《公共文化服务均等化视角下新生代农民工市民化研究》，硕士学位论文，山东师范大学，2017 年。

叶建亮：《歧视性公共产品分配政策与城市人口控制——对户籍制度的一个新政治经济学分析》，见《2006 年中国制度经济学年会论文集（二）》2006 年版。

Ashley C. Carney D. , *Sustainable Livelihoods: Lessons from Early Experience*, London: Department for International Development, 1999.

Bogue D. J. , Internal Migrationin HauserDuncan (ed.), *The Study of Population: An Inventory and Appraisal*, Chicago: University of Chicago Press, 1959.

Everett S. , Lee. , *A Theory of Migration*, Demography, 1966.

Fei J. C. H Rains G. , *A Theory of Economic Development*, The American Economic Review, 1961.

Herberle R. , *The Causes of Rural-Urban Migration: A Survey of German Theories*, American Journal of Sociology, 1938.

Hunt J. , *Are migrants more skilled than non-migrants? Repeat return and same-employer migrants*, Canadian Journal of Economics, 2004.

Katz E. Stark O. , *Labor Migration and Risk Aversion in Less Developed Countries*, Journal of Labor Economics, 1986.

Lewis W A. , *Economic Development with Unlimited Supply of Labor*, The Manchester School, 1954.

Massey D. S. , *Social Structure Household Strategies and the Cumulative Causation of Migration*, Population Index, 1990.

Ravenstein E. G. , *The Laws of Migration*, Journal of the Statistical Society of

London, 1885.

Ravenstein E. G. , *The Laws of Migration*, Journal of the Royal Statistical Society, 1889.

Schultz T. W. , *Investment in Human Capital*, The American Economic Review, 1961.

Seeborg M. C. Jin Z. Zhu Y. , *The new Rural-urban Labor Mobility in China：Causes and implications*, Journal of Socio-Economics, 2000.

Stark O. Bloom D. E. , *The New Economics of Labor Migration*, The American Economic Review, 1985.

Taylor O. S. E. , *Relative Deprivation and International Migration Oded Stark*, Demography, 1989.

Tiebout C. M. , *A Pure Theory of Local Expenditures*, Journal of Political Economy, 1956.

Todaro M. P. , *A Model for Labor Migration and Urban Unemployment in Less Developed Countries*, American Economic Review, 1969.

Zhang H. Song S. , *Rural-urban Migration and Urbanization in China：Evidence from Time-series and Cross-section Analyses*, China Economic Review, 2011.